发现与支持幼儿的学习

迈出研究型幼儿教师的第一步

彭琦凡 / 主编　许冰灵　鲍钰清 / 副主编

图书在版编目（CIP）数据

发现与支持幼儿的学习：迈出研究型幼儿教师的第一步/彭琦凡主编. —福州：福建教育出版社，2020.6
 ISBN 978-7-5334-8706-5

Ⅰ.①发… Ⅱ.①彭… Ⅲ.①学前教育－教学研究 Ⅳ.①G612

中国版本图书馆CIP数据核字（2020）第047321号

发现与支持幼儿的学习
——迈出研究型幼儿教师的第一步

彭琦凡　主编
许冰灵　鲍钰清　副主编

出版发行	福建教育出版社
	（福州市梦山路27号　邮编：350025　网址：www.fep.com.cn 编辑部电话：0591－83726908 发行部电话：0591－83721876　87115073　010－62027445）
出版人	江金辉
印　　刷	福建省金盾彩色印刷有限公司
	（福州市仓山区红江路8号浦上工业园D区24号楼　邮编：350008）
开　　本	710毫米×1000毫米　1/16
印　　张	20.75
字　　数	328千字
插　　页	1
版　　次	2020年6月第1版　2020年6月第1次印刷
书　　号	ISBN 978-7-5334-8706-5
定　　价	45.00元

如发现本书印装质量问题，请向本社出版科（电话：0591－83726019）调换。

前　言

"十二五"期间，福建幼儿师范高等专科学校、福建省幼儿教师培训中心共承担了6期幼儿园骨干教师的省级培训任务。在多年的幼儿园骨干教师培训中，我们致力于研究她们的专业发展规律与特点：一名教师的专业发展，通常要经过新手—熟手—能手—专家四个阶段，骨干教师就是处于熟手教师和专家教师之间的能手阶段。国外学者福勒、费斯勒、柏林纳等人关于教师专业发展阶段的研究认为，这一阶段的教师经验丰富，具有较强的直觉判断能力，教学技能方面接近了认知自动化水平，教学行为已经达到了快捷、流畅、灵活的程度。但从另一角度看，他们也进入了专业发展的"高原期"，若没有外在因素的作用，专业发展将日趋稳定和停滞。教育是富有创造性的工作，苏联教育家苏霍姆林斯基曾经说过："如果你想让教师的劳动能够给教师一些乐趣，使天天上课不至于变成一种单调乏味的义务，那你就应当引导每一位教师走上从事研究这条幸福的道路上来！……凡是感到自己是一个研究者的教师，则最有可能变成教育工作的能手。"回顾为人所熟知的于漪、李吉林等名师的成长经历，他们的研究无不是从平常教育实践中敏锐地发现问题、研究问题开始的。

伴随国家贯彻实施《3—6岁儿童学习与发展指南》，骨干教师省级培训如何促进幼儿教师由关注"教"向关注"学"转变、由重专业知识学习向重专业能力提升转变，成为我们培训方案设计的焦点。我们力图通过培训引领骨干教师立足日常工作研究幼儿的学习与发展、研究解决自身教育实践问题的策略,探索从幼儿实际出发的教育。"基于观察的教育指导"和"基于问题的行动研究"是贯穿培训全程的话题。

"基于观察的教育指导"是让教师"慢下来"。对于骨干教师来说,丰富的教育经验既是一笔宝贵的财富,又是专业发展的羁绊。我们要引导教师从直觉判断、从不假思索的回应中跳出来,重新用"儿童视角"来审视自己的教育行为:我观察儿童了吗?我读懂儿童的行为了吗?我了解儿童真正的意图了吗?我的回应真的有意义吗?我要怎样做才能促进儿童的主动学习、深度学习?

"基于问题的行动研究"是让教师"活起来"。幼儿园的一日生活富有规律,但如果陷于这种规律难以自拔,往往死气沉沉,"做一天和尚撞一天钟"。我们要点燃教师心中"好奇"的火苗,因为那是支持他们不断学习的燃料,让他们重新去发现、思考过去教育实践中熟视无睹的问题,尝试着用行动研究的方法进行改进和创新。我们坚信,以自己的力量改善现状所带来的成就感,是对教师最好的鼓励与褒奖。

这正是本书上、下卷的主题。本书所选案例均来源于我们"十二五"所培训骨干教师培训期间教育研究成果。在为期一年的培训中,她们尝试着从"教师本位"转向"儿童本位",带着一双双捕捉问题的眼睛,敏察之、善思之、笃行之,在各自的专业发展道路上取得了喜人的进步和成果,许多老师的案例令人眼前一亮、心中感动、深思良久。由于篇幅所限,本书所呈现的案例不过大观园景致之一隅,未能尽现她们的研究成果,我们深感遗憾。

本书的出版是"十二五"福建省幼儿园骨干教师和指导老师们共同努力的结果。在此感谢"十二五"福建省幼儿园骨干教师培训第一期、第三期、第四期、第六期、第十二期、第十三期的老师们为本书提供了案例,感谢福建幼儿师范高等专科学校许冰灵、鲍钰清、杨佳、管琳、赵雪、郭婷、廖晶、金檬檬、孙楠楠老师,福建省普通教育研究室林媛媛老师,建瓯市实验幼儿园吴海云老师对案例的指导与修改倾注了心血。希望本书能给更多幼儿园教师平时开展教育实践与研究带来启发和借鉴,正像一小块石子投入湖面泛起涟漪那样,我们希望看到更多幼儿园教师走到观察儿童、研究儿童与教育这条快乐而有意义的道路上来。

福建省幼儿教师培训中心　彭琦凡

目 录

上卷　基于观察的教育指导

大班表现性区域活动"彩虹超市" / 祖桂枝 …………………………… 3
大班主题活动"100的故事" / 徐　丹 ………………………………… 11
趣味搭高 / 齐晶晶 …………………………………………………………… 20
多多的"建筑城" / 章　锦 ………………………………………………… 27
中班幼儿手工活动中的系列学习故事 / 李　薇 ………………………… 37
小跃玩"保龄球" / 张　艳 ………………………………………………… 43
鱼池的水变干净了 / 杜珍珍 ……………………………………………… 47
从竹竿游戏看幼儿的学习与发展 / 林章兰 ……………………………… 50
中班探索性区域游戏"玩谷豆" / 宁杨静 ……………………………… 59
大班科学区活动"有趣的多米诺骨牌" / 陈　红 ……………………… 65
中班户外活动"巧取雨水沟物品" / 潘爱珠 …………………………… 73
中班区域活动"勇敢挑战" / 郭惠萍 …………………………………… 80
生活·服务·快乐——"包春卷"活动的推进与剖析 / 肖杏影 ……… 93
大班表演游戏"金鸡冠的公鸡" / 洪璇梅 ……………………………… 98
大班集体舞活动案例"欢迎舞" / 王清梅 ……………………………… 111
中班饲养活动"我爱蚕宝宝" / 马嘉曦 ………………………………… 127
大班区域活动"滚珠游戏" / 林艳芳 …………………………………… 136
大班区域活动"纸箱迷宫乐趣多" / 游屏田 …………………………… 143
大班幼儿创意剪纸 / 高春梅 ……………………………………………… 147
大班运动区游戏"跳格子" / 林素珠 …………………………………… 155

下卷 基于问题的行动研究

"争抢公主车"事件背后——培养大班幼儿良好交往行为的行动研究 / 刘丹婷 163
美工区小制作活动材料的投放策略 / 林 雯 171
自由活动真的自由吗？——提高小班幼儿自由活动质量的案例研究 / 占 恋 175
提高中班表演游戏活动质量的案例研究 / 毛一冉 180
如何让幼儿在表演游戏中发挥自主性 / 游万玲 190
传统民间游戏在幼儿园的推广与应用——以"翻花绳"为例 / 曾小苓 ... 197
民间体育游戏在幼儿园户外体育活动中的开展 / 林 洁 205
运动性活动区的整改 / 吴柳菁 215
角色游戏环境材料与幼儿游戏状态的研究——以中班"娃娃家"为例 / 蔡 超 220
幼儿园区域活动材料有效投放及指导策略的案例研究 / 陈 舒 225
大班科学活动中培养幼儿观察记录能力的行动研究 / 林 咏 249
在自主探究中获得数学经验——以大班数学活动"有趣的几何体"为例 / 张 婕 256
大带小看图讲述活动指导的行动研究 / 江 阳 261
关于大班区域活动分享交流环节的行动研究 / 李晓玲 266
小班幼儿阅读区活动情况的分析与指导 / 杨 慧 272
幼儿区域活动回顾表达能力培养的行动研究 / 郑 瑶 277
大班幼儿种植兴趣的培养 / 陈 玫 282
支持幼儿自主探索的区域活动材料投放研究 / 王淑芳 289
培养幼儿问题意识的行动研究 / 王锦荣 295
倾听与支持，促进幼儿在生活活动中自主性的发展——以大班"自助早点"为例 / 杨凌燕 304
小班区域活动环境创设的行动研究 / 朱丽芬 310

上卷
基于观察的教育指导

大班表现性区域活动"彩虹超市"

福建幼儿师范高等专科学校附属第一幼儿园　祖桂枝

幼儿升入大班，搬到了新的活动室，他们对新活动室的阁楼很感兴趣，我们商量在阁楼上创设娃娃家。有幼儿提议："我家楼下有个超市，买东西很方便。"另一位幼儿提议："我们在阁楼下也开个超市吧，这样娃娃家的爸爸妈妈穿着拖鞋就可以下楼买菜了。"周围的幼儿纷纷响应，接着，幼儿七嘴八舌地给将要开设的超市起名为"彩虹超市"。

幼儿在中班已有"商店"的角色扮演游戏经验，场地布置、环境创设、材料使用等大部分由教师预设，幼儿参与较少，使用替代物情况较少。

【活动准备】

材料准备：超市货架，收纳箱，大小不一的瓶子、纸盒、纸卷芯等材料。

第一阶段

【活动观察】

"彩虹超市要开张了，我们需要什么材料？"幼儿分组开始讨论，拿出笔将饼干、巧克力、洗发水、毛巾、牙刷、玩具、发饰等所需材料，用简单的图示记录在纸上。接下来的几天，幼儿收集了许多开设超市所需的材料，陈列在篮子里。

早上楠楠带来了一架智能收银机，大家马上围上来："我喜欢这个收银机。""这个收银机有好多功能。"乐乐用手指在键盘上敲数字，菲菲对着话筒试音，彤彤打开抽屉，嘻嘻不停地按压托盘。大家围在收银机旁争先模仿收银员操作。教师提出了问题："只有一台收银机够用吗？还可以怎么办呢？"嘻嘻停了一会儿说："我照着它的样子再做一个吧。"炎子说："我们可以做一个不一样的。"教师继续提问："做一个？收银机有哪些功能？它由几个部分组成?"乐乐说:"要有刷价格的头和刷卡的地方。"唱唱说:"那个头是刷条形码用的。"佳佳说:"还要有能装钱的盒子。"杨杨说:"需要一个话筒,顾客才能听得清楚。"幼儿开始到美术区中寻找材料,嘻嘻用小盒子替代无线刷码器,炎子用矿泉水瓶制作话筒,用长方形的纸盒制作成键盘,区域活动结束后,小朋友设计、制作的收银机完成了。

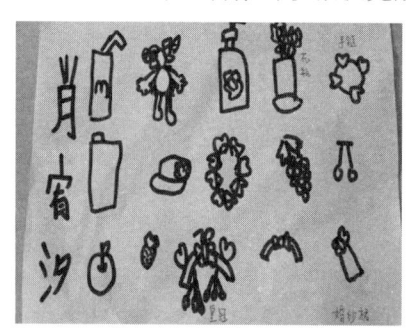
讨论超市所需的材料

制作分类标识

【活动分析】

表现性区域能综合反映幼儿的生活经验。在《3—6岁儿童学习与发展指南》(以下简称《指南》)语言领域"具有书面表达的愿望和初步技能"中,5—6岁的典型表现为"愿意用图画和符号表现事物或故事"。从幼儿收集、准备游戏材料的行为表现中可以看到,幼儿能用图画和符号表现游戏所需的材料,自主参与材料的准备工作,幼儿在活动过程中表现出积极的态度和良好的行为倾向以及敢于尝试、合作互助的学习品质。但是幼儿获得的超市经验大多还停留在一些细节上,如超市物品、收银机等。智能收银机引发了幼儿的兴趣,从他们的围观和操作中可以看出他们对收银机及收银员的工作有了一定的了解,教师以此为契机,引发幼儿学习运用已有的经验制作新的收银机,使用替代物解决这个问题。这是教师事先没有预设到的,而大班幼儿有这样的需求。

【调整与推进】

1. 游戏目标的调整:增加"能创造性使用纸盒、纸杯等材料替代或制作游戏的材料""能运用已有的经验将游戏材料进行分类"。

2. 游戏材料的调整:继续与幼儿共同收集纸盒及各种杯子、瓶子、丝巾等丰富的百宝箱材料,鼓励幼儿在游戏中选择物品进行替代和表征。

3. 幼儿将收集到的材料分类摆放在货柜，做上标识，创设超市游戏场景，做好游戏前的准备工作。

第二阶段

【活动观察】

第一次游戏开始了，娃娃家的爸爸妈妈及其他顾客来到超市，推着推车、提着篮子选购商品，超市的人很快就多起来，门口收银处的两个"工作人员"认真地用"收银机"刷码、计费，顾客排起了长队。又有小朋友进入超市，从等待买单的队伍中走进去。有顾客说："门口太挤了！"

游戏结束了，顾客把购买的超市材料还回来，堆在货柜的架子上，两个收银员将材料一件件放回货柜，几个顾客围在他们身边整理，花了很长时间。他们懊恼地找我："老师，东西太多了，我们要收很久。"

【活动分析】

在《指南》健康领域"具有基本生活自理能力"中，5－6岁的典型表现为"能根据类别整理好自己的物品"；科学领域"初步感知生活中数学的有用和有趣"中，5－6岁的典型表现为"能发现生活中许多问题都能用数学的方法来解决，体验解决问题的乐趣"。幼儿对收集的材料进行层级分类的意识不够明确，不能将已有分类的经验迁移运用到游戏中。超市的游戏场景正好为幼儿提供运用数学的真实情境。

此外，幼儿受原有中班商店游戏主题的影响，对角色较明确，但对于超市中的环境不清晰，超市的入口出口在同一个位置，影响幼儿游戏。需要教师进一步丰富幼儿开展超市游戏的有关经验，并引导幼儿将其运用和回归到超市游戏过程中，提高幼儿自主游戏的意识和能力。

【调整与推进】

1. 丰富幼儿有关设置超市入口、出口经验，调整超市入口和出口的位置。

教师和幼儿讨论超市的入口、出口在哪里合适，幼儿提出将入口和出口分开，分别设置在超市的前后，约定顾客将推车用完后放回便于取放的地方。

2. 明确材料层级分类概念，帮助顾客有效分类。

教师帮助幼儿分析"这么多材料怎么放才便于顾客购买和工作人员整理呢?"。在教师的启发、引导下,幼儿将超市的现有材料分成食品类、日常用品类、玩具类、工具类等,在这些标识下再按名称分类。他们将超市游戏材料重新调整,按层级归类摆放,并调整了标识。大家约定将回收的货物按食品类、日常用品类、玩具类、工具类等放入回收篮里,便于工作人员归类收放,第二天入园后再次检查、整理。

第三阶段

【活动观察】

顾客轩轩、涵涵在超市选购了水果,准备称重时发现工作人员不见了,涵涵着急地向老师投诉,老师带着他们找到超市"经理",请他们把情况告诉经理。经理环顾四周,冲到麦当劳,找到锐锐,大声说:"你怎么在这里?快,客人买东西啦!"锐锐笑了,跟着经理往超市走,边走边说:"我也想到麦当劳吃新套餐。"锐锐回到称重区给轩轩、涵涵称了水果,坐下来,看到没人排队,就背着挎包,又跑到麦当劳,走到柜台对工作人员大声说:"我要这份新套餐。"

游戏结束后,教师问:"工作人员能不能到麦当劳用餐?"有的幼儿说"收银员有

幼儿讨论合理用餐的方法

两个人可以轮流吃饭,称重的服务员只有一个,肯定不能离开""可以和小朋友商量交换角色",还有的幼儿提出可以请旁边的同事帮忙订餐。大家很喜欢订餐这个方法。

【活动分析】

《指南》语言领域"愿意讲话并能清楚表达"目标中,5-6岁典型表现是"愿意与他人讨论问题,敢在众人面前说话";社会领域人际交往目标中,5-6岁幼儿的典型表现有:"与同伴发生冲突时能自己协商解决""能主动发起活

动或在活动中出主意、想办法""理解规则的意义,能与同伴协商制订游戏和活动规则""主动承担任务,遇到困难能够坚持而不轻易求助"。从对幼儿游戏的观察发现,幼儿的行为均体现了以上典型表现。幼儿能自主扮演角色参与超市游戏,明确超市各工作人员的角色职责,但容易被外来的新鲜事物所吸引,不能始终坚守岗位。幼儿遇到问题时愿意与同伴讨论,敢于在集体内分享自己的想法,发生冲突时能接受别人的意见、协商解决,但有问题首先想到向老师求助,独立解决问题的意识和能力需要加强;解决方式比较单一,对工作人员岗位职责要求不明确,如工作时不能吃点心。在超市工作时订餐是解决问题的好方法吗?这需要进一步引导幼儿建立相关规则。因此,下阶段教师在游戏中应侧重引导幼儿在承担任务遇到困难时能够坚持,发现问题后能与同伴合作互助,运用有效策略自主解决问题。

【调整与推进】

1. 游戏目标的调整:学习协商解决问题。
2. 丰富幼儿经验:在第二次游戏时教师观察到导购员乐乐请旁边的"同事"帮忙订餐,麦当劳的套餐送来了,乐乐一边吃点心,一边等待顾客的到来。教师将幼儿的游戏过程拍摄下来,游戏结束后和幼儿一起观看,他们发现了问题:"桌面太乱了,顾客买的东西和套餐混在一起,乱七八糟的。"有的说:"外送

问题树

的食物一次不能点太多,只能送简单的饮料。"但有幼儿提出不同意见:"我逛超市时,都没看到工作人员吃点心。""是的,上班是不能吃点心的,有人跟你换班才能去吃。"在视频中大家发现原有规则的问题,讨论拟定新的规则:超市上班都不能吃点心,想吃点心时要交换岗位,找人顶替自己的工作。

教师进一步引导幼儿学习解决游戏中遇到的各种问题。教师与幼儿共同创设了"问题树",推选记录员,将商讨的新规则用简单的图示记录在"问题树"上。接下来每次游戏后,幼儿将发现的问题,各自想到的解决方法、点子或小组商讨的结果用图画、数字等形式记录在上面。教师结合幼儿的关注点、生活经验进行相应的价值判断,鼓励幼儿协商、讨论,采用多种策略解决问题,充分尊重不同发展水平幼儿的想法和需求。

第四阶段

【活动观察】

佳佳从娃娃家走下楼,直接走进超市,拿起水果看一看,放下了,拿起娃娃看了看,又放回原来的位子,到了出口又返回继续挑选,摸摸毛巾,又摸摸头梳。突然她想起什么,拿起包里的手机:"喂,爸爸,今天妈妈过生日,要早点回来。"放下手机,又继续挑选。经理在一旁巡视,导购员整理刚才归还的玩具,没人回应佳佳,我问:"佳佳,你在选什么?需要帮忙吗?"佳佳说:"我给妈妈选生日礼物。"我继续问:"真是有爱心的小朋友,那你妈妈最喜欢什么?""我妈妈最喜欢项链了,就像昨天我做的那种。"我指了指美工区:"那你可以给妈妈再做一款项链吗?"佳佳听完很开心地跑到美工区,拿出绳子、彩珠,熟练地串了一串项链。

【活动分析】

《指南》艺术领域"具有初步的艺术表现与创造力"5—6岁典型表现为"能用自己制作的美术作品布置环境、美化生活",社会领域"关心尊重他人"5—6岁典型表现为"能关注别人的情绪和需要,并能给予力所能及的帮助"。游戏情景引发幼儿迁移日常生活的经验,现有的超市游戏材料是幼儿收集的固定玩法的材料,无法满足幼儿内心的需求,教师激发幼儿创造的愿望,自发制作的项链给幼儿带来极大的满足感。在接下来的游戏中需要进一步从环境、材料上支持幼儿按照自己的需要进行游戏,或提供必要的条件帮助幼儿实现自己的目标。超市的工作人员满足顾客的需求,可提供机会让其多关注同伴的情绪与需要,与同伴进行沟通互动。

【调整与推进】

1. 游戏目标的调整:能根据意愿及游戏的需要创造性地创设游戏情境,准备游戏材料。

2. 丰富和调整游戏材料,迁移幼儿的经验。

(1)扩大超市空间,将超市延伸到户外走廊,环境更加开放和自主。

(2)教师在超市新增了两个移动货架,将美工区及操作区材料合并到角色游戏材料区,鼓励幼儿根据意愿和需要自主选择材料,创设货架的主题和环境。

（3）教师和幼儿商讨"新增的货柜可以卖什么"，幼儿想出了饰品店、蛋糕屋、小制作店等，师生以投票的方式选出玩具和饰品两个主题，并将货架命名为"乐乐玩具店""美美饰品柜"。教师鼓励幼儿当设计师，根据顾客的需要设计玩具和饰品。

移动货架－乐乐玩具店　　　　　移动货架－美美饰品柜

第五阶段

【活动观察】

玩具店的设计师童童从美术区中拿来了纸杯、吸管、保鲜袋、卡纸等材料，以及"吹出的怪兽""小汽车""小猴爬树""会叫的母鸡"等小制作图谱贴在货架上。顾客笑笑来到货架前，从图谱中选了一款"吹出的怪兽"，童童拿起纸杯和剪刀开始制作，作品完成后交给笑笑，笑笑付完钱满意地离开了。

饰品柜的设计师菲菲选择了各种珠子、绳子、吸管、软泡摆在货柜上。乐乐、响响过来了，菲菲说："这么多人，要排队，一个一个选。"接着，她熟练地串起项链。乐乐接过菲菲串好的项链问："多少钱？"菲菲说："10块钱。""这么贵！""那就5块钱吧。""我只有四块钱。""那好吧，就四块钱吧。"大家陆续取货，菲菲的钱袋很快就装满了钱。这时，银行的工作人员柔柔说："银行的钱不够了！"教师问她："怎么办呢？"她在原地想了想，又转身回到银行，很着急。

活动结束后，教师请幼儿一起讨论"制作的玩具和饰品卖多少钱合适"

"银行的钱不够了,到哪里去了"。大家商量后给饰品定价为1元、5元、10元,提出要再给银行准备一些钱。

【活动分析】

幼儿能根据自己及同伴的意愿选择游戏材料、设计玩具和饰品,制作的商品很受欢迎。也有的幼儿只顾制作商品,没有销售的意识,商品没有卖出去,情绪受到影响。开放性的游戏材料引发了幼儿准备和开展游戏的自主性,他们能遵守游戏中的社会性规则,增进了与同伴的互动。幼儿在游戏情境中自然地整合了美术、数学、语言等领域的已有经验,丰富和拓展了游戏角色和情节。但是,游戏一旦进入买卖的环节,就涉及经济学的基本原理(如价格、利润、通货等),对于大班幼儿来说,感知生活中不同商品的定价,以及商家推销、促销的常用手段等,这些生活经验有待进一步丰富。

【调整与推进】

1. 游戏目标:"买卖"这一游戏情景能够激发幼儿对经济学基本知识的兴趣,教师引导幼儿为自己的商品定价,根据商品制作的难易程度和材料的多少定价2元、3元、5元不等,分别陈列在不同层架上,顾客根据自己的需要选择合适价位的物品。

2. 幼儿经验:引导设计师丰富作品的种类和款式,推销自己的商品。没有顾客光顾时,鼓励设计师自制玩具、饰品,引导他们根据销量调整制作的作品,并及时将赚到的钱存到银行,记录自己的收入情况。

幼儿定价、推销商品

将收入存到银行

大班主题活动"100的故事"

福州市仓山区实验幼儿园　徐　丹

【活动背景】

小书吧里有三本有趣的绘本——《100层的房子》《100层的巴士》《地下100层的房子》,教师观察到幼儿都非常喜欢看,于是提出这样的问题:"为什么喜欢?"幼儿们纷纷给出自己的答案,有的说好高,不会倒,好神奇;有的说它可以带我们去任何地方冒险;有的说每一层都不一样,有不同的颜色;还有的说有游泳池。有人提议也来画100层巴士,每人先设计一层。

【活动过程】

活动一:集中活动——一起来画巴士

幼儿每人画一层,共画了三天时间。画完之后让幼儿连起来看是否100层了,有的说60多层,有的说99层,还有的说101层。这时教师提出了疑问:"为什么每个人的数都不一样?"其中一个小朋友说是因为层数太多了,数不清。于是,教师提议一起来想办法怎么才能数清楚。

活动二:数一数,画够100层了吗

组织幼儿共读《地下100层的房子》这个故事,教师问故事里几层为一页,幼儿们答道"10层"。教师提议可不可以每10层做个标记,幼儿们在讨论之后决定数10层放一把水彩笔做记号,一人数,一人检查,最终数出了100层。

活动三:自由活动——我和100层的巴士做游戏

在做完100层巴士之后,幼儿都想和这个巴士做游戏,于是教师带领幼儿来到了室外。孩子们把巴士从三楼放下来,感叹道:"100层的巴士真高!"把巴士摆在操场上,感叹道:"100层的巴士好长!"活动在孩子们的尖叫声及兴奋的回应中结束了。

大班的孩子能领会这个绘本的内容，所以他们对100这个数学现象很感兴趣，通过第一次画100层的巴士这个活动，孩子们从一层一层地画，到10层10层地数，对10个10个群数有了初步的理解。

孩子们成功地画出了第一个100后，自豪感倍增，这说明他们能动手动脑解决问题，对探索时有所发现感到兴奋和满足。

活动四：谈话——还有哪些100的游戏

在谈话活动中，教师问幼儿还想玩哪些关于100的游戏。（在幼儿回答的同时，教师画下孩子愿望的图谱）

幼儿展开了讨论：捡100片叶子；数100个人；搭100层的房子……

每完成一件后，我们打个钩做记号，表示成功了。

活动五：自由活动——捡100片叶子

11月4日上午自由活动时间，教师组织幼儿到户外捡叶子。教师让幼儿讨论怎样捡到100片叶子，在讨论之后，他们想到了新办法：班上小朋友正好有五组，每组捡20片叶子，这样就有100片叶子了。教师又问道："那每组的孩子如何很快地捡到20片叶子呢？"他们想出2片2片数的方法。

  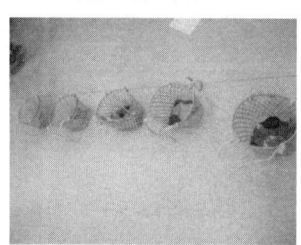

活动六：区域活动——猪圈里的100只猪

11月5日上午，孩子们想画100只猪，吸取了上次作画时间长达三天的经验教训，他们讨论后决定5只5只猪画。

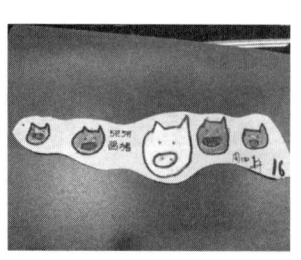  

幼儿画了一天，比上次快很多哟！当把100只猪贴到一块后，孩子们说，哇，这好像一个猪圈呀！孩子们的想法太有童趣了。于是，我马上找来麻绳，在画面上加上猪圈的栏杆；有的孩子还添画了泥巴，他们告诉我说，猪最喜欢在泥巴里玩了。

活动七：升旗活动——数 100 个人

1. 讨论怎么数出 100 个人。
教师提问：怎么数出 100 个人？鼓励幼儿迁移数小猪的经验。
2. 第一次数：大班年段做操时数，78 人，不够。
3. 第二次数：周一升旗时，全园都在，用大班三个班的孩子加上中班一个班的孩子，他们数够了 100 个人。

11 月 9 日，上午升国旗的时候，利用全园孩子都站在一起的机会，孩子们终于数够了 100 个人，他们迁移了数小猪的经验，请大家 5 个 5 个拉个大圈，通过这样一个活动他们了解到：100 个人好多，100 个人手拉手站在操场上，可以围成一个好大的圆圈。

活动八：升旗活动——向全园孩子介绍班级主题活动

利用周一早上升旗的机会，将做好的现有的展板由幼儿介绍给全园小朋友，了解我们班主题活动——100 的故事。

幼儿利用升旗时间跟全园小朋友分享他们所做的关于100的故事，分享他们的快乐，并接受园长和小朋友们的鼓励，接下来，他们想开个关于100的展览会。

活动中，幼儿能与同伴合作，遇到困难能一起克服。能运用5个5个、2个2个数的方法解决遇到的实际问题，具备分组完成游戏的能力。

此时，教师可以进一步推进，让孩子尝试自由选择，分工完成各个100的游戏。引导幼儿制订简单的计划并执行，引导幼儿运用数字或其他符号继续感知100。

活动九：讨论分组计划，分组进行与100有关的游戏活动

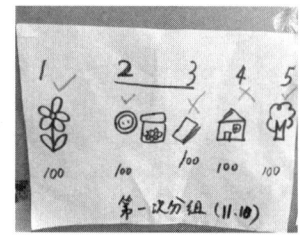

11月10日，幼儿第一次讨论了分组计划（还是分五组，但是这次，五组要分别去做不同的事）。瞧，我们数了100个扣子、100张纸、100朵花、100棵树，但没能搭出100层房子，因为一直倒。（值得一提的是，孩子们数树时用地上飘落的叶子做10个10个的记号，数花时，捡了石头做标记。）有的小组成功了，有的小组没能成功。比如数纸组和数扣子组，数纸的小朋友是由于纸张数量太多，数不清；数扣子的孩子，是因为数着数着，扣子混在一起，数乱了。

活动十：讨论、设计、制作、布置100的展览会

孩子们讨论要用自己画得好看的画、花边、扣子贴画来装饰展板；会认字的孩子贴展板上的字，他们还选择了一楼大厅作为展厅，自己选择位置将展板贴好、摆好。

但是，在孩子们的计划表里，还有很多关于100的游戏还没完成，而且在分组过程中出现了一些小问题：房子太高会倒怎么办？扣子会和别人的混在一起。还有的小朋友说，我也想玩其他组做的事……于是孩子们决定轮流分组游戏，他们期待克服这些小困难，把每一个关于100的愿望都实现。

活动十一："100的故事"——区域小组轮流游戏

本活动可持续轮流分组2—3次。

 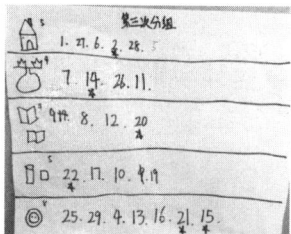 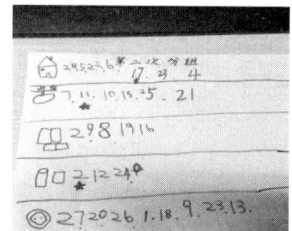

这次，教师在纸张方面做了调整，把白色的 A4 纸换成了不同颜色的彩纸，以便幼儿区分和做标记。这次数纸的小朋友成功数出了 100 张，郑岚月小朋友在活动中还若有所悟地说："原来把不同颜色的纸 10 张 10 张分开放，这样可以帮助我们很快数清楚 100 张，也不会乱啦！"

活动十二：区域活动——自己制作关于 100 的绘本

全体孩子讨论：画好的画怎样保存？把我们的故事变成自己的绘本。

活动中，幼儿能迁移 10 个 10 个数、5 个 5 个数、2 个 2 个数的经验，完

成数100的游戏。学会合作、克服困难，完成任务。

教师进一步推进：引导孩子讨论分工，了解合作的重要性。引导孩子运用群数的经验，解决生活中的实际问题。

活动十三：区域小组活动——我们来布置会场

迁移、运用已有的群数经验，解决数桌椅数量、布置会场等问题。

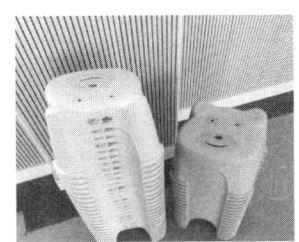

【主题活动的收获】

孩子的收获：

1. 孩子们每一天都觉得很快乐，喜欢和同伴一起开展各种活动。在活动中如果取得成功还想做得更好。

2. 在探索活动中能与他人合作、交流，甚至懂得吸引同伴来合作，能认真负责地完成自己所接受的任务，并用不同的表现手法表达自己的感受和想象。

3. 发现数学的作用，能运用群数的方法来解决问题，体验解决问题的乐趣，初步理解量的相对性。

教师的收获：

1. 开展了主题活动，孩子们和我走得更近了，他们喜欢上我，愿意把我当成他们的玩伴。

2. 发现孩子就像书上说的那样，是有学习能力的人！我们要做的就是学会放手，学会更好地观察和倾听。帮助他们一步一步成为活动的主人，幼儿园的小主人。

趣味搭高

福州市蓓蕾幼儿园　齐晶晶

【幼儿情况介绍】

高唐瑄（唐唐）是个很喜欢结构游戏的孩子，他熟练地掌握了搭高、围合等建构技能。在探索区所投放的"趣味搭高"和结构游戏的类型接近，深受这个孩子的喜欢。在该材料投放的四周时间里，这个孩子每一周都有进行"趣味搭高"游戏，区域活动的行为具有连续性、发展性，便于教师进行跟踪观察、引导推进，因此将其作为观察对象进行探索区"趣味搭高"的个案分析。

观察区域：探索区"趣味搭高"（一）

【观察记录】

今天是唐唐第一次进行"趣味搭高"的活动。他和小帧是使用一次性的纸杯进行合作搭高的。他们很熟练地将12个一次性的纸杯排列成一排，然后在上面交错地排上了11个杯子，如此每一层都比下一层少一个杯子地层层往上搭，将一次性杯子搭成了一座金字塔。他们高兴地向伙伴们展示自己的搭高成果。接下来唐唐开始使用茶叶罐独自搭高。他也是使用搭"金字塔"的方法，但是由于提供的茶叶罐不一样高矮，结果往上搭的茶叶罐老是掉下来，唐唐发现一直没办法搭高就准备放弃了。教师在一边提醒："你们看看茶叶罐一样高吗？"唐唐开始关注到茶叶罐的高矮，他用手比了比说："我知道了，茶叶罐不一样高，搭上去站不稳就掉下来了。"接着他开始把所有的茶叶罐都放在地上用手去按，寻找一样高的茶叶罐放在一起开始往上搭高，很快就搭出了茶叶罐的"金字塔"。

【反思与分析】

通过唐唐的"趣味搭高"的操作行为，教师发现其在操作"趣味搭高"

时具有以下特点：

1. 能迁移建构的技能，熟练地掌握了越往上搭底座越小的这种金字塔式的搭高方法。

2. 搭高作品呈现的类型单一，只有一种金字塔式的搭高作品。

3. 幼儿在搭高的过程中使用的材料比较单一。

4. 幼儿对于在搭高过程中每一层要一样高这样才能搭得更稳的经验技能还欠缺。

【调整与推进】

1. 在集体讲评中提出问题：怎样搭高才能搭得稳？让幼儿知道搭每一层的时候要一样高的经验。

2. 在集体讲评时引导幼儿思考"还有什么材料能够搭高"，启发幼儿自主寻找并收集更多的搭高材料，尝试运用材料组合的方式来进行搭高。

3. 在下次区域活动的导入时让幼儿观察一些建筑的外形，引导其尝试多种的搭高方法。比如环绕型、堆积型……

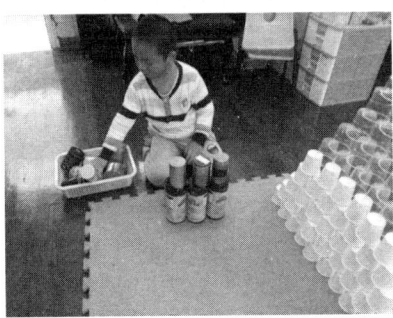

观察区域：探索区"趣味搭高"（二）

【观察记录】

今天唐唐是第二次参与。他很快和小朵组成了搭高小组，选取纸杯和酸奶罐这两种材料。他们先选择将纸杯倒扣，密密麻麻地排列成一个圆形，然后又往上面搭一层纸杯，在搭的过程中，唐唐有意识地提醒小朵："要一样高的杯子搭，要不放在上面的东西会很快掉下来。"很快他们又搭了一层，接下来在第三层，他们使用比杯子小一点的酸奶罐密密麻麻地排在上面，先后排了两层。搭高的作品是采用堆积的方法，看上去排列紧密比较稳定。

接下来唐唐又和粲粲进行合作搭高。他们选择的是茶叶罐、纸盒以及酸奶罐。他们先选择将大的茶叶罐放在下面，然后在每个茶叶罐上依次放上纸盒、酸奶罐。刚搭了7、8层，作品就倒塌了，他们马上发现茶叶罐虽然比较重，但是一个个搭上去还是不稳，于是他们就先选择体积比较大的纸盒整齐搭了两层，再从大到小搭上茶叶罐，搭了5—6个，最后在茶叶罐上放上酸奶罐。

【反思与分析】

通过"趣味搭高"的操作行为，教师发现了幼儿搭高方面技能的提升以及可以推进的方面：

1. 形成了合作游戏的意识，能通过合作配合的方式完成搭高作品。
2. 选择搭高的材料丰富，采用材料组合的方式进行搭高。
3. 幼儿在尝试的过程中能发现搭高中存在的问题，及时调整、改进并解决问题。
4. 搭高方法比较多样，如堆积型、单体搭高等，搭高的技能日趋成熟。

【调整与推进】

1. 在集体讨论中提出："还可以怎么搭？""还需要增加哪些材料？"
2. 根据幼儿的回答，与幼儿一起收集平台式的辅助材料（地垫、纸皮、空心板、泥工板等），张贴一些有平台式建筑的图片，让幼儿在搭高的过程中加以借鉴。

观察区域：探索区"趣味搭高"（三）

【观察记录】

教师新增了地垫、纸皮和大小不同的空心板。唐唐又参与了搭高活动，还是采用两两合作的方式。唐唐和小恩一组，他们先使用纸杯来搭高，垫一块正方形的地胶板，在地胶板的四个角上面倒放 4 个纸杯，再在上面垫上一样大的地胶板，用这样的方法搭了 8 层的平台。接下来他们又将茶叶罐垫在上面，按照搭纸杯的方法又搭了两层，平台一下子高过了跪在地垫上的他们。当唐唐再往上放酸奶罐的时候，一不小心碰到地垫，搭好的平台整个倒塌了。小恩说："我们搭太高了，等一下我们搭矮一点。"接着他们用纸杯又搭了 7 层平台，然后没有再搭高了。

接着，唐唐又主动和小谢组合。他们拿了 4 个纸筒放在四个角上，在上面垫上大的空心板，又在大的空心板上放上 4 个纸筒再垫上大的空心板。搭好三层之后他们就把 4 个纸筒放在中间位置也是四个角垫上小一点的地胶板，使用的地胶板在平台搭了五层之后，中间的位置开始陷下去不稳定，他们也不往上搭了。接着他们就各自用酸奶罐、纸盒直接搭高的方式搭了五层，区域活动就结束了。

【反思与分析】

通过幼儿"趣味搭高"的操作行为，教师发现幼儿在操作水平上的发展和有待提高的方面：

1. 合作的过程中是配合型的，合作关系平等，同时幼儿也可以单独进行活动。

2. 基本掌握了平台搭高的方式，懂得材料放在平台的四个角才能搭高，以及大的平台在下面，越往上平台越小。

3. 具有初步的观察能力，根据自己所观察到的在操作上做适当的调整。

4. 对于怎样将平台式的搭高作品搭稳的技巧还没有掌握。比如重的物体应放在最下面支撑，要在中间搭高则下面要有支撑等。

【调整与推进】

1. 采取集体评价的方式，引导幼儿说出其搭高的方法并加以借鉴以及在搭高过程中遇到的问题，重点讨论平台式的搭高作品搭稳的问题。（问题 1：

什么材料放在最底下支撑会搭得高？问题2：下面用大的底板，往上用小的底板，要怎么搭才能搭得高？）

2. 将幼儿"趣味搭高"的作品拍摄成照片，让其他的幼儿在探索区中借鉴开展相关活动。

观察区域：探索区"趣味搭高"（四）

【观察记录】

唐唐今天自己一个人进行游戏。他选择了一样高的茶叶罐放在四个角，在上面垫上大的底板，接着又选择了四个一样高的茶叶罐放在底板的四个角再搭上大的底板，发现大的底板已经用完了，他就选择小的地胶板，在大的底板的中间放上四个重叠的纸杯再垫上地胶板这样盖了五层，小的地胶板中间有一些陷下去。教师上前提醒他："中间的部分有些陷下去这样不太稳，想一想怎么解决？"唐唐趴下来看了看中间地胶板的部分说："我知道了。"他在大的底板下垫了茶叶罐支撑住中间的地胶板，看见中间的搭高部分没有往下陷，唐唐高兴地对旁边的孩子说："你看我的楼房会搭得很高的。"

【反思与分析】

通过幼儿"趣味搭高"的操作行为，教师发现其在操作水平上的发展：

1. 已经掌握了怎样将平台式的搭高作品搭稳的技巧。
2. 在遇到问题的时候，能够积极地观察调整并解决。

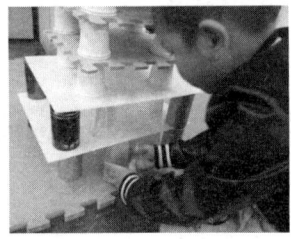

【教师的感悟】

从幼儿参与"趣味搭高"的活动中，我们发现孩子获得的不仅是搭高技能方面的提高，更重要的是积累了岸井伟雄先生说的具有不可估量的重要意义的"原体验"——快乐体验，它包括做想做的事的快乐；全力投入活动的快乐；想办法、下工夫、进行创造的快乐；被人认同的快乐。我觉得这些方面的成长远比知识技能的获得更重要，这就需要我们做到以下几点：

1. 做一个了解孩子的教师——对于孩子前期的兴趣倾向和发展水平有所了解，这样才能发现孩子在参与区域活动后的进步。

2. 做一个会观察的教师——观察在前指导在后，学会观察孩子的活动状态和作品，捕捉其闪光点，发现其问题所在并加以推进。

3. 做一个会指导的教师——现在的区域活动教师是否不需要指导了呢？当然不是，但是教师的指导是建立在观察的基础上，通过问题式的讨论、材料的调整，提供合适的支架支持幼儿实现在原有水平上的发展。

4. 做一个会倾听的教师——在区域活动中学会耐心地倾听孩子的想法，适时地进行肯定，让幼儿获得积极的自我意识。

5. 做一个会交流的教师——抓住集体讲评的契机，通过和孩子的交流迸发出探究火花。

多多的"建筑城"

福州市福新幼儿园 章 锦

多多是一位6岁的中班小朋友,他性格温和,谦让同伴,好奇心强。多多在班级中像一位大哥哥,经常为老师做事情,热心地帮助其他小朋友,而且做每一件事情都很认真。他动手能力强,非常喜欢木工区游戏。他在木工区制作了公共汽车、小火车。这次,多多开始在建构区"建筑"房子。

【活动准备】

经验准备:已具备一定的空间知觉能力和初步的建构能力。

物质准备:常用积木(长条积木、拱形积木、方形积木等)和辅助材料(易拉罐、奶粉罐、洗衣板、竹筒等)。

第一阶段

场景一

【活动观察】

多多没有选择最爱的木工区,第一次进入了"建筑城"就进行马路上的建构游戏。他先选择长方形木块,用平铺的方法,铺出房子底座;然后还是选择长方形木块,用围合的方法,围出围墙。在围两侧围墙时,先选择两块短的、宽的木块,接着选了长的、窄的木块建构两侧的围墙。

围墙终于完工啦!多多又选择细的长条形木块搭建屋顶,并在房子侧边立起三块三角形木块,边搭建边说:"房子前面有彩旗。"他四处瞧了瞧,突然眼睛一亮,拿起半个竹筒,在房子一边开了个口,顺着口摆下去,兴奋地对刘言说:"快看快看,房子的下水道。"几个小伙伴都被吸引过来和多多一起搭建。

【活动分析】

多多第一次进入"建筑城",缺少一定的建构经验。他在初次建构作品时运用到的建构技能主要是平铺、围合、盖顶等,这是较为初级的建构技能。但是多多在建构作品过程中充满想象力,能够用半片竹筒象征房屋的下水道,用三角形木块象征彩旗。

从游戏形式上来看,多多进行的是独立游戏,独立游戏能够给多多带来更多独立思考、独立创造的空间。但是这并不代表多多的社会性发展水平较低,当他为自己建构的"下水道"而兴奋时,会情不自禁地分享给其他小伙伴,这表明多多乐于与他人交往,也能够与他人交往。

【调整与推进】

从建构技能发展上来讲,多多在以后的建构游戏中将会出现加高、架空等建构技能。从建构经验上来讲,多多在活动中建构的是"房子",在建构过程中已有一定的计划，多多在以后的建构游戏中将会继续按主题进行建构。因此，教师可在以下几个方面做出调整：

经验方面：通过张贴各式各样房子的图片，丰富多多关于"房子"主题的建构经验。

材料方面：准备能够进行加高、架空的材料，如圆柱体积木以及相似的辅助材料。

场景二

【活动观察】

多多开始和小伙伴一起搭建房子。多多吩咐刘言："你去帮我拿一个小的，你去帮我拿那个……"多多用小伙伴拿来的积木，搭建出形状各异的房子顶部造型。在建构过程中，刘言和颜泽小朋友总是搭建一会儿就跑开了，多多默默地说："又剩我一个人了。"当刘言跑了几圈回来后，他们开始商量："盖个停车场吧！"多多又开始指挥小伙伴找来草坪、小树盖了个大大的停车场。后来又觉得车停在房子后面不太方便，于是，多多在房子的一侧搭建出停车场，并给刘言演示车辆该如何进出。一座独具风格的小别墅成功落成。

 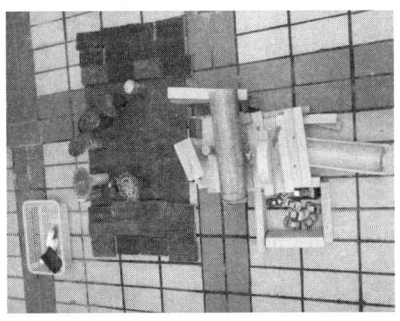

【活动分析】

1. 多多对建构游戏感兴趣，做事有坚持性，表现出良好的学习品质。多多第一次进入"建筑城"进行游戏，从他耐心细致的表现来看，他能认真地完成自己的任务，在别的小伙伴到处跑的时候，只有多多坚持到最后将房屋搭建完毕。

2. 多多在建构过程中有自己的想法，并能通过建构作品将自己的想法表现出来。多多在建构完房子后，还丰富了房屋前后的内容，在房屋后面搭建出小花园、草坪，还为房子设计了停车的地方。

3. 多多和小伙伴进行的是联合游戏，合作意识开始萌芽。刘言和颜泽小朋友时常在与多多一起游戏时跑开，这说明刘言和颜泽的活动仍以自己的兴趣为中心，这是联合游戏的特点。他们之间有了互动、交往，合作意识就开始萌芽。

【调整与推进】

1. 利用散步等外出活动引导幼儿观察房屋，继续丰富幼儿关于房屋的经验。利用带领幼儿外出活动、散步、自由活动等机会，引导幼儿反复研究房屋稳固的原因，仔细观察房子的外形结构和特点，知道建构房屋要用同样高度的材料，才能使房屋稳固，帮助幼儿积累生活经验。

2. 组织与交往相关的游戏活动，为幼儿提供交流的机会，提高其交往的技能。中班幼儿正处于与同伴交往的关键期，他们乐于与同伴交往，但是缺少与同伴交往的经验。老师可以组织一些相关活动，以丰富幼儿交往经验。

第二阶段

场景一

【活动观察】

有了一定的建构经验后，多多选择的建构底座的积木更大更长了，在搭建围墙时，多多每拿一块长方形积木，就和边上的积木比一比是否一样高，然后再用来进行围合。当建构到围墙一角时，由于没有窄的积木与围墙高矮一样，他边尝试边自言自语："这个行不行，嗯，不一样高。"

经过多次尝试，终于找到方法，将两块矮的积木重叠在一起，刚好和边上的积木一样高度了，虽然房子一角凸出去，但多多还是满意地笑了。

【活动分析】

1. 多多在建构过程中有计划、有目的，能更加细致地关注和运用材料的特征，如高矮。为了使房屋搭建得更加平稳，多多在用长条形积木搭建围墙时，总是先比较一下长条积木是否一样高，然后再进行围合。

2. 多多在活动过程中运用了"比较"这一数学概念。多多每一次选择围墙材料时,都能和搭建好的围墙比一比是否是一样高度,以使房屋搭建得平稳。多多在建构游戏中体验到了事物之间的"比较"。

3. 多多在搭建过程中表现出"勇于尝试,善于思考"的良好学习品质。当遇到房屋围墙一角没有适合的积木时,敢于尝试,善于思考,最终想办法将两块小积木重叠垒高搭建出围墙。

【调整与推进】

多多在该阶段关注材料的特性,如材料的高度和厚度等等,并且综合运用材料的这些特点来解决问题、进行建构,这说明多多运用建构材料的能力有所提升。教师可在此阶段继续丰富建构材料,投放一些大块积木和小块积木以及辅助材料,如瓶盖,以满足多多对材料的需求。

场景二

【活动观察】

在盖房顶时,多多先找来长条形积木,再用竹筒摆在盖顶上,告诉我说:"这是烟囱。"当屋顶盖到一半时出现了较难解决的问题——没有一样厚的长条积木了,他尝试用别的长条积木盖顶,但都不满意。"没材料了,屋顶怎么搭啊?"于是呼唤刘言:"快快帮我找一个这样的。"刘言也没有找到。这会儿怎么办?两个小伙伴犹豫了很久,我提示他:"可不可以和小朋友换一块积木来呢?"多多觉得是好主意,拉着刘言:"我们一起去换一块。"换积木时多多总是叫刘言去问,自己跟在后面,第一次换积木失败了,第二次在刘言的坚持下终于交换成功了。

【活动分析】

多多在建构活动中遇到问题,首先求助的是自己比较熟悉的刘言,希望刘言能够帮他一起解决问题。这说明多多乐于与他人交往，并乐于与他人分享自己的问题。当刘言也束手无策时，多多和刘言采纳老师的建议，去和其他小朋友换积木。在换积木时，多多主动拉着刘言去换积木，但自己却跟在刘言后面，让刘言与其他小朋友交涉。多多虽没有刘言在与其他小朋友交换积木过程中的主动、大方，但是他已经开始尝试与自己不熟悉的小朋友交流，勇敢地走出自己的社交圈。

【调整与推进】

多多在与不熟悉同伴交往过程中会有些胆怯与困难。在日常生活中，为多多创造与不同年龄幼儿交往的机会，使其逐步学会主动与他人交往。

场景三

【活动观察】

多多继续搭建作品，开始在屋顶上盖草坪，种小花；然后用长条形积木围住左右两边院子内侧的围墙，留出可以进出院子的门，中间放上小汽车做停车场。最后，用两块扇形的积木作为屋门造型，让左右两边的小院连接在一起，给小院增添了一番气质美，一座江南风格的别致小院展现在大家面前。

【活动分析】

1. 多多在搭建作品中出现了不规则的对称。在其作品"停车场"的两侧是对称的房屋，但是在左右两侧房屋上面却出现了不同的结构，一侧是"烟囱"，一侧是"草坪""花朵"。在其作品中出现了不规则的对称，这也表明多多建构技能得到提升。

2. 多多在建构作品过程中充分发挥了想象力与创造力。在房屋顶部铺上草坪、种上花朵，这既是多多生活经验的反映与再现，又是多多对生活经验的加工与改造，实为一种创造性表现。

【调整与推进】

1. 丰富多多关于搭高、架空的建构经验。在活动结束后，带领幼儿欣赏同区域大哥哥、大姐姐建构的多层房屋造型，引导幼儿了解架空、搭高的多种方法。

2. 鼓励幼儿选用多种不同规格的积木。从幼儿选择的材料来看，以长条积木为主，应鼓励幼儿建构时，选用多种不同的积木、木板、木块和其他辅助材料。

第三阶段

场景一

【活动观察】

多多选择搭建房屋底座的材料是块头较大的长方体，他边围合底座边说："我要让房子牢牢的。"他想把房子搭高，先在第一层底座上重叠相同宽窄的长条形板，发现并不能一下使房子变高，又找来竹筒，想用竹筒搭建房子的柱子，又发现竹筒不够。

他打量了四周说："有了，奶粉罐很多。"于是，他搬来几个奶粉罐替代了竹筒的位置，并在奶粉罐上开始盖顶，当搭到第 8 个奶粉罐再盖上层板后，发现层板矮了一截："咦，矮了。"于是，把部分矮的奶粉罐去掉，留下中间的，再用洗衣板在房子一侧围上围墙，摆上装饰物，最后用几块长条形板重叠垒高搭建好另一侧围墙，这样第一层楼房搭建好了。

【活动分析】

1. 多多有了架空、搭高的初步技能。在架空与搭高的过程中，多多经过了多次的尝试，就是在这样一个尝试——失败——再次尝试的过程中，多多发现了搭高、架空的方法。

2. 多多善于利用辅助材料进行建构。当多多发现竹筒数量不够时，想到了能起到相同作用的奶粉罐。多多善于观察、思考、比较不同材料之间的异同，并充分利用这些辅助材料完成自己的作品。

【调整与推进】

多多的搭建技能有待提升，教师需要为多多提供一些能够满足搭建需求的材料，如能够垒高的圆柱体以及类似的辅助材料等。

场景二

【活动观察】

开始盖第二层。这一次，多多已经能快速地找到一样高度的奶粉罐建构第二层楼房的柱子，再用洗衣板盖顶，铺上草坪，搭建出房顶的造型。刘言问多多："房子这么高，车子要怎么上去啊？"多多在房子一边架出长坡，一幢两层楼带坡的小洋楼吸引了许多孩子的注意，大家都好奇地观赏多多搭建的房子，同多多一同玩起开汽车的游戏。

【活动分析】

1. 多多开始使用多种材料进行建构，建构作品的复杂性提高。从多多使用材料的情况看，有了明显的突破：他选择了长方体、长条形、方形木块，以及多种辅助材料——洗衣板、奶粉罐、竹筒、草坪来搭盖高楼。

2. 同伴间的交流有助于作品完善。当多多建好二层小洋楼时，刘言问他："汽车怎么上二楼？"这时，多多就找一个长条作为汽车通往二楼的轨道，使其作品更加完善。

【调整与推进】

1. 支持、鼓励多多将建构游戏与其他类型游戏相结合，如角色游戏等。当多多建构出有斜坡轨道的二层洋楼时，他和小伙伴开始玩起汽车游戏，这是建构游戏与其他类型游戏结合的萌芽。老师可在观察幼儿行为过程中，提供相应的支持，促进不同游戏之间的融合。

2. 鼓励多多与其他小朋友合作完成一个主题作品，如生活小区。多多在多次搭建作品过程中，大部分是一个人完成的。虽然在此过程中搭建技能得到逐步提升，但是多多在与同伴交流、合作方面有所欠缺。因此，应多鼓励多多与其他同伴共同完成一个主题的建构活动，以促进多多在与人交往方面的发展。

小结

1. 多欣赏、多模仿、多肯定。通过多次欣赏构造奇特的建筑，来开拓幼儿的眼界，并在模仿大班幼儿建构的基础上，进行想象与创造，增加实践经验。对于多多的每一次活动教师都给予积极的鼓励与肯定，增加他自信、自豪感的同时，也激发了他想象与创作的欲望。

2. 多交往、多表达、多平台。针对多多不敢大胆交往的性格，教师可创造不同的条件，引导幼儿表达。每次活动结束后让多多介绍自己的作品，在自由活动中，为幼儿讲故事、表演，运用各种平台锻炼幼儿的胆量。

中班幼儿手工活动中的系列学习故事

福建省直屏西幼儿园　李　薇

【案例背景】

中四班近期开展了"汽车"的主题活动。围绕"汽车"主题，班级创设了许多与主题有关的区域。其中美工区有折纸汽车、汽车装饰、绘画汽车等等，每天都有6个左右的孩子选择美工区的活动。"折纸汽车"内容投放了彩色双面纸、过塑的折  纸步骤范图，以及各种的美工工具如彩笔、剪刀、胶水、双面胶等。

【活动区观察实录】

观察实录一

1. 观察实录

时间：2015年12月8日　　班级：中四班　　观察对象：小彤（女）

今天小彤选择了折纸汽车的活动，在将近40分钟的区域活动时间里，小彤一边研究折纸的步骤，一边做手工作品，她一共用了五张纸。

第一张纸：

小彤看着步骤图折纸，第一步折对了，第二步也许是将图上的虚线理解成用剪刀剪断，她很快拿起剪刀把纸剪成两半，发现和图片上的图示不对时，她迟疑地看了下老师，转身拿了第二张纸。

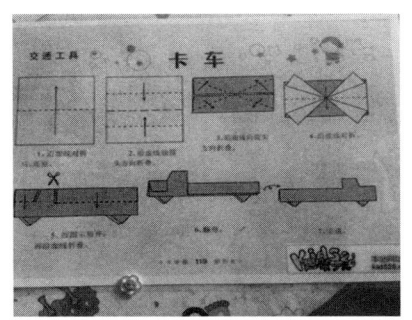

第二张纸：

这次小彤边研究边做手工花了好长的时间。第一步和第二步折对了,到了第三步时又出现了状况,折的方向和图示相反,虽然不一样,但大概也折出了样子。看着同伴拿起小剪刀,她也拿起剪刀,对着刚才折出的折痕剪了下去,看着剪出的造型似乎挺满意。她不断修剪着,最后将纸剪成了许多段,也许又不满意,她将这些纸揉着扔进了纸篓,转身拿起第三张纸。

第三张纸:

这次小彤一开始没有折纸,而是先画画。她对着纸的中点,向四边画了许多放射状的线条,画完开始剪,剪成一个个三角形,剪完三角形,接着又将三角形纸都丢进了纸篓里,起身又拿了一张紫色的纸。

第四张纸:

小彤重复第三张纸的做法,又剪出了许多三角形,然后她又将剪出的这些三角形扔进纸篓,起身拿起第五张纸。

第五张纸:

小彤拿起了水彩笔,在纸上画出了房子和小草,画好后把房子、小草剪了下来。

2. 分析与思考

在今天的美工区活动中,孩子们对该区域的材料和活动很感兴趣,能比较专注、自主地开展活动,折、剪、画,有探究、有创作、有同伴互动。但是,幼儿的尝试遇到了困难,虽然小彤刚开始的初衷是"折纸汽车",但由于读步骤图有困难,连续两次尝试失败,孩子放弃了折纸活动,改成剪、画自己熟悉的东西。那么,对于该区域的材料,需要进行怎样的调整,又该给幼儿小彤哪些支持呢?

我将观察到的结果与本班老师交流后,采取了如下支持策略:

(1) 将汽车折纸图示进行难易分类,标明难易记号,让幼儿看简单的折纸图示开始练习折纸,理解图示标记的意思。

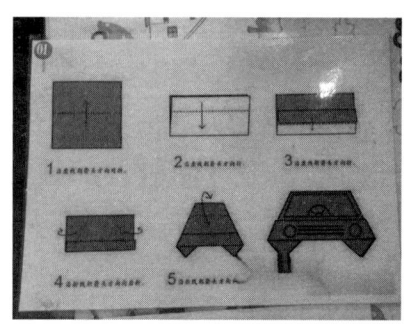

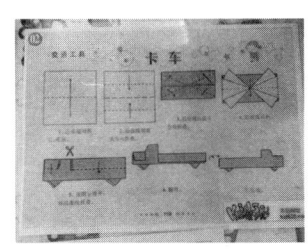 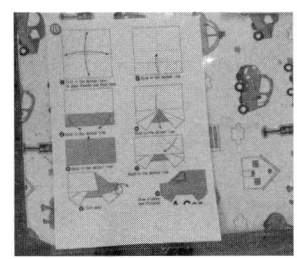 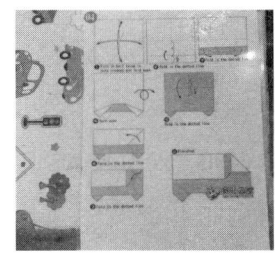

（2）开展"汽车折纸"教学活动，学会看简单图折纸，理解折纸图示的要领。

（3）继续观察幼儿折纸活动，给予适当支持，帮助幼儿享受折纸的乐趣和成功的喜悦。

观察实录二

时间：2015年12月10日　　班级：中四班　　对象：小彤（女）

第二次来到中四班，我看到老师将几种折纸步骤图按难易作了记号，正在进行"汽车折纸"教学活动。

在之前的观察中，老师发现小朋友对手工活动"汽车折纸"很感兴趣，但并没有一开始就教孩子如何折纸，而是提供许多折纸范图让幼儿自行研究，并偶尔与在美工区域活动的孩子共同折纸。观察一段时间后，老师发现孩子们确实对一些折纸范图的要领不是很明白，而且折纸范图难易各不同，影响了孩子对手工活动的兴趣，教师决定进行折纸教学活动。

老师先将最简单的第一种折纸范图与幼儿共同探讨，让幼儿进一步了解范图示意符号的意思，如虚线、实线、剪刀、向里折、向外折等符号的意思。

在活动中，小彤很快就学会了第一种汽车的折法，她很高兴，这时候，身边的男孩还是没学会，老师问："你能帮助××小朋友折好汽车吗？"小彤欣然答应，并很快折好了汽车，她更开心了。在接下来的区域活动中，小彤又选择了美工区活动，我们观察到幼儿会相互观察同伴的作品，学习与交流。教师也在美术区域活动中采取适当的支持，对幼儿出现的问题给予指导，帮助幼儿更好地进行艺术创作。

观察实录三

时间：2015 年 12 月 10 日　　班级：中四班　　对象：小彤（女）

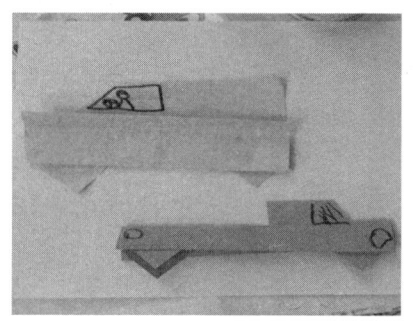

手工汽车折纸教学活动结束后，小彤到美工区一下子找来汽车折纸 1 的步骤图，用蜡光纸折了起来。她很快就折到了第四步，之后她放慢速度，认真比对着、研究着，终于照着图纸的步骤，折出了汽车。她将汽车张贴在图画纸上，添画了许多小草、小花、人，完成了一幅漂亮的儿童手工作品，她高兴地拿着画让我拍下来。小彤的手工作品完成得很好，幼儿在活动中大胆表现，创作出富有童趣的手工作品，体验到成功的喜悦。

观察实录四

时间：2015 年 12 月 18 日　　班级：中四班　　对象：小彤（女）

第四次的观察中我们看到小彤小朋友又选择了美工区域活动，今天她选择了汽车折纸 2。有了第一次汽车折纸 1 的经验和先前汽车折纸 2 的探究印象，她很快就折好了前四步，到了第五步时，似乎遇到了困难。纠结的时候，老师看见了，老师和她共同探究折纸第四步、第五步示意图所表示的意思，在老师的提示下，小彤完成了汽车折纸 2 的作品。接下来，我问她："你想做汽车折纸 3 吗？"她点点头，又挑战汽车折纸 3 的折法，当然这其中还是遇到了一些困难，在老师的提醒帮助下，小彤又完成了第三种汽车的折法，她十分开心，将两种折纸汽车一起粘到了图画纸上。

【案例反思】

《3－6岁儿童学习与发展指南》中指出"每个幼儿心里都有一颗美的种子"，保护幼儿这颗美的种子，萌发种子的生命力，是每个老师心中的目标。手工活动是美术活动的重要组成部分，是孩子们十分喜爱的活动，通过做做、玩玩促进幼儿手、眼、脑的协调发展，培养幼儿感受美、发现美、表现美、创造美的能力，体验创作的乐趣和成功的喜悦。

从小彤几次手工活动的连续观察中，我们看到手工活动是一个探究、学习、表现的过程，这个过程需要时间、需要等待、需要教师适时的支持。小彤在几次活动中呈现出明显的进步，从手工活动主题的变换性到主题的持久性；从表现的随意性到明确性；作品不断地呈现，展现出幼儿喜爱手工活动、敢于表现、敢于创作的品质。本案例中，教师的指导主要体现了以下几点精神：

1. 提供丰富的便于取放的材料、工具，支持幼儿进行自主的艺术活动。

中四班的美工区域材料十分丰富，各种不同材质的纸、不同颜色的笔、各种颜色的胶带、剪刀、打孔机、装饰的材料、各种基础材料如纸筒、盘子、餐盘等，分门别类摆放在柜子上，幼儿取放十分方便。

"汽车"手工活动中，教师提供了多种手工活动供儿童自主选择，有汽车折纸、汽车装饰、汽车绘画等。准备了数张折纸汽车步骤图，还有各种颜色的折纸、扣子、胶粒、汽车模板等等，幼儿可自行选择感兴趣的活动。老师还布置了一个展示墙，便于展示幼儿作品。

2. 营造安全的心理氛围，让幼儿敢于并乐于表现。

在"汽车"手工活动案例中，老师提供了多种折纸范图，让幼儿自行探究，幼儿想选哪款折纸汽车都可以。在案例中小彤和同伴自由取放材料，一会儿折纸，一会儿画画，一会儿剪纸，玩得十分开心，不担心纸是不是用多了、做不对老师会不会批评，折纸作品做不了，就进行其他的创作，十分自主、宽松。营造安全的心理氛围很重要，让幼儿想表现、敢表现，让幼儿有机会在试误中探究与成长。

3. 基于观察给予有效的支持。

区域活动和教学活动是相辅相成的。观察了解幼儿在活动区中的兴趣点、发展水平和遇到的问题，为教学活动提供了起点。在折纸活动中，教师发现幼儿对折纸的步骤标记如虚线、实线、向前折和向后折、纸的正面背面等记号出现了认识困难，这正是开展集中教学活动的契机，也增强了指导的有效性。在后继的指导中，老师也是不断观察、发现幼儿的需要，适时给予支持，既给了幼儿自主探究的空间，又保障了幼儿成功体验的获得。

　　4. 教师以同伴的角色陪同幼儿一起制作手工作品。

　　在手工活动中，老师既是活动的组织者又是活动的参与者。教师应与幼儿在手工活动中的地位平等，让幼儿把老师视为伙伴，在共同的操作活动中发现问题、解决问题，在共同操作中掌握技能。

小跃玩"保龄球"

尤溪县实验幼儿园　张　艳

【案例介绍】

小二班的区域活动,最近刚增添了一个新内容——"保龄球"。今天小光、小跃、小涵依旧选择玩"保龄球",只见他们三人一起从箱子里拿出一个皮球、五个(一个绿、四个透明)矿泉水瓶子,在指定的游戏地点摆放起来。小光在蓝色标志线上将五个矿泉水瓶子瓶口朝上摆放好,小跃跑过来说:"今天我不想这样摆瓶子,我要倒着玩。"说完,他将瓶口朝下放在线上,原来小跃是想将瓶子倒立着摆。小光马上说:"好,你来摆。"这时小跃拿起绿色的瓶子说:"这个瓶子是绿色的,我要把它摆在第一的位置。"孩子们很快重新摆好了瓶子。小光说:"开始吧。"于是,小光坐在一排瓶子后面像个守门员,小跃抱着球退到起点开始他的第一次投球,小涵站在一旁等待。小跃第一次投,只有绿瓶子倒下,小光将皮球扔回给小跃。第二次投滚倒了两个瓶子,小光说:"只剩两个了。"小跃多次尝试后终于将剩下的瓶子全都滚倒,期间小跃不仅用滚的方式,还直接把球扔向瓶子,甚至还将球踢向瓶子。小光从地上站起来,伸手去拿小跃手里的皮球,说:"到我玩了。"小跃抱着球说:"不是你,是轮到小涵了。"小光说:"好吧,等小涵玩完就到我了。"说完他将小跃手里的皮球递给了小涵。小涵抱着球蹲在起点处,小光和小跃一起去摆瓶子。小跃说:"我刚才说了,绿色第一。"两个人还是按照瓶口朝下的方式来摆放瓶子。小光边摆放边对小跃说:"等小涵玩完了就轮到我了。"就这样,三个孩子轮流都玩了次"保龄球"。小光和小涵投球的时候,当守门员的都是小跃。

第二轮游戏开始了,大家准备摆放瓶子。这时小跃说:"我自己摆。"他拿起绿瓶子瓶口朝下摆在第一的位置,将第二个瓶子瓶口朝上摆放,第三个朝下、第四个朝上、第五个朝下,这一次小跃是按照瓶子正立、倒立有规律地摆放。开始投球时，小跃拿着皮球用脚一踢，一下倒了四个瓶子。小光兴奋地喊道："哇！四个啊，不过只有一个很难了。"他是说，皮球要投向一个瓶子是有难度的。果然接下来小跃几次都无法投中瓶子，小光也一直在旁边说："一个很难的，一个很难的……"突然小跃走向瓶子，用手一推，瓶子倒了。小光忙扶起瓶子说："不行，耍赖。"于是，小跃走回起点处又尝试了几次，终于将瓶子投倒了。小光对着小涵挥手："到你玩了。"小涵很顺利，他只投了两次球就投倒了所有的瓶子。

  小涵游戏结束后，小光和小跃一起扑向皮球，都大声地说："到我了。"小跃更快速地将皮球抱在了怀里，笑着对小光说："是到我了。"小光对着小涵说："刚才你玩完不就是到我了吗？"小涵看着小跃点点头。于是小光就伸手去拿皮球，可小跃将球紧紧地抱在怀里不放开。小光走向一直在旁边默默地关注他们游戏的教师，说："老师，刚才小涵玩完了，现在该轮到我了吧。小跃第一，小涵第二，我是第三。"教师平静地看着三人没有说话，小跃见小光向老师求助，马上就将皮球扔给了小光。这时我对小跃笑了笑，小跃也摸摸肚子又晃晃头对我笑了一下，三个人又开心地笑着走回各自的位置。小跃从小涵手里拿过瓶子："给我。"他这次依旧是按瓶口朝向不同有规律地摆放。随着小跃的一声令下"预备—开始"，小光第一次就将三个瓶子投倒，小跃和小涵一起去捡球，虽然小涵先捡到球，但小跃从他手里拿过球扔给了小光。小光第二次投球，没中。小跃在捡球的时候，不小心将墙上的小卡片碰下来丢了一地。小光说："啊，是你弄的。"小跃一边说"是我弄的"，一边将小卡片捡起来摆放好。我对小跃竖起了大拇指，小跃不好意思"嘿嘿"地笑了。

  接下来小光投了几次都没有中，于是小跃走到他身边蹲下，拉着他的腿说："我教你。"原来，他是想让小光学他之前用脚踢皮球的方式。可是小光还是没有将剩下的两个瓶子投倒。这时小光对小跃说："你帮我打中吧。"小跃立马拿过球来投。小跃用滚、扔、踢的不同方式，总共投了七次才将剩下的两个瓶子投倒。小光在旁边安静地看着，等瓶子全部倒下，三个人一起"噢"发出叫声，最后一起将皮球和瓶子放回箱子中。

  【案例分析】

  以上案例是发生在我的班级里的真实场景。我之所以支持幼儿们玩"保龄球"游戏，是因为这一活动符合《3—6岁儿童学习与发展指南》中的要求，对幼儿的身心发展、语言发展、社会交往、认知方面都有一定的促进作用。但是，经过与《幼儿园教育指导纲要》相对比，我发现有些地方能够进行调整，以下便是详细内容。

一、"保龄球"游戏对儿童发展的作用

（一）健康发展方面

小跃扔"保龄球"的方式很多，有将皮球滚向瓶子，有将球扔向瓶子，还会用踢的方式尝试把瓶子弄倒。当一种方法不能投倒瓶子时，他就换个新的方式。小跃不厌其烦地探索尝试各种将瓶子投倒的方法，可以看出小跃对自己感兴趣的活动有一定的坚持性，具有良好的学习品质。在熟悉游戏玩法的基础上，小跃喜欢尝试不同的挑战风格，具有探索精神，单一的模式不能满足他的游戏需要。他能运用多种动作去探索如何用球将瓶子投倒，掌握了球的多种玩法，自身动作发展也具备了一定的协调性和灵活性。

（二）语言发展方面

小跃能大方地对同伴表达自己的需要和想法，语言清楚，能让同伴听清他的想法。他说话声音较大声，口气较强硬，配合着自身的手势动作引导着游戏的进行。

（三）社会交往方面

小跃指定了瓶子的摆放规律，还指定三个人的游戏次序，第二次时小跃还试图违规。在游戏中，经常听到小跃说"我来""给我"等字眼，口气充满了强硬。说明小跃在与同伴合作时处于主导地位，喜欢按照自己的想法做事，很少征求同伴的意见，当他提出的请求不被接受时就会出现争抢现象，破坏自己定下的游戏规则。小跃还随意改变同伴的游戏次序，一见小光向老师投诉就马上将球交还给小光。可以看出小跃能认识到是自己不遵守游戏规则，自己的恶作剧会让同伴、成人感到不喜欢，能马上停止自己的行为。而不小心将墙上小卡片弄掉在地上时，小跃承认是自己的错误，并立即将卡片放回原处，能承担自己造成的后果并立即纠正。

（四）数学认知方面

在游戏中，小跃指挥大家摆放五个瓶子，以绿瓶子为起点，有瓶口朝向一致的摆放，也有一正一倒的有规律摆放。可以看出在数的认知方面，他能观察发现瓶口的特点并按照一定规律对瓶子进行排列，体会其中的排列特点，

能尝试自己创造新的排列规律。

二、对"保龄球"游戏的调整与改进

在游戏过程中，我提供了一个自由、宽松的环境，让孩子们自主商量游戏规则，推进游戏开展。当孩子们产生冲突时，我并没有主动出面帮助解决，自始至终做一个观察者。期间，我送给了小跃两次微笑。

第一次微笑：当小光因为三人游戏次序的问题向我求助时，我平静地看着他们三人，把解决矛盾的机会第一时间归还给孩子们。这个矛盾显而易见是因为小跃对这个游戏很感兴趣，想一人霸占游戏。原本他就是想抱着侥幸的心态，如果我出面指责让他把球还给小光，也许会打击小跃继续游戏的积极性，同时也让孩子们失去了自己解决问题的机会，以后再碰到类似矛盾时，孩子们第一时间都会来找老师帮忙解决问题。于是我不出声，让小跃认识到自己的霸道是行不通的，把皮球还给了小光。这时我给了小跃一个微笑，小跃也不好意思地回笑。一个平静的关注、一个微笑，既能让小跃在无声中认识并改正自己的错误，知道什么样的行为会受大家欢迎，同时又能关注孩子的感受，保护了他的自尊心和自信心。

第二次微笑：当小跃在同伴前主动承认墙上卡片的掉落是自己所为，并马上捡起放回原处时，我不失时机地又投给小跃一个赞赏的微笑。这个微笑不同于第一次，它代表着对小跃能主动承认自己错误并及时解决的肯定。最后在总结谈话时，我在孩子们面前讲述了这件小事，希望孩子们在游戏时要关注、爱惜身边的物品，同时犯一些小错误及时改正就好，旨在希望培养孩子们的责任感和认真负责的态度。

多指导小跃学习与人交往的基本规则和技能，如：与在同伴游戏时，能友好地提出请求，不争抢不独霸玩具。指导幼儿换位思考、学习理解别人，"假如你是那个小朋友，你有什么感受？"尝试用协商、交换、轮流、合作等方式解决冲突。另外还要引导幼儿学会倾听，即使自己的意见和别人不同，也要认真倾听、接受别人的合理要求。虽然这个引导过程是漫长的，但我相信只要我们有一颗关爱孩子、热爱孩子的心，耐心等待，就能静待花开。

鱼池的水变干净了

厦门市日光幼儿园 杜珍珍

【案例背景】

一天早上，孩子们无意间发现二楼楼梯口的鱼池中有一条金鱼死了，他们紧张地拖着我往楼上跑："老师，我们发现了一个秘密，快跟我们来。"跟着他们的视线我才发现金鱼缸旁早已围着我们班的一群孩子，他们正激烈地争论着……袁哲说："快看，金鱼已经死了！"黄玉铭反驳道："才不是呢！金鱼的翅膀还在动。"林睿文提出了自己的疑问："那它为什么要躺在水里，而且肚子还朝着天上？"周超艺肯定地说："我妈妈告诉我鱼肚皮翻上来就是死了！"张瀚文反问："鱼为什么会死呢？"陈庚忙说："我知道，是水太脏了！"陈伟恩像发现新大陆一般："对，你们看水里那么多黑黑的东西。"王政圣说："我知道那是鱼的大便。""哈哈哈……"孩子们笑了起来。在孩子们的笑声中我们开始了有关"鱼"的主题探究活动。

【思考】

当前幼儿的关注点是什么？急需解决的问题是什么？这 问题有何教育价值？

【教师分析】

当孩子们明白鱼死的原因是水质问题后，便不停地催着我把鱼池的水换掉。鱼池的水一直是由幼儿园的门卫小洪叔叔负责更换的，直接请小洪叔叔来更换既省事又便捷，可是幼儿从中能够获得什么呢？可能只是看看就过去了。我的脑海里突然冒出了一个念头：授人以鱼不如授人以渔。何不让幼儿自己尝试换水？这也是他们现在最为关注也是最感兴趣的话题。换水对于成人来说是件简单的事情，但是这又高又深的鱼缸对幼儿来说是一个挑战，让他们动手不仅可以满足他们的探索欲望，还可以让他们在不断出现的问题中探索解决问题的方法。同时换水需要大家共同协商、共同合作，现在的独生子女合作性差，借助这一契机为幼儿提供合作的机会，将有助于幼儿的社会性发展。

第一阶段——关于如何换水的讨论

【观察实录】

教师开始组织幼儿先讨论换水的办法："小朋友想想办法，鱼池的水要怎么换呢？"王政圣立即回答："我知道，拿一把汤匙把水一点一点舀出来。"他把自己在家喝汤的经验迁移到了这里，他的话引来了一片笑声。何娜娜出来为他补充："不要笑，但是那要舀到什么时候？应该用桶一桶一桶地舀。"朱奕唯也发表了自己的看法："没有水，鱼会死的。"她的话把孩子们的思维转到了另一个问题上。陈庚说："要先把鱼捞上来放在一个干净的桶里，水换完再把鱼倒进去。"黄灵慧忙附和道："对，我爷爷也是这样换水的！"周超艺反驳道："不行不行，这样还是太慢了，要让水自己流出来。"……正当他们争论的时候，小洪叔叔靠过来说："我有好办法，我教你们吧！"

【思考】

我该阻止吗？要不要教？幼儿还能学什么？应该教多少？

【教师分析】

听到小洪叔叔的话，我有些担心，想马上打断他，不想让他把答案告诉幼儿，担心他直接解决了幼儿的问题，这样幼儿就没有可以探索的空间了。但是仔细一想，从幼儿的讨论中可以看出，他们虽然能运用自己已有的生活经验想出不少办法，但是由于经验的局限性，他们没有得出有效解决问题的办法，而小洪叔叔是空着手过来的，他只是通过语言与幼儿分享经验，幼儿仍然有实际探究的机会。于是我也跟着孩子们一起听小洪叔叔的介绍。小洪叔叔告诉孩子们，换水必须像他们之前讨论的那样把鱼捞到清水桶里，然后找一条长长的水管，一头接到二楼的鱼缸里，一头接到一楼的盥洗室就行了，水会自己流出来的。

第二阶段——探索换水的方法

【观察实录】

孩子们听完小洪叔叔的介绍后,便开始迫不及待地四处寻找工具,他们在盥洗室找到了所需要的工具:一个桶、一条水管。他们照着小洪叔叔说的先把鱼捞到一个放着清水的桶里,再把水管的一头放入鱼池中,这时问题出现了。何娜娜说:"这条水管太短了,接不到水龙头!"张百灵想出了办法:"把水管抬高试试看吧!"接着我看到了这样的一幕,孩子们一个个排在楼梯上,用自己的肩膀扛起了水管,这一幕让我想到了一句话:团结力量大。然而孩子们失望的表情告诉我他们的问题并没有解决,水管还是不够长。勇于挑战的周超艺想出了另一个办法:"再找一条水管接起来吧!"于是孩子们又从厨房找来了一条水管,可是两条水管接不起来。谢培煊想到了办法:"老师,可以用胶水把两条水管粘在一起!"他们平时做手工时都是用胶水粘东西的,他们将经验迁移到了这里。让他们试试吧!这也是一种尝试和探索,只要孩子们保持兴趣,在探索中不断发现问题、不断想办法解决问题,对于他们来说也是一种有益的经验积累。他们拿来胶水尝试,发现胶水是粘不住水管的,这时候陈毅凯想出了主意:"不行,要用双面胶粘才行!"他们拿来双面胶发现还是粘不住。袁哲直截了当地说:"我们干脆找一根很长很长的水管吧!"孩子们在幼儿园中四处寻找长长的水管,还是一无所获,最后还是在小洪叔叔的帮助下才找到了一条很长很长的水管,这次水管终于能接上水龙头了。孩子们兴奋地叫起来:"成功了,水流出来了!""快看,鱼池的水越来越少了!""鱼池的水终于变干净了!"

【总结】

看着孩子们喜悦的表情,看着孩子们拥抱在一起欢呼,我的心也和他们一样激动,他们需要这样探索、合作的机会,每个孩子都为了同一个目标不断思考着、探索着,每个孩子都主动与同伴共同承担责任、共同分享成功的喜悦,这正是他们成长历程中最需要学习的东西。

从竹竿游戏看幼儿的学习与发展

福州市花巷幼儿园 林章兰

【活动背景】

10月份我园对户外晨区游戏的内容进行了调整,一周有两天孩子们玩的是民间游戏,老师提供了皮筋、毽子、跳房子、跳竹竿、射箭、投壶、黄包车、风火轮等各种民间游戏的材料,旨在让孩子们在快乐的游戏中了解各种民间游戏的玩法,发展基本动作,并能自主创新出游戏的新玩法,培养幼儿在游戏中的创新与协作能力。于是跳竹竿的游戏就成为本次我持续观察的游戏内容,想看看我们的孩子对跳竹竿这一传统游戏是否感兴趣,能用什么方式玩跳竹竿游戏,能否在传统游戏中玩出自己的想法。带着这些疑问我开始了为期一个月的跳竹竿游戏区的活动观察。

第一次游戏

【活动观察】

今天是孩子们第一次玩跳竹竿的游戏,游戏开始时有6个小朋友,小箎问:"老师,这竹竿拿来做什么?""它是玩跳竹竿游戏用的,你们要不要试一试?""好呀。可是我们不会玩呀?""来吧,我来教你们玩。"说完,我安排默默和保育员一

起做敲竹竿的人,按照"×× ×—丨"的节奏敲竹竿,我示范了跳竹竿的游戏玩法:中间跳2下,外面跳1下,跳的时候跟着竹竿的节奏。看完我的示范,孩子们也学着我的动作跳了起来。小箎第一个尝试,用单脚跨跳的方法一进一出,轩轩、文文等其他4个孩子也学着小箎的动作练习着。玩了大

概 3 分钟，竹竿突然停了下来，原来文文的脚被竹竿绊到了，我看了看说道："疼吗？""不疼。""能继续吗？""能。"于是，这组的孩子又开始按照刚才的节奏继续玩了起来，期间文文、轩轩轮流和保育员一起担任敲竹竿的人，这样游戏持续了 10 分钟。"老师我的手好酸呀，我不想玩了。"轩轩大声地对我说道。"那有谁愿意和我一起来做敲竹竿的人？"孩子们对着我纷纷摇头，谁也不愿意。"除了用刚才的节奏敲竹竿，还可以用什么节奏？"大家你看看我，我看看你，一直摇头。"老师，我能去玩别的游戏吗？"轩轩说道，其他的孩子你一言我一语地叫道："老师我也不玩了。"说完，大家丢下竹竿向其他游戏区跑去，直到晨间游戏时间结束为止，这个区域就没能再看到有孩子加入，第一次的跳竹竿游戏就这样冷清地收场了。

【活动反思】

跳竹竿是我国传统的民间游戏，它需要幼儿按一定的节奏、用相互合作的方式来共同完成。从本次的观察中我发现投壶、黄包车、跳皮筋等区域的人员都络绎不绝，只有跳竹竿的游戏一开始有部分孩子光顾，玩个二十来分钟就看不到他们游戏的身影了。从孩子的游戏行为中看出他们对跳竹竿游戏的玩法不了解，参与游戏的幼儿是通过询问教师，观察教师示范、讲解游戏玩法，初步了解跳竹竿的基本玩法。参与游戏的四位孩子虽能积极尝试，运用教师示范中熟悉的节奏"×× ×—｜"进行分合式的敲击，跳的孩子按照这种固定的节奏模式进行单脚、双脚的跳跃游戏；但当竹竿打到脚、敲竹竿的孩子提出手很酸时，他们就有了放弃继续游戏的想法。从孩子的游戏中可以看出，由于游戏经验不足、节奏比较单一、玩法缺乏一定的探索性，因此孩子的游戏热情相对短暂，也未能吸引其他同伴的兴趣，因而造成后半段的时间里没有孩子加入。通过观察我思考：为什么这个游戏孩子不感兴趣？是对材料不感兴趣，还是对游戏玩法不了解？是觉得跳竹竿很难，还是怕这个竹竿会打到自己？

【游戏推进】

为了进一步助推孩子的游戏，首先，利用谈话活动时间请今天有玩跳竹竿游戏的孩子说说自己是怎么玩这个游戏的，并请他们在全班孩子面前示范，分享游戏经验。其次，通过讨论"敲竹竿时还可以用哪些节奏""还可以用什么方法来敲竹竿"的问题引发幼儿讨论，启发幼儿迁移已有的节奏经验，帮助幼儿了解竹竿的不同敲打方法。复次,提供一些成人玩跳竹竿游戏的视频,丰富多种形式的跳竹竿游戏,鼓励幼儿模仿、学习。再次,在日常活动中和幼儿一起玩打节奏的游戏,再现不同的节奏感,为跳竹竿游戏提供经验的支持。最后,围绕"如何抓握竹竿才不会让自己的手受伤""两个敲竹竿的人要怎么才能做到有默契""跳竹竿的人要怎么配合才不会被竹竿打到"等问题展开讨论。

第二次游戏

【活动观察】

有了上周对跳竹竿游戏玩法和经验的分享,孩子们对敲竹竿的方法和跳竹竿的节奏有了更多的了解,今天的游戏吸引了许多孩子。游戏开始后,五个小女生很主动地拿起细竹竿很快商量好各自的分工,开始尝试跳竹竿的游戏。这次她们敲竹竿的方法和上次不一样了,她们先将竹竿一上一下来回摆动,跳竹竿的两个孩子先看她们怎么敲,然后再跟随着竹竿的节奏"×—×—"用双脚、单脚跳的动作跳竹竿。在跳的过程中,她们能很自觉地更换角色:谁的脚没有跳过竹竿,就由谁来做敲竹竿的人。五个人很有秩序地玩着跳竹竿的游戏,游戏持续了10分钟。另外一组跳竹竿的孩子,拿着竹竿一直在摆弄着,不知道该怎么玩。我问道:"你们想怎么玩跳竹竿的游戏?"悠悠说:"我们只有2个人,没法玩呀!""老师,我们不知道2个人可以怎么玩。"杉杉接着问道。"我有一个好办法,你们要不要试一试?""要。"于是我将2根竹竿交叉摆成大叉状,手中拿着一根长竹竿用来借力,变成撑杆跳的玩法。悠悠和杉杉在一旁看后,各自也拿着一根长竹竿作为借力的工具,玩起了撑杆跳的游戏,我在一旁静静地看着她们。只见每次跳的时候杉杉都是先将长竹竿放到前面一格,然后借助竹竿的力量双脚往前跳,每跳到一个新的格子,她都会调整一下站位,然后用同样的方式继续跳。

【活动反思】

有了上一次游戏经验的分享，孩子们对跳竹竿游戏的热度明显升温了，选择的人渐渐多了起来，乐意尝试不同的玩法。游戏中孩子们学会了分工合作，先关注同伴敲击的节奏，然后根据节奏来跳，同伴间会制订规则，并能自觉遵守。当孩子遇到困难时，老师能及时介入游戏，帮助孩子拓展游戏的玩法，并鼓励孩子大胆尝试。从本次游戏可以发现，虽然他们在游戏时注入了新的玩法，可是在敲打的形式上还是比较单一，缺少变化，不能很好地迁移已有的节奏经验，这也是导致游戏未能较长时间吸引孩子兴趣的一个关键因素。其次，孩子对跳竹竿的游戏经验还不够，对竹竿的各种玩法还不了解。

【游戏推进】

首先，继续丰富各种跳竹竿游戏的玩法，借助图片展示的方式，帮助幼儿了解跳竹竿游戏中不同数量的竹竿的组合方式。其次，经验不足的幼儿参与游戏时教师可以与他们共同游戏，并帮助他们拓展对跳竹竿游戏的规则和游戏方法的认识。再次，在音乐区中增加节奏乐练习，复习已有的节奏型。最后，开展以竹竿为主题的体育游戏，鼓励幼儿探索竹竿多种玩法，积累丰富的游戏经验助推幼儿的游戏。

第三次游戏

【活动观察】

今天跳竹竿游戏区的孩子不再用竹竿玩跳竹竿的游戏，而是把竹竿当成了一副担子，玩起了悬吊的游戏。在游戏区中，5个孩子一起拿着一根长竹竿走来走去，我走上前问道："你们在玩什么？""我们在玩抬竹竿的游戏。"一个孩子回答道。"你的竹竿上有抬着东西吗?""没有。"我突然灵机一动说道:"要不要试着来玩抬轿子的游戏?""要。"大家兴奋地回答道。"怎么才能把竹竿变成担子?"有的说"大家一起抬呀",有的说"直接把竹竿放在肩上",还有的说"大家一起合作"。说完几个孩子争抢着抓起竹竿用双手抬了起来。问题来了,整根竹竿都是抬的人,没有一点多余的空间,"有这么多抬竹竿的人,那被抬的小朋友要站在哪?"俊俊小朋友马上说道:"抬的人要站两边,中间不能站人,这样才可以。"大家按照俊俊的提议很快调整了各自的位置。这时,涵涵和威威同时走到中间,用

不同的倒挂方式悬吊在竹竿上,可是两个人的重量太重了,抬竹竿的小朋友力气不够,没两下竹竿就抬不动了。"你们瞧,两个人同时倒挂,重量太重,应该怎么办?"我连忙说道:"一次只能上一个小朋友。"抬轿子的孩子纷纷叫道:"就用你们说的这个办法,一次只能抬一个小朋友。"根据孩子们自己提出的玩法,新一轮的游戏重新开始了。这下孩子们分成两边,一边各站2个,中间留给悬吊的孩子,在大家的齐心协力下,游戏顺利地开展了。在抬的过程中,一个孩子提出:"老师,一直用手抬太重了,我想放到肩膀上抬。""要不我们一起试一试?"老师说道,"抬竹竿的孩子先蹲下身,然后请悬吊的孩子倒挂抓好,接着抬轿子的同时数1、2、3,然后一同站起。"孩子们根据老师提出的建议一起合力将轿子抬了起来,各个脸上都露出了开心的笑容。在一旁观看的孩子指着黑衣服的男孩兴奋地叫道:"哈哈,他一直不下来。"原来这男孩一直挂在竹竿上。"看,他正在走,好棒呀!继续往前走!"一旁的老师惊喜地叫道,孩子们都为他的这一举动而兴奋着。这样,游戏一直持续到户外游戏结束为止。

【活动反思】

孩子们对竹竿这一游戏材料的兴趣越来越浓厚，不同班级的孩子选择用竹竿做游戏的方式各不相同，今天选择竹竿开展游戏的孩子并没有采用先前孩子的方法来玩竹竿，在开始时只是无意识的几个同伴一起抬着竹竿，在教师的引导下，孩子们开始用竹竿探索玩抬轿子的游戏。在一次次的尝试中，从不明确抬的人如何分工合作，到探索如何上轿子、一次几个人上轿子，再到探索怎样将担子从手中合作抬到肩上，最后成功地用双手交替、双脚交叉悬挂的方法上轿，并在轿子上移动。在这样的游戏中，孩子们体验到玩竹竿游戏的乐趣，享受着游戏成功后的喜悦，同时发展了四肢动作的灵活性、协调性、力量、耐力等。游戏中，悬挂的孩子不断地调整着手的抓握和脚的相互交叉的动作，直到整个身体能协调地悬挂在竹竿上，有的孩子在轿子上还能保持一段时间，抬轿子的几位孩子在游戏中能在教师的引导下齐心协力完成抬轿子的动作。在双方的共同协作中，游戏达到高潮，直到结束的音乐响起，孩子们还意犹未尽。

游戏结束后，我思考虽然今天孩子并未利用竹竿继续探索各种跳竹竿的方法，但是他们在游戏中迸发出了新的游戏想法，利用长竹竿的特性生成了抬轿子的游戏，这是孩子在游戏中创造性思维的萌芽，应该做一个分享，让其他的孩子为他们今天的想法点赞，同时也给同伴一次启发，拓展游戏的玩法。

【游戏推进】

1. 结合每日分享时间将今天孩子的活动照片进行交流分享，让大家了解原来竹竿还可以这么玩，丰富孩子的游戏经验。

2. 请抬轿子的孩子说说自己是如何分工、合作的，帮助幼儿了解游戏中分工、合作的方法以及重要性，感受合作带来的成功感。

3. 讨论：怎样才能保障坐轿子的人的安全？引发幼儿自主创设相对安全的游戏环境，学会利用辅助材料——垫子开展游戏。

4. 将孩子们前段时间利用竹竿开展游戏的图片制作成小图书放到阅读区，引导幼儿学习借鉴同伴的游戏经验，启发其思考：如果是你来玩竹竿，你会用竹竿玩出哪些有趣的游戏？

第四次游戏

【活动观察】

在本次的竹竿游戏区，一早就吸引了轩轩和洋洋2位孩子，他们每人拿一根竹竿玩起了撑杆爬的游戏。轩轩跳了5次还未能顺利地跳到竹竿上，于是走到我跟前说："老师，能帮我扶一下竹竿吗？""你想玩什么游戏？"轩轩大声地回答道："就是上次玩的，爬竹竿游戏呀！"说完，我便扶住竹竿，轩轩双手交替抓握竹竿，蹭地一下跳上竹竿，用力往上爬，接着快速地往上爬了两下，然后从竹竿上滑了下来。一旁观看的洋洋看到了说道："老师我也要玩。""来吧，一起玩。"两人在我的帮助下一起开心地玩起了爬竹竿游戏。

过了一会儿，来到竹竿游戏区的孩子越来越多，每个人都拿着竹竿学着前两个孩子的玩法游戏着，可是没有教师的帮助，孩子们都没办法顺利地爬上竹竿，陈老师看到后便提议："我们来玩个新游戏吧！"孩子们兴奋地叫道："什么游戏？""抓竹竿！"说完，陈老师和孩子们边示范边讲解着游戏的玩法。第一轮游戏有3个孩子和2个老师一起参加，大家同时数着"1、2、3，跳"，其中一个孩子没有抓住，竹竿打了下来，老师用鼓励的语气说道："没关系，再来一次,听准节奏一起跳。"第二次游戏时2根竹竿打到一起,老师说道:"诶,为什么会有2根竹竿没抓住?"孩子们七嘴八舌地说道:"他们跳得太慢了;圆圈太小了;没有一起跳;不能抓住两根竹竿。""那接下来我们要怎么调整?"麦麦说:"老师我知道,圆圈要围大一点,大家要一起跳。""还有吗?""一次只能抓一根竹竿。"小篾紧跟着回答道。"好,我们就用他们的方法试一试。"第三次游戏大家按照这样的方法成功地抓住了竹竿,孩子们高兴地叫了起来。边上游戏的孩子听见他们的欢呼声也陆陆续续地加入到抓竹竿游戏中,游戏从5人一组,发展到6人一组,再到7人一组,从有老师参加到老师慢慢退出游戏,完全由幼儿自己组成一个团队进行游戏,孩子们不断地重复玩抓竹竿游戏,同时也吸引着越来越多的孩子在一旁观看。"老师我们也想玩这个游戏。"一个观战的孩子说道。"边上还有细的竹竿,你们可以用细竹竿试一试。"说完,她们拿起细竹竿组成另一个小组玩起了抓竹竿游戏。今天抓竹竿游戏持续了半个多小时,结束时,孩子们一边收拾竹竿,一边和小伙伴说道:"下一次我还要玩这个游戏。"

【活动反思】

从本次的观察中可以看到,孩子们已经能迁移之前玩竹竿的游戏经验,主动地参与到游戏中,游戏目的更加明确了。乐意探索游戏的玩法,当遇到问题无法解决时会主动请求老师的帮助,并能清晰地表达自己的意愿。在撑杆跳的游戏中乐于挑战,不断地尝试、摸索抓住竹竿向上爬的技巧,并学会了坚持,不轻易放弃。对新颖、有挑战性的游戏(抓竹竿)有浓厚的兴趣,会与同伴合作游戏,逐步了解合作玩抓竹竿游戏的技巧,游戏中会发现问题:为什么有的小朋友会抓不住竹竿?并能发现同伴抓不住竹竿的原因,在教师的引导下及时调整游戏的策略,享受游戏带来的乐趣。从撑杆爬的游戏中发现，此游戏须在教师和幼儿共同的合作下才能完成，幼儿的游戏兴致很浓厚，可是每次参与的只有个别幼儿，不能普及，新的游戏想法主要来自于教师，幼儿对竹竿的基本功能还不是特别了解。

【游戏推进】

1. 结合游戏图片引发幼儿思考：在撑杆爬时怎样才能跳上竹竿并抓牢？你可以让自己跳得更高吗？如何才能像小猴一样在竹竿上向上爬？将这个挑战任务抛给孩子让他们在下一次的游戏中尝试，游戏结束后请挑战成功的幼儿和大家分享经验，让同伴得以借鉴、学习。

2. 讨论：如果爬竹竿游戏是小朋友之间自己合作可以怎么玩？让幼儿带着问题在下一次的活动中寻找同伴之间合作玩爬竹竿游戏的方法。

3. 利用户外游戏活动，让幼儿和竹竿来个亲密接触，帮助了解竹竿的不同功用，如竹竿可以敲击节奏、可以立着保持平衡、可以用来跳、可以钻、可以抬、可以当支撑物等，竹竿可以一个人玩，也可以两人玩，还可以多人玩。

4. 引导幼儿在与同伴合作游戏时，首先确定游戏的主题，然后商量游戏的玩法，接着游戏；当游戏中出现问题时可以试着自己寻找解决的办法。

【总结】

在为期四周的竹竿游戏区的观察中，孩子们不但锻炼了勇气，还增强了平衡能力、腿部手臂的肌肉力量，提高了跳等多项技能。同时，也给我带来了许多惊喜。幼儿对竹竿游戏的兴趣随着游戏的进行持续升温，对游戏中的新鲜元素特别感兴趣，能主动发起活动，乐意与同伴合作，并能持久地参与游戏，敢于尝试有一定难度的活动和任务（跳爬、悬挂、悬挂中双手交替移动），遇到问题时愿意想办法寻找解决的方法，当游戏挑战成功时能感受兴奋与满足。从观察中发现，孩子的游戏主题并没有按照教师预先设想的目标推进，而是随着兴趣点的不同不断地变换着，虽然游戏中他们还不能自主地赋予竹竿更多元的玩法，但我想随着游戏经验的不断积累、游戏玩法的相互分享、同伴间思维火花的不断碰撞、不断尝试，竹竿游戏一定会越来越精彩。作为教师也应当从"教"的角色转变为他们游戏的支持者、合作者、引导者，把游戏还给孩子，尊重自主学习的规律与价值。

中班探索性区域游戏"玩谷豆"

福建幼儿师范高等专科学校附属第一幼儿园　宁杨静

幼儿升入中班后对事物的探究兴趣增强了，逐步开始探究事物之间的关系与变化，能尝试运用分类、比较的方法进行科学探究活动。生活中的绿豆、黄豆、大米等是幼儿常见的物品，也是小班时期娃娃家、生活操作区幼儿熟悉的材料。到了中班可以结合小班幼儿已有的操作经验，根据中班幼儿的年龄特点，在原有操作内容的基础上思考利用这些材料创设体现生活化、游戏化、探索性强的活动。因此，师幼共同收集了许多瓶瓶罐罐和大小不一的勺子、筛网，幼儿通过观察比较谷豆、容器、工具的不同，学习选择适宜的工具和材料进行装舀、分类、整理等，进而发展幼儿的探究能力和耐心细致的学习品质。

本活动的教育价值在于：观察比较不同豆类、谷物的特点，在体验中学习不同工具的使用，感知声音大小和物体材质、数量等的关系。培养幼儿的观察能力、推理能力、测量能力、记录能力，同时也对健康领域的精细动作、手眼协调，以及社会领域的交往合作有所促进。

【活动材料准备与投放】

沙水桌；不同大小的谷物、豆类等，如花生、黄豆、绿豆、大米各10斤；不同开启方式的容器，如茶叶罐、乐扣盒、矿泉水瓶各5个；漏勺3把、大汤勺3把、小汤勺3把等，口径和漏斗伞面大小不同的多样漏斗、网格大小不同的筛网；大小相同但标有不同刻度线的矿泉水瓶，还有便于幼儿搅动的筷子，记录表、量尺、笔、任务卡等。

【活动过程】

一、探究伊始

幼儿对舀谷豆非常感兴趣，他们争相选择不同的勺子尝试将豆子、米粒等舀入容器中。小哲刚开始选择用大勺子舀绿豆，发现绿豆撒落很多，他就换了一把小一点的勺子。他正想用小勺将绿豆舀入瓶中时,却发现有黄豆混在其中,于是他小心地将黄豆挑拣出来,再开始装舀绿豆,直到装满一瓶为止。

小辰一直在摆弄乐扣瓶子,他旋了旋瓶盖,发现怎么旋都打不开,正想换一个瓶子的时候,在一旁的小冬说:"我来,我来。"他用提拉的方法一下就把盖子打开了。小辰也学着他的方法试了试,就开始舀豆子。刚开始他用勺子装豆子时总对不准瓶口,豆子会撒落出来,他便只装一点豆子就开始摇晃瓶子,听到瓶子发出的声响非常开心。

从幼儿的行为可以看出,幼儿在活动中喜欢反复装舀豆子,对工具、材料感兴趣,有一定的观察能力,愿意尝试和探索。小哲发现用不同大小的勺子装舀到的豆子数量不同,就选择与容器口大小相匹配的勺子,体现了比较强的目的性。幼儿在与同伴的互动中还发现了容器的不同开启方法,由于中班幼儿的小肌肉动作发展欠灵活协调,活动中经常将豆子撒落地上,在一定程度上影响了幼儿持续活动的兴趣。

为此,我决定把下一个阶段指导重点放在与幼儿一起进行讨论,收集更丰富、更适宜的活动材料上,引导和鼓励不同层次的幼儿以自己的方式进行自主操作和探究。我先对材料进行了调整,小辰打不开乐扣盖子的情况反映出每一个孩子在开启容器上的经验是不同的,因此如果只投放一种容器,难以满足不同幼儿经验的需求,有些孩子还会因为打不开容器而失去游戏的兴趣,我决定增加装舀工具、容器的种类和数量,如口径大的乐扣盒、茶叶罐,盖子开启方法不同的容器等。由于中班幼儿手部力量的控制还不够好,在装和摇晃的过程中,经常把一种豆子混入相邻格子的另一种豆子中,对此我将原来一张沙水桌装两种不同的豆子,调整为三张沙水桌,每张桌只提供一种豆子。在指导策略上,我增加了操作活动的游戏性,以"给娃娃家、商店送豆子"等方式,激发幼儿持续操作的愿望。针对幼儿在装入瓶口的时候常常把豆子撒出来的情况,我组织幼儿讨论"怎样才能把豆子又快又准确地装进瓶子里",同时引导幼儿尝试使用漏斗。

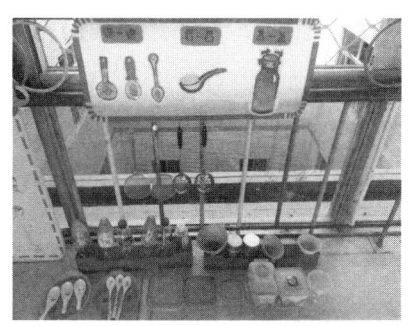
工具分类摆放可提高幼儿探究的目的性

先让幼儿对一种豆类进行探究，提高工具使用的熟练度

二、瓶瓶罐罐大不同

小冬选择了小口径的漏斗装花生，他发现花生舀进漏斗时经常堵在瓶口下不去，便使劲地摇晃瓶子，花了7分钟才装好第一瓶。他准备装第二瓶时，发现漏斗的出口有大有小，只见他犹豫了一下，换了一个出口比原来大一些的漏斗，很快就把第二瓶装满了。

小红把绿豆分别装进纸制茶叶罐、铁制茶叶罐、矿泉水瓶之后，好奇地摇动它们，听发出的声响。我问："你听到了什么？"她说："里面有声音啊！""哦，它们的声音听起来有什么不一样？"我紧接着问道。小红回答说："有的听起来有很重的感觉，这个瓶子的声音很小声，那个瓶子的声音一跳一跳的。"我接着问："如果你用一样的瓶子，有的瓶子装的豆子多，有的装的豆子少，听起来声音会不会一样呢？你去试一试吧。"

在经过我调整了材料之后，幼儿能进一步对材料工具进行探究，他们从反复的摆弄逐渐过渡到有目的性的观察、比较和探究，小冬在遇到困难时能选择适宜大小的漏斗，可见他能关注操作工具特征用途的细微之处。经过一段时间的探究，活动中幼儿的持续性、专注力在原有基础上有了提高，在自主探究过程中，幼儿乐意交流、分享自己的发现和操作过程，还能提出问题，并通过观察进行简单的推理。为此，我决定在下一个阶段，继续捕捉幼儿活动的兴趣点、关注点，在活动目标、材料投放、游戏玩法、指导策略等方面，进一步为幼儿提供多元支持，引导幼儿在探究过程中观察和发现问题，动手动脑自主寻找答案并解决问题。

首先，幼儿已经在探究中发现，摇晃装了豆子的容器时，不同材质和不同装豆量都会影响最后发出的声音，于是在原来无刻度线的瓶子基础上，我增加投放了标有不同刻度线、大小相同的矿泉水瓶,提供口径和漏斗伞面大小不同的多种漏斗和便于幼儿搅动的筷子等。新增的有刻度线瓶子对幼儿每次装豆时量的控制和手眼协调提出了更高的挑战,我保留了有刻度和没有刻度两种瓶子,目的在于让幼儿根据自身兴趣、能力水平进行选择。同时,鼓励幼儿与同伴玩"装一装、听一听、比一比"游戏,先分别将谷豆装至瓶子的不同刻度线上,接着将瓶子的瓶盖旋紧盖好,再摇一摇、听一听,发现和比较瓶子装入谷豆量的多少与发出声响大小的关系,引导幼儿根据瓶子中的谷豆量进行排序。

新增材料以后,幼儿有许多新发现,我把指导重点放在引导幼儿观察和交流上,我以"发生了什么?为什么这样?你是怎么想的?你试试看?"等启发式的语言引导幼儿进一步探究。在活动中、活动后鼓励幼儿交流、分享探究结果,进一步激发幼儿自主参与活动的兴趣,敢想敢问并大胆表达。

投放标有不同刻度的矿泉水瓶

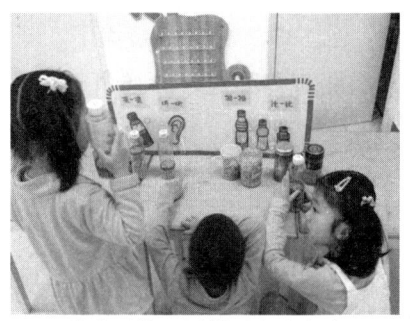
幼儿听辨不同罐子声音大小

三、快速分离

在把谷豆装进 7 个标有不同刻度线的矿泉水瓶时,小涵每次黄豆都装得太多,超过了刻度线,然后倒出来再接着装,他试了好几次,每次都不能成功地装到刻度线的位置,几次失败之后,最后他干脆就不选择有刻度线的瓶子了。小风耐心地将绿豆分别装入 4 个不同刻度线的瓶子中,当他旋紧瓶盖摇动瓶子后,不能分辨刻度线相近的瓶子所发出声响的差别。

看到小涵和小风的行为,我开始反思自己投放 7 个不同刻度的矿泉水瓶是否适当,中班幼儿的手眼协调能力以及小肌肉的灵活性、协调性逐步提高,也能寻找多种玩法进行探索游戏,但是我提供的材料所蕴含的目标与要求太高太细,大部分幼儿无法把握刻度线的精准程度,导致装豆过程难度偏大,在一定程度上降低了幼儿活动的兴趣,影响了幼儿持续进行探究。中班幼儿进行观察比较的时候，比较适合使用差异比较明显的材料，因此我决定再对材料进行调整，减少标有刻度线的矿泉水瓶的数量，仅提供三个刻度线差异较大的瓶子。

小欢喜欢将米、黄豆、花生混杂在一起装舀，每个瓶子里各类谷豆都有，边装边开心地说："我瓶子里装的是五谷杂粮，可以做豆浆。"可是到了收拾材料的时候，他没办法将各种谷豆一一分开，非常着急。我引导他到工具区去看看工具："这些豆子有的大，有的小，用什么工具能把大大小小的豆子分出来呢？"在我的帮助引导下，小欢选择了筛网，终于将花生、米粒和绿豆分离出来了。

增加了各种筛豆子的工具

其他幼儿也遇到了小欢的情况，我决定增加游戏难度，将绿豆、黄豆、大米等混合在一起，引导幼儿选择筛豆子的工具和容器，将混合的米粒、绿豆、黄豆等舀入筛子中，轻轻摇晃筛子，将各类谷豆分离出来，分别倒入不同的小桶中。在材料上，增加各种网格大小不同的筛网，投放大脸盆、塑料桶等支持幼儿玩"快速分离"的游戏。同时，孩子对装豆子、听声音的兴趣依然高涨，我决定提供观察记录表、量尺、笔、任务卡等，引导幼儿量一量自己装谷豆的量，以自己喜欢的方式分别记录谷豆量和摇晃瓶子发出声响的大小，发现它们之间的关联，鼓励幼儿尝试在相同的瓶子中装入不同的谷豆，比较、发现其发出声响大小、音质的不同。

【对活动中材料投放与指导策略的反思】

一、对材料投放的反思

第一阶段投放种类不同、直径大小不同的谷豆，以及容器、装舀的工具，能为幼儿提供更多样的选择，满足幼儿在兴趣、手部力量发展上的个体差异，让幼儿在感知谷物、豆类和使用工具的过程中，通过反复操作、积极探索，发现用不同大小的勺子装舀到的豆子数量不同，发展了他们的观察和比较的能力。

第二阶段增加大小相同、但标有不同刻度线的矿泉水瓶，提供漏斗、筛网、大脸盆、塑料桶等容器等。这些材料能引发幼儿进一步对材料工具进行探究，关注操作工具特征用途的细微之处，使幼儿的持续性、专注力在原有基础上有所提高，新增的材料还使幼儿的手眼协调能力以及小肌肉的灵活性、协调性逐步提高，同时能帮助幼儿寻找多种玩法进行探索游戏。随着幼儿探索能力的提高，教师再投放观察记录表、量尺、笔、任务卡等工具，进一步满足幼儿活动的需求，为幼儿的探索活动提供支持和帮助，鼓励幼儿以多种表征方式观察、记录探究过程与结果，进一步引发幼儿持续探索。

二、对指导策略的反思

幼儿行为表现	指导策略
自由探究，时常把豆子撒出来	以"给娃娃家、商店送豆子"等方式，激发幼儿探究的兴趣。组织幼儿讨论"怎样才能把豆子又快又准确地装进瓶子里"，鼓励幼儿自主操作，积极探究，发现问题。
对声音感兴趣，发现装豆子量不同或装入不同材质容器时会发出不一样的声音	启发幼儿与同伴玩"装一装、听一听、比一比"游戏，投放各种材质的容器，鼓励幼儿分别将谷豆装至瓶子的不同刻度线上，引导幼儿根据装的豆量进行排序，接着将瓶子的瓶盖拧紧，再摇一摇、听一听，发现和比较瓶子装入谷豆量的多少与发出声响大小的关系。对于水平更高的幼儿，可以提供量尺、记录笔和纸，引导幼儿以自己喜欢的方式分别记录谷豆量和摇晃瓶子发出声响的大小，发现它们之间的关联。
把各种谷物、豆子混在一起玩，偶然发现豆子大小与筛子网格之间的关系	用启发实验的问题引导幼儿思考，选用什么样的工具来分离混在一起的豆子最合适。如，"为什么有些豆子会漏下去，有些豆子不会？""换一个筛子试一试，看看会不会漏下去？""筛子的网格上有什么秘密？""如果只要黄豆，要用哪个筛子筛？如果只要绿豆呢？" 教师还可以请2—3个幼儿合作，如果只筛一次，就把这三种东西分出来，要怎么筛？

大班科学区活动"有趣的多米诺骨牌"

福州市福新幼儿园　陈　红

【游戏来源】

1. 基于日常的兴趣发现

在表演游戏时我们经常会用到小围栏、月亮船等材料进行围挡，活动结束后老师将这些材料整齐地摆放在一旁，总有一些"小调皮"在嬉戏的时候不小心碰倒了前面的一个围栏，其他围栏也相应倒下。这时闻声而来的小朋友指责他说："你干嘛把所有的围栏都推倒了？"那孩子委屈地说："我只是碰倒了一个，不知道为什么其他的也跟着倒了……"他的这句话引起了其他孩子的共鸣，有的孩子说："上次我摆积木的时候也是这样，我只是不小心碰倒了一个，后面的好几个也跟着倒了。"孩子们就这样七嘴八舌地讨论着……其实我们的生活中存在着非常多的多米诺效应，孩子的发现和兴趣正是有效地组织和引导幼儿探索、发现新知的源泉。

2. 基于多米诺探究的价值

多米诺是一项集动手、动脑于一体的运动，它不仅考验参与者的体力、耐力和意志力，还培养参与者的智力、想象力和创造力。所以我在科学区投放了多米诺骨牌，与幼儿一起探索奇妙又有趣的多米诺效应，让幼儿在摆一摆、想一想、试一试的过程中得到科学探究的快乐。

【幼儿区域活动情况】

第一次区域活动情况

观察目标：

1. 了解多米诺骨牌的基本玩法。
2. 探索能使骨牌倒下的合适距离。

材料准备：

多米诺骨牌每人 10 块。

现象描述：

区域活动开始，我向幼儿介绍了科学区的新材料——多米诺骨牌。幼儿对于骨牌有一定的经验基础，当我问"怎样玩多米诺骨牌才能算成功"时，孩子们纷纷回答要全部推倒才算。我继续问："怎样才能把骨牌全部推倒呢？"孩子们的回答不一，有的说"要很用力"，有的说"要排整齐"，有的说"不能离太远"。我没有告诉孩子准确的答案，让孩子带着问题开始探索。进入科学区，孩子们纷纷拿出骨牌开始摆放，有的孩子摆放得很密集，有的孩子摆放得很稀疏，有的孩子摆放的间隔距离不一，还有的孩子排出了不同的队形。尝试推倒环节，有的孩子成功推倒了，有的孩子只能推倒几个。

游戏中出现了各种各样的问题，而对于多米诺骨牌为何不能一轱辘地倒下去孩子们也开始了各自的探索。有的眼尖的孩子一下子就发现了问题所在，他觉得是距离太远了，所以前一块骨牌不能碰倒后一块骨牌，孩子们尝试之后纷纷表示赞同。但是这样一来又出现了问题，孩子们怕骨牌不能倒下，就把骨牌排列得十分密集，虽然也能够倒下，但是相同骨牌可以排列的距离就大幅度缩短了。对此情况，教师抛出了问题，"什么样的距离是最合适的呢？既能保证骨牌倒下，又能够最大限度地将骨牌的队伍拉长"。孩子们纷纷开始尝试并且记录，从最小的距离到最大的距离，最后他们知道了如果两块骨牌间的距离超过了一块骨牌的长度，前一块骨牌就无法碰到后一块骨牌，多米诺效应就会停止。

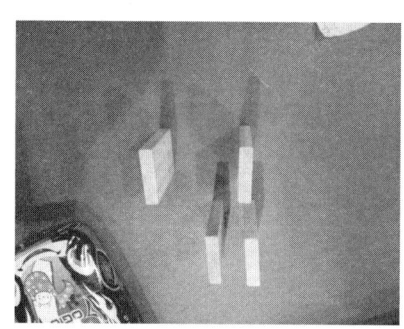 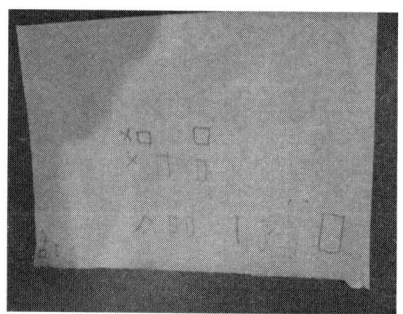

观察分析：

通过这一次的区域活动，幼儿基本知道多米诺骨牌的玩法，依序码放的骨牌，需要将第一块骨牌推倒，如果骨牌能够一次性全部倒下则算成功。在探究骨牌之间的合适距离时，孩子们知道了两块骨牌间的距离不能超过一块骨牌的长度。但同时记录的情况不太理想，孩子很难用图示表示出合适的距离。在此活动中 5 个孩子都是摆放直线队形，只有一个孩子在摆完直线后又尝试了摆曲线，但是他发现曲线的队形比较难成功，经常在一半的时候就停下了。

推进策略：

1. 呈现视频、图示，丰富幼儿经验，尝试实操活动。幼儿对多米诺骨牌的兴致比较高涨，多米诺骨牌也有很多种摆放方式，教师可在活动前提供视频、图片等方式来丰富幼儿经验，引导幼儿尝试摆放不同队形的多米诺骨牌。特别是曲线队形相对于直线队形是一次难度上的提升，在活动中可以作为推进点。

2. 尝试不同的游戏形式，体验多米诺骨牌不同形式游戏的快乐。游戏开始时，幼儿对多米诺骨牌的经验更多只停留在直线队形上，还未尝试更多精彩的多米诺骨牌游戏形式，幼儿可通过多次尝试和活动来获得技能，并总结经验。

第二次区域活动情况

观察目标：

1. 能自主设计多米诺骨牌的路线图。
2. 尝试摆放曲线队形，探索曲线队形中骨牌的合适距离。

材料准备：

纸、笔、多米诺骨牌每人 20 个。

现象描述：

在自由活动时间我集中幼儿观看一些多米诺骨牌的视频，孩子们对于视频中丰富的队形感到十分震惊，他们也想要摆出不一样的队形。在活动开始前我向幼儿说明了本次活动的要求：要自己设计摆放队形，用笔画在纸上，之后将骨牌排列在设计图上，看看是否能够成功。活动开始后，孩子们纷纷拿出纸笔开始设计，有的孩子画了"S"形，有的画了正方形，有的画了圆形，有的画了三角形，有的画了心形，还有个孩子画了一朵花。画完设计图后，孩子们纷纷将骨牌排列到设计图上进行尝试。直线摆放的孩子们都很顺利地完成，到拐弯处有些孩子懂得将两块骨牌尽可能地靠近，保证能够顺利推倒，但有一些孩子没有考虑到拐弯处的特殊性还是按照直线的摆法进行摆放。当推倒的时候，一些孩子成功了，一些孩子失败了。经过多次尝试，再加上上次活动的经验，孩子们调整了摆放的策略，不断调整距离，特别是弯道处的距离要稍微近一些，也知道了基本上只有一笔可以画成的图案才能够顺利地一次性推倒。

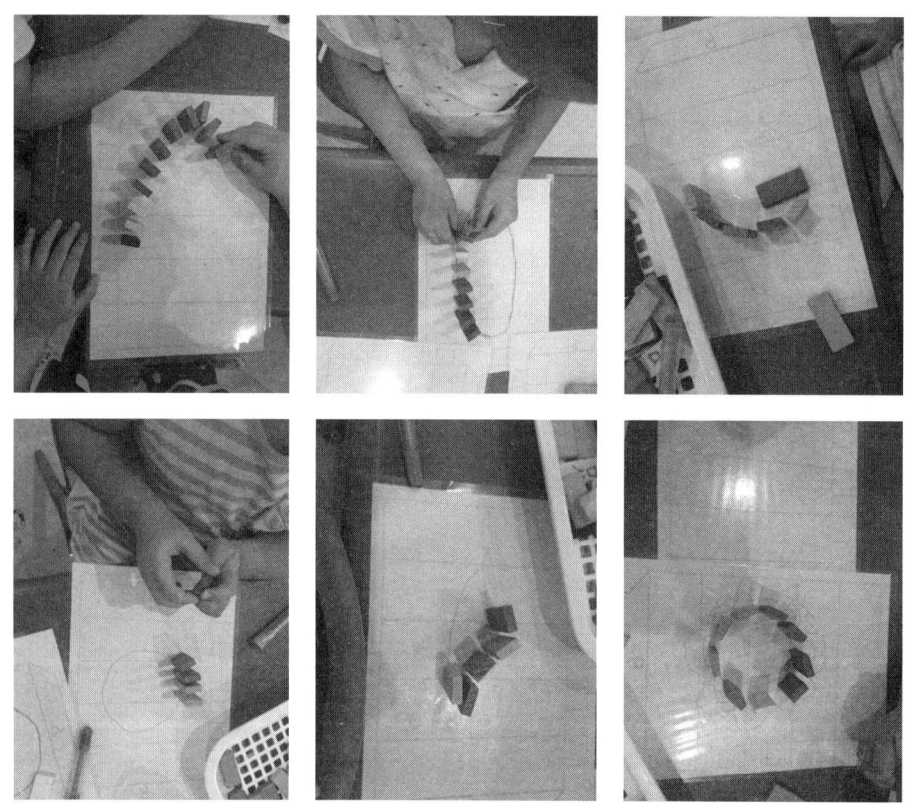

观察分析：

开始设计队形时，孩子们以自己的兴趣为主，画出了各式各样的图案，但并不是所有的图案都能够成为合适的多米诺队形。经过尝试孩子们知道了只有能够一笔画成的图案才能够一次性推倒。直线队形的骨牌摆放比较容易，幼儿基本上可以掌握，曲线队形的骨牌摆放就比较困难，需要他们多次尝试。

在设计图上进行摆放也是给幼儿一些提示，可以让幼儿从摆放直线到摆放曲线平稳过渡。

推进策略：

教师关注游戏，适时提问，在活动尝试中构建新经验。当孩子完成自己的设计图并且摆放成功时，看看谁的多米诺骨牌最快倒下，孩子对于多米诺骨牌的倾倒速度产生了兴趣。在活动讲评时我提出了问题：当多米诺骨牌的数量相同时，是摆成直线的倒得快还是摆成曲线的倒得快呢？是排得密的倒得快还是排得松的倒得快呢？这两个问题也是下次活动的推进点。

第三次区域活动情况

观察目标：

1. 探索同等数量的条件下骨牌的倾倒速度与路线、排列、间隔的关系。
2. 学会记录自己的实验结果并大胆表达。

材料准备：

多米诺骨牌每人15个，记录纸。

现象描述：

对于上次区域活动中留下来的两个问题我重新让孩子们进行讨论，他们的答案不一，我让他们带着问题开始探索操作。本次活动需要两个小朋友进行合作，他们很快找好同伴并开始试验。他们商量好一个距离摆得比较近，另一个距离摆得远，全部摆完后两人一起推倒，查看试验的结果，他们得出距离近的骨牌倒得快，距离远的倒得慢，并且在记录表上做出了记录。接下来他们继续进行下一个试验，一个孩子摆曲线，另一个还摆直线，直线的孩子很快就摆完了，曲线的孩子摆放速度比较慢。两个人全部摆完后一起推倒，但是发现试验结果不是很明显，再试验一次结果还是不明显。于是我提议两个小组合在一起试验，每个队形摆放30个，再次试验后他们发现直线的骨牌倒得快，曲线的骨牌倒得慢。接下来，我再次引导他们自己设计队形与直线队形进行比赛，有的摆出了圆形，有的摆出了圆弧，但是试验的结果均为直线的骨牌倒得快。试验结束后他们分别在记录纸上做出了记录。

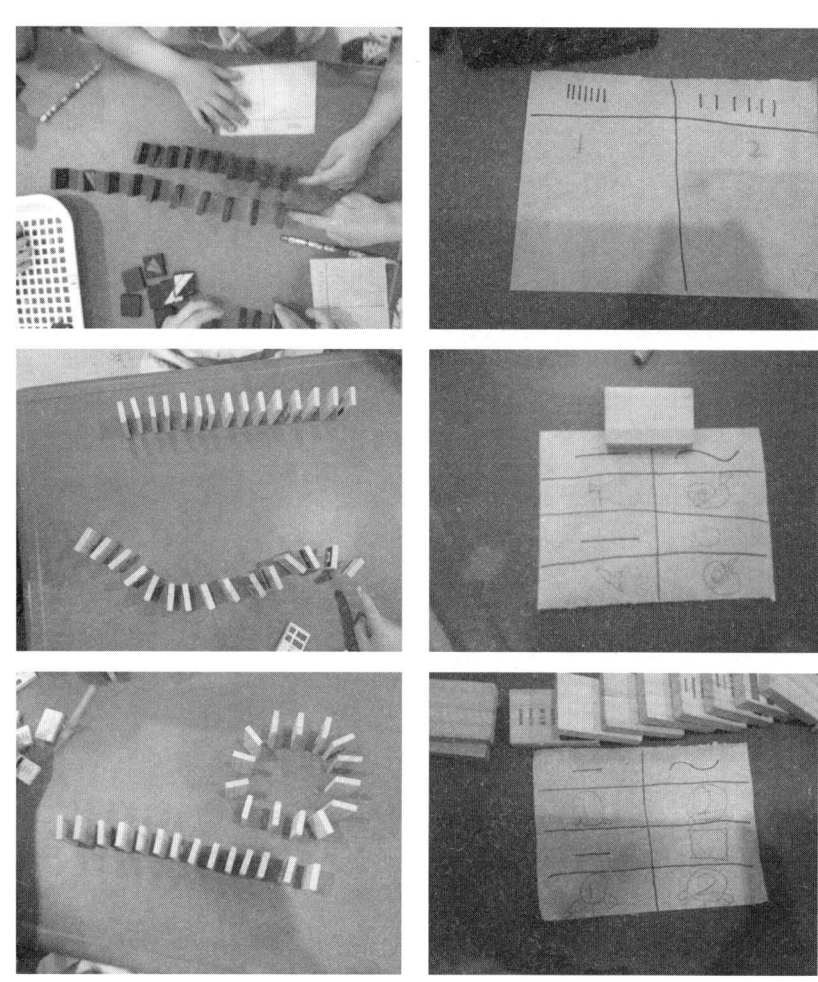

观察分析：

多米诺骨牌倾倒的速度与骨牌排列的间隔有关，间隔近的倒得快，间隔远的倒得慢，孩子通过试验都能得出这个结果，而且记录情况良好。多米诺骨牌倾倒的速度还与骨牌排列的队形有关，直线的倒得快，曲线的倒得慢。但是用较少的多米诺骨牌进行试验结果不明显，需要数量较多的骨牌才能够将结果呈现得比较明显。幼儿在操作的过程中对于曲线的摆放不够熟练，花费了较长的时间。

推进策略：

引导合作，尝试互动中的游戏新发现。多次的操作孩子们基本都是各自为战，合作的机会比较少，其实多米诺骨牌是一项极需要团队协作的活动。

特别是在观看了多米诺骨牌的视频后,孩子们也期待着能够摆出更大型、形状更加丰富的骨牌样式。所以在下次活动中我将引导幼儿合作进行摆放多米诺骨牌,尝试着将骨牌的队伍拉长,队形更加丰富。

第四次区域活动情况

观察目标:

1. 能够合作摆放多米诺骨牌。
2. 尝试不同队形的摆放方式。

材料准备:

多米诺骨牌一盘。

现象描述:

操作前我向幼儿说明了操作要求:1. 多人合作;2. 用上所有的骨牌;3. 摆放富有变化的队形。幼儿对于多人合作摆放十分感兴趣,但是刚开始时孩子们还是各自为战,争抢多米诺骨牌,结果发现6个人分别摆放的骨牌无法连接在一起,也就没办法一次性推倒。于是他们调整策略,两个人从两头开始摆起,中间一个负责连接两支队伍,其他的孩子负责传递材料。多米诺骨牌的队伍变得更加壮观了,因为所有的幼儿一起摆放,他们会把所有的多米诺骨牌都用完后再进行推倒,孩子们的合作意识增强了。一个从这头开始摆起,一个从那头开始摆起,然后再进行会合。有的孩子负责挑选材料,有的孩子负责摆放,有的孩子负责设计队形,还有的孩子负责调整间距。孩子们之间的合作越来越默契,当他们看到骨牌全部倒下时,就在一起庆祝,庆

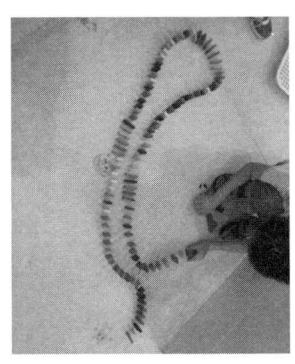  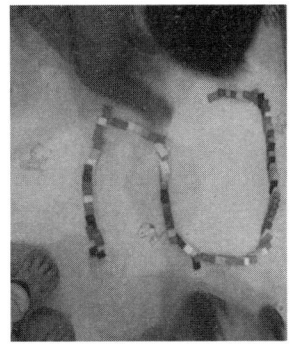

祝团队的胜利。一次成功后他们还想出了更加有意思的玩法：在骨牌上进行叠高，或是一个推倒两个的花样玩法。孩子们的创意层出不穷。

观察分析：

虽然活动一开始孩子们没有掌握合作的策略，但是通过尝试与调整，他们知道了合作的重要性并且知道合作的有效策略，他们的操作也从桌面转移到了地面，更加宽阔的场地也激发了幼儿的操作热情。通过同伴的商量合作，他们设计出了多样的多米诺骨牌队形，孩子们对于合作的胜利也感到十分愉悦。

【反思与总结】

探索兴趣是幼儿认识世界的动力，教师提供给幼儿的材料应不断引发幼儿思考"是什么""为什么""怎么做"，促使其持续不断地进行探究活动，从多个角度、用不同方法解决问题。只有当材料本身能引发幼儿产生想摸一摸、探究一下的愿望，想看看它到底能做什么，并为此跃跃欲试的时候，才能达到材料所应起到的教育作用。大班幼儿好奇心很重，探索欲很强，通过不断激发幼儿的兴趣，教师及时把握兴趣点，有节奏地引导幼儿层层探究，让幼儿在整个活动中有所收获。我相信随着活动的不断推进，孩子们能够玩出更多的花样，获得更大的发展，得到更多的快乐。

中班户外活动"巧取雨水沟物品"

福建师范大学实验幼儿园　潘爱珠

第一次观察：陀螺掉进下水沟了

【活动情况】

观察时间：2016年10月19日上午10:30，户外自由活动

观察对象：中一班欧翔

地点：大操场旁的水磨石地面

上午户外自由活动时间，幼儿三三两两组合在水磨石地上玩游戏。欧翔和雨诺几位小朋友在玩陀螺，由于陀螺数量只有1个，所以他们轮流玩。轮到欧翔转陀螺时，他没有注意到旁边有个不锈钢雨水沟井盖，用力做了一个旋风转，飞速旋转的陀螺一下子转到了雨水沟井盖上，直接掉入水沟中了。大家着急地围过去，凑着小脑袋，看看到底发生了什么。

看到陀螺掉在水沟里了，雨诺撅着嘴说："欧翔你怎么这么不小心！把陀螺弄进下水沟里了，现在我们都没得玩。"欧翔冒着汗解释说："我又不是故意的。"雨诺："你看，你现在弄进去了，我们还玩什么呀？"许多小朋友都附和。康康说："他又不是故意的。"欧翔想到说："要不我把盖子拿起来，就能拿到了？"雨诺说："有时候，井盖是拔不起来的，不信你试试看，能不能拔起来。"欧翔努力尝试，发现根本拔不起来。

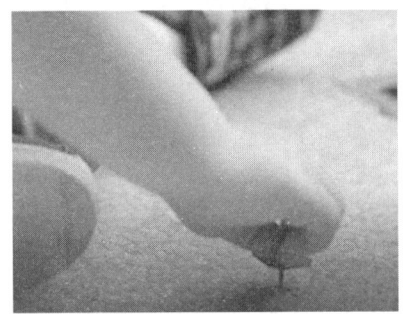

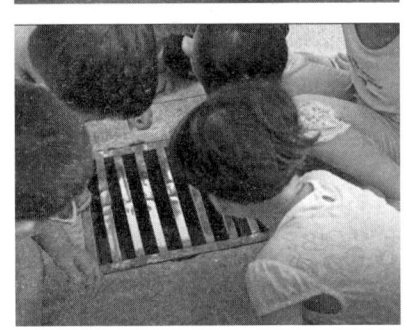
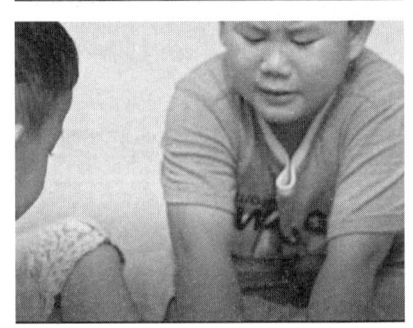

【活动反思】

在这次的户外活动中，孩子们一起玩的过程中遇到了困难，彼此间也存在小矛盾。困难和矛盾是幼儿园生活中常见的情况，尤其对中班幼儿而言，在社会领域不仅要学会分享，还要慢慢学会和平处理一些简单的问题。因此这次的户外活动是一次很好的教育活动机会，对教师而言一般会采取以下几种措施：

处理方式一，"大灰狼式"的喊话："全部都不能吵，都给我安静下来！！"

处理方式二，"天使般"的和颜悦色："来，老师知道你们都很乖，相互握个手还是好朋友。"

处理方式三，"敷衍式"的处理："好啦，好啦，没事啦！老师等等让保安叔叔帮你们拿上来好不好？现在我们都回班上啦，跟我走！"

但如果采取以上三种处理方式，一次很好的学习解决问题和探究实践的机会就错失了。

而我采取的方式是，走到幼儿身边问道："小朋友们有没有什么好办法能把它捞出来呢？"小朋友们七嘴八舌地议论起来，许多小朋友都提出自己的看法："往里面倒水，让水升高，陀螺就会跟着浮上来了。""用网把陀螺捞出来。""用磁铁吸上来。""用夹子夹起来。"欧翔想出的办法是"把筷子挂上小勾子，把它勾起来"。我又问道："怎样才能知道自己的办法能不能成功呢？"其中一个小朋友提议动手试试。于是，我请孩子们回班上寻找自己认为可以把下水道的陀螺取出来的工具，下午再出来户外尝试一下。

第二次观察：雨水沟取物尝试一（失败）

【活动情况】

观察时间：2016年10月19日下午3:45，户外自由活动

观察对象：中一班欧翔

地点：大操场旁的水磨石地面

经过中午的一番讨论，幼儿都根据自己的想法准备了相应的材料，欧翔也准备了筷子、绳子、钩子，在老师的带领下来到丢失陀螺的井盖旁，跃跃欲试准备来打捞丢到下水道的陀螺。

欧翔第一个尝试，他双手握着筷子，想试试能不能夹起来，发现太短，够不着，又用绳子挂着钩子想把它勾上来，绳子摇摇晃晃，始终无法靠近躺在水沟里的陀螺，好不容易接近陀螺了，手一抖，又移开了。欧翔调整了几个姿势继续尝试，再次把带着钩子的绳子放入下水道中，可

是又细又软的绳子飘在水上，欧翔又失败了。周围的小朋友有的在为他打气，有人跟着尝试，但也有人对他提出了质疑："欧翔，你到底行不行呀？"听到大家的质疑欧翔也显得有些犹豫了。一些尝试失败的小朋友慢慢都离开了水

井盖,到别处活动去了。只有欧翔还在那里做着尝试。我问:"欧翔,你觉得你的办法能取出陀螺吗?"欧翔肯定地说:"可以。"他一直在井盖旁做着尝试,直到离园准备时间到了,才恋恋不舍地回到活动室。

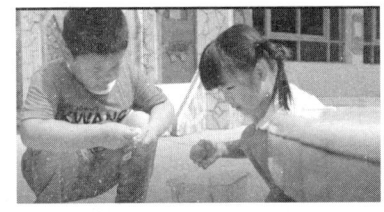
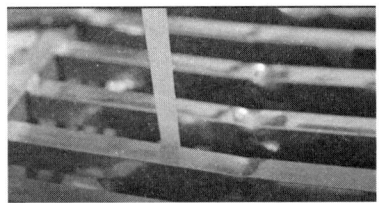

【活动反思】

小朋友对于下水沟取物起初充满了热情,然而在反复尝试失败之后,有些孩子就选择了放弃,围观的人数也慢慢减少,只剩下欧翔和雨诺,到最后,只剩下欧翔一人在尝试。这时候,老师有两个选择:直接告诉孩子们打捞的方法或继续把打捞的问题抛给孩子们。在离园的时候,我让孩子们回家和家长一起讨论打捞失败的原因,讨论如何制作有效的打捞方案,明天再来尝试,孩子们似乎有了兴致。欧翔表示,今晚一定能找到好办法,明天把丢失的陀螺打捞上来。

第三次观察:雨水沟取物尝试二(成功)

【活动情况】

观察时间:2016年10月20日上午9:15

观察对象:中一班欧翔

地点:大操场旁的水磨石地面

上午,欧翔很早就来到幼儿园,高举着一个袋子说:"我的打捞工具,我的打捞工具。"我问他:"你带了什么工具?"欧翔说:"透明胶、磁铁、钩子、铁丝,好多好多。"孩子们也陆陆续续带来了自己准备的物品。操后,我们又来到了昨天丢失陀螺的水井盖旁,发现井盖下,陀螺依然躺着。

欧翔又一次次地尝试,首先他把几根筷子用透明胶粘起来,试试长度够不够,再把磁铁也用透明胶黏在筷子上,慢慢放入雨水沟,这次,掉到水沟的陀螺一下子吸在磁铁上。欧翔兴奋地叫了起来"吸住了,吸住了"。一激动,陀螺竟然又掉了下去。欧翔再一次小心翼翼地提起筷子,小朋友也屏住呼吸看着，这一次他成功地把陀螺吸了出来，大家欢呼起来。

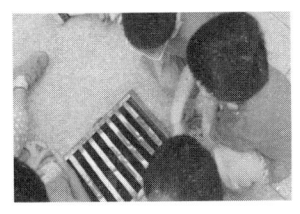 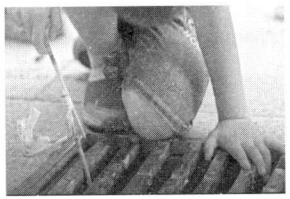 

【活动反思】

欧翔的坚持与尝试获得了成功，即使在同伴们都放弃的情况下他仍十分坚定。一方面可以看出他性格中有坚持不懈的品质，遇到困难不轻易放弃。在打捞工具的选择上会用自己已有的知识经验化成探究的经验基础，不断反思自己的方法。通过这次活动，他在独立解决问题、自信方面获得了成长。另一方面，在第一次尝试失败后，教师并非直接告知解决办法，而是给机会让他寻求帮助，比如回到家找爸爸、妈妈探讨，都为第二次打捞成功打下了基础。对幼儿来说，每一次的不经意都会是一次学习的机会。因此幼儿教师要适时地给予点拨，让孩子在探索中获得成长。

第四次观察：雨水沟取物尝试三（拓展）

【活动情况】

观察时间：2016年10月22日上午9:30 操后户外活动

观察对象：中一班小朋友

地点：娃娃城旁的水磨石地面

前两天，欧翔成功取出陀螺后小朋友们都觉得他很了不起，几个小伙伴也对下水道产生了兴趣，不时会关注下水道是否有其他的物品。天一发现下水道里还有很多东西，就叫来其他小朋友观看。小朋友们过来之后发现，原来这个雨水沟里也有平时不小心遗漏的小物件。老师走过来问道："孩子们，你们想不想把下水道里的东西捞上来啊？"孩子们齐声道："想呀！想呀！"老师又提出如何打捞的问题，并提议回班上，寻找工具。班级里的磁铁、铁丝、海绵胶、双面胶、透明胶、橡皮泥、筷子、绳子、剪刀、胶水、螺丝刀等等都成了孩子们搜寻的工具对象。

孩子们把材料带到场地后就开始进行取物探索了。教师提出问题：你带的东西有什么特点？为什么选择它？孩子们各抒己见，"磁铁能吸有铁的东西""透明胶、双面胶可以粘东西""筷子可以帮我们的手变长"。讨论之后，幼儿便开始行动，分头寻找水沟里的物品，进行取物尝试。

孩子们采取了各种不同方法，有的用橡皮泥和双面胶固定筷子，筷子头也粘一坨橡皮泥，伸到沟内粘起小珠子和回形针；有的用透明胶固定筷子，在筷子头部贴一段泡沫胶，把物品粘起；也有的直接用泡沫胶伸入粘起物品；还有的用橡皮泥带起轻薄的吸管。

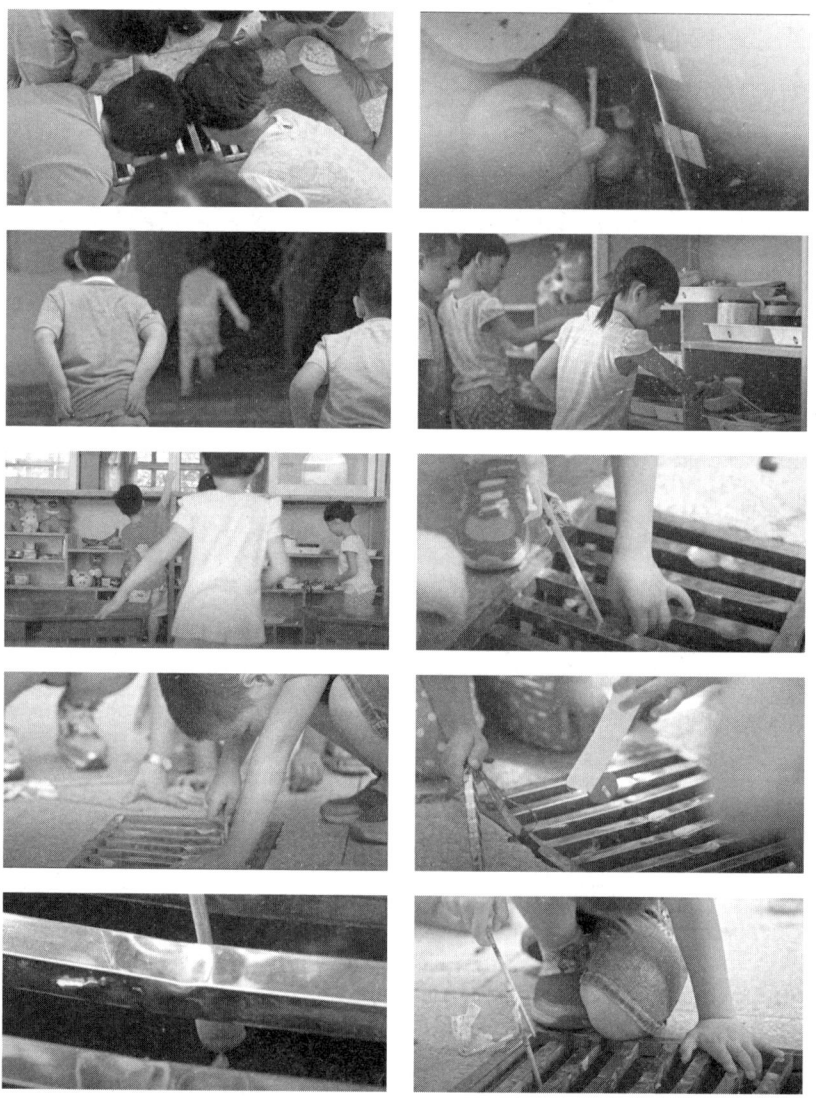

【活动反思】

这是一次很好的学习探索的机会，幼儿在生活中常发生"东西丢到手够不着的地方"的情形，欧翔成功取物的尝试，激发了其他小朋友参与的欲望。教师也借此引导幼儿积极进行讨论、尝试、探索，并分享探索的过程和结果。在一个轻松、自然、开放式的探索环境中，孩子学会和同伴合作并迁移已有的经验，根据所拾物体的不同特性选择工具，取出丢在下水道里的东西。这个过程不仅给孩子积极动脑的机会，也发展了幼儿乐于想办法解决生活中的问题的能力。

中班区域活动"勇敢挑战"

龙岩市实验幼儿园　郭惠萍

【活动背景】

中五班小宝小朋友家里因装修新房为工人们提供的一次性纸杯有剩余，5月下旬的一个周末返校时间，小宝妈妈把这批剩余的大小有两类、花纹有四款、数量近200个的干净纸杯送给班级。在区域活动前，我和小朋友一起围绕如下几个问题讨论：这些纸杯的大小、花纹一样吗？每一款花纹的纸杯有多少？每次玩多少个？每次几个人玩？在什么地方玩？玩纸杯可以取个怎样的游戏名称？这个游戏怎么玩？谁的办法多？最后决定：先玩大纸杯，第一次玩1个纸杯，第二次玩10个纸杯，第三次玩100个纸杯，可以1—4人玩，玩纸杯的游戏名称叫"勇敢挑战"。在这个游戏中，我想了解纸杯数量投放的多少与幼儿的游戏兴趣、发展水平、教师指导策略的关系。

故事一：挑战1个纸杯

参加游戏的幼儿：A、B、C。A，男，5岁6个月；B，男，5岁4个月；C，女，4岁10个月。

纸杯个数的变化：从3人共玩1个纸杯到3人每人玩1个纸杯。

【活动观察】

A：只有1个杯子，我们轮流玩，我先，然后你（B），然后你（C）。我把纸杯滚给你（C），你把纸杯滚给他（B），他再把纸杯滚给我。（三个小朋友按此方法进行了3轮）

C：纸杯不听话，老是歪着跑。

B：明明要滚给她的，却跑到我这里，她不会滚。

A：你应该瞄准一点。

师：杯子老跑歪路，是怎么一回事呢？

C：哦，原来杯子不圆，一头大一头小，总往一边跑。

师：你怎么知道杯子一头大一头小就不会朝前跑？

C：因为小丑帽掉地上时也是这样乱跑的，小丑帽也是一头大一头小。

B：这样不好玩，换个方法吧！

C：我用手两头卡住，拨过来，拨过去，这样就不会跑掉了。

B：不行呀，那我们玩什么？

C：那我吹，吹到谁那里，谁就接着吹。

A：我有小猪嘴，我用嘴拱给你们。

C：我头顶杯子，点头一下送给你们。（纸杯落在B的面前）

B：我把纸杯放在肚子上，然后像蜘蛛爬一样，通过肚子送给你们。

A：老师，小宝把杯子吸在嘴上不让我们玩。

B：你们玩很多次了，我才玩，还有很多杯子，你们不会一人拿一个呀？

（A、B、C三个小朋友每个人都拿了一个纸杯）

A：我脚趾能夹住纸杯。

B：我爸爸经常把锁匙上的圈插在手指头上转，我不会。今天，我会把纸杯插在手指头上转，哈，你们看！

C：演杂技喽！一根手指顶纸杯。

A：我们大家都来顶纸杯！

B：把脚缩起来，看谁站得久。

C：金鸡独立！

……

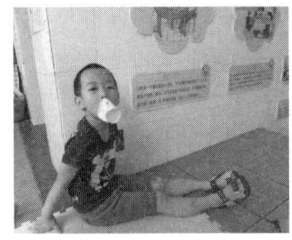  

【活动分析】

因为只有一个纸杯，A率先安排三个人一起玩纸杯的方法和轮流的顺序，这样他就可以按自己的计划先玩到纸杯了。A小朋友采取主动的方式占据了领导、组织的地位，懂得计划游戏的玩法。

当三个人都发现杯子的滚动轨迹不是朝前直线跑时，C小朋友发现问题出在杯子上，杯子一头大、一头小，就像小丑帽，她把以往的生活经验迁移到这次游戏中，解决了"为什么纸杯老是歪着跑"的问题。当两个男生埋怨C小朋友瞄不准、不会滚时，C小朋友用善于观察、经验链接的方法回应了他们，使他们心服口服，同时也拥有了接下来连续1个人玩杯子多次的机会。C小朋友喜欢探索，用智慧赢得两位男生的信服。

B小朋友被C小朋友针对"纸杯乱跑"的解释给"震"住了，立即采用变通的方式，提出换一种方法玩纸杯。玩纸杯的顺序不再按A－B－C的顺序，而是A和C来回互动，当C小朋友的纸杯掉落在地上时，B小朋友立刻拾起放在肚子上，并再一次变通方式：为了避免争吵，最好的方法是一个人玩一个纸杯。

当三个小朋友各自有一个纸杯玩时，从坐着玩到站起来玩，再到移动位置玩，奇思妙想的方法很多，交流纸杯玩法的语言、经验更丰富，笑声更大更爽朗，玩得也更开心。

虽然需要等待的过程，但小朋友之间的观察、互动却是一种学习的过程，同时也能培养幼儿的耐心。

【活动反思与指导】

《3－6岁儿童学习与发展指南》中把游戏与幼儿发展的关系概括为三句话：游戏反映发展，游戏巩固发展，游戏促进发展。在"勇敢挑战"玩纸杯游戏的过程中，三个幼儿从合作游戏到个体游戏，反映了游戏的推进和发展的需要。三个幼儿不断重复练习自发或模仿玩纸杯的动作，每一次重复，对他们掌握和巩固这一知识和能力都有极大的帮助。游戏是一种"重过程，轻结果"的活动，它会极大地促进幼儿思维的灵活性和发散性，如三个孩子玩纸杯的方法有滚着玩、拨弄玩、吹气玩、顶在头顶玩、放在肚子和屁股上玩、用嘴拱着玩、用嘴吸气玩、用脚趾手指玩等，在这里我充当的是观察者。在三个幼儿的个体游戏和合作游戏中，幼儿有更多的机会运用各种策略解决问题，如A幼儿游戏前的计划，B幼儿游戏中变通玩的策略及具有不想合作的情绪，C幼儿在游戏中解决困难的方法，均从不同的角度增长了幼儿的智慧。

《指南》解读中指出：成人在游戏中过度行使权力，将游戏过度结构化，会抑制儿童按自己的意愿进行游戏的能力，并会减少儿童在游戏中探索发现、解决问题、承担风险和进行同伴交流的机会。在这次游戏中，我重视观察、倾听幼儿的行为和语言，指导语只有一句话："杯子老跑歪路，是怎么一回事呢?"游戏中两位男生把杯子不能朝着预想的方向跑的原因归结为另一个女孩的"不会滚""瞄不准"。其实，在这个环节中这两位男生情况也一样。为了避免错误的埋怨，也为了帮助幼儿了解、丰富"物体滚动方向"的常识，我介入引导。通过引导，不但解决了"不愉快"，而且也拓展了幼儿的知识，在这里我充当的是引导者。当三个幼儿玩1个杯子已不再满足幼儿学习的需要时，默许3个幼儿每个人拿1个纸杯，在这里我充当的是支持者。

在这个游戏中，虽然纸杯数量少，但充分体现了材料的低结构性。在游戏前和幼儿一起对材料投放的个数进行一个简单的设计，游戏中我没有限定玩法，目标隐蔽，给予幼儿自主创作的空间很大。

故事二：挑战10个纸杯

参加游戏的幼儿：D、E、F。D，男，5岁6个月；E，女，5岁7个月；F，女，5岁7个月。

纸杯个数的变化：从3人每人10个干净的纸杯到3人一起玩30个纸杯。

【活动观察】

在探索3人玩1个杯子到1人玩1个杯子的过程后，在"勇敢挑战"活动区中按计划投放每人10个纸杯。

D：我数一数是10个。

E：我也数一数，好像是9个，没有10个。老师只有9个，少1个。

师：再数一遍，检查一下是不是真的是9个？

E：刚才数错了，有10个。

F：我能一口气吸住10个杯子。

D：用10个杯子我能摆成一朵花。

师：这朵花有几片花瓣，花蕾用了几个纸杯？

D：花瓣用了6个纸杯，花蕾用了4个纸杯。

F：我也用10个纸杯摆出一朵花，我的花有枝干。

E：我可不要什么花，我会叠高。（第一个杯子口朝上，第二个杯子口朝下对应第一个杯口，如此叠到第四个，倒了……）

E：我要用10个纸杯盖楼房。

E小朋友对10个纸杯叠起的"房子"不满意，E小朋友低声地对F说：房子这么小，你那10个纸杯借我好不好？

D（抢先回答）：我的借你。

F：我们一起搭房子吧。

（三个人同时把杯子推到了中间）

F（对E说）：你的放下面，我的放上面。

D：那我的纸杯放哪里？

F：最上面。这样就有三层楼了。

第一次搭房子：

三个小朋友一起把属于E小朋友的纸杯杯口朝上间距不均地排成一排，接着把F小朋友的纸杯杯口朝上交错叠加上去，还没用上第三个小朋友的纸杯，房子就塌了。

E：我在这里看（侧面），你们的纸杯排不直，要排直一点。

师：上一层的纸杯总往下面一层纸杯缝里掉，这是为什么？

E：太宽了。

（三个小朋友急忙开始重搭）

第二次搭房子：

三个人一起把第一层纸杯的间距缩小，这次第一排的纸杯排成一条线，建了一层，继续往上叠第二、三层纸杯，此时，杯口还是朝上，房子建到第三层时，最终还是塌了。

E：轻一点，不许碰到其他的纸杯。

第三次搭房子：

三个人一起用之前的方法再一次建房子，大家的动作比刚才轻多了，可又塌了。

E：我知道了，这一排（手指第二排）纸杯口要朝下。

第四次搭房子：

三个人又一次重建房子，建到了第三层时，大家说小心点，按E的方法把第二层的纸杯口朝下，这才平稳地叠上了第三层。

师：剩下的纸杯可以用来做什么？

F：搭第四层，建屋顶。（F拿着纸杯看着E，希望得到指令）

E：杯口要朝上。

（第四层几乎都是F完成的，D在一旁提醒F小心点）

F：调整一下。（把"屋顶"一侧的一个不对称的杯子取下）

师：F小朋友能用调整一下的方法使第四层"屋顶"的纸杯个数左右一样，让整座房子更精美，真像一位设计师。E小朋友真像一位总工程师，指挥大家建房子。D小朋友真像一位合格的施工员，小心建房子。

D：剩下这个杯子做什么？

E：当大门吧。

……

【活动分析】

三个小朋友在游戏一开始就十分关注自己手中的杯子数量是否正确。D创作了一朵"花",F在D创作的基础上变通了一下"花"的造型。E是一位男生,明确表态自己不喜欢花,E对建筑十分感兴趣,说出了自己的想法。游戏从个体游戏向合作游戏发展,三个小朋友四次不放弃的坚持、探索、合作,最终把房子搭成,充分体现了三位小朋友勇于挑战、执着探究、不怕困难的学习品质。

【活动反思与指导】

《指南》中指出:探究应成为幼儿科学学习的核心,它既是幼儿科学学习的目标,也是幼儿科学学习的方法。科学学习的核心是激发探究的兴趣,体验探究过程,发展初步的探究和解决问题的能力。通过科学学习使幼儿养成受益终生的学习态度和能力。

在活动中,幼儿既然关注到"数量",那么作为老师应该跟进,我在数学的严谨性方面采取"检查一下""左右一样"指导、肯定幼儿的行为的方式。在幼儿第一次搭房子时,我采取平行介入的方式,启发幼儿调整纸杯间距,和幼儿一起解决遇到的困难。在幼儿第四次搭房子时,肯定了幼儿的智慧,并启发幼儿物尽所用。三位幼儿愉快地合作搭房子,其角色隐性,我运用"设计师""工程师""施工员"三个称呼把角色显性化,从侧面帮助幼儿了解建筑方面人员的配备。在这次活动中,纸杯数量有所增加,材料在幼儿的手中体现出高结构性。

故事三:挑战100个纸杯

参加游戏的幼儿:D、E、F。D,男,5岁6个月;E,女,5岁7个月;

F，女，5 岁 7 个月。

纸杯个数的变化：每人 100 个纸杯。

【活动观察】

（E 去上厕所，区域中只有 D 和 F 小朋友）

D：老师，我很想用 100 个纸杯。

师：你想用 100 个纸杯做什么？

D：我想搭一座比人还高的宝塔。

F：我也要 100 个纸杯。

师：你想用 100 个纸杯做什么？

F：我会数到 100。

（两个幼儿各自拿了 100 个纸杯）

F：1、2、3、……、39（40）、41、42、43、……、49（50）、51、52、……、59（60）、61、62、63……

（F 小朋友一口气数到 39 时，眼睛看了一下 D，结果不知道自己数到哪儿啦，于是又从头开始数。数到 39 时，明显手口点数不一致，F 小朋友微笑地望着我："39、39、39……"暗示我帮她往下说数。每逢整十的数，都需要我帮她接过）

师：你能数对 39 个纸杯，已经是"数学达人"了，很了不起！

（D 小朋友把纸杯口朝上分若干组叠加，叠至约 50 个纸杯时，"宝塔"倒了，于是他把纸杯口掉个头，杯口朝下叠放，这下他发现"宝塔"似乎更稳当些。D 小朋友继续往上叠加纸杯，大约用了 70 个左右，塔身发生了倾斜）

D：老师，帮我扶住。

师：出了什么问题？

D："宝塔"又要倒了。

师：扶在什么位置？

D：上面。

（教师按 D 指定的位置，把手扶在"宝塔"最高处，可"宝塔"的中部出现了弯曲）

师：你看一下，"宝塔"还有问题吗？

D（看了看"宝塔"说）：下面又突出来了，那就扶下面吧。

（100个纸杯用完了，"宝塔"也终于搭成了。D把脸贴近"宝塔"，手在头顶与"塔"顶之间比划了一下）

D：宝塔比我还高。

（F小朋友不再数纸杯了，主动站过来与"塔"比高矮）

D：还要1个纸杯"宝塔"才会比她高。（D小朋友一个一个纸杯来回取放，嘴里念叨着：还要一个，还要一个……）

F：我不信，你的"宝塔"哪有我高？躺下来比一比。

D：躺下来怎么比？

F：我爸爸和我妈妈比高的时候，就是躺在床上，头顶在床头，谁的脚更长，谁就更高。

（经过一番比较，F小朋友发现"宝塔"和D一样高）

（D小朋友让F小朋友躺下，也用同样的方法进行比较，D趴下身子，睁一只眼、闭一只眼对齐F的脚后跟，发现"宝塔"比F短一截，于是又添加了几个纸杯，直至"塔身"比F长出一截）

 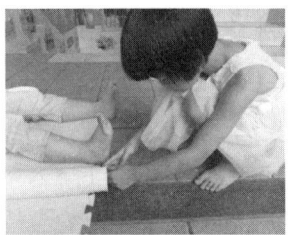 

【活动分析】

在这个活动中，D小朋友期望用100个纸杯实现自己建一座比人高的"宝塔"的愿望。F小朋友希望完成数到100的愿望。当F小朋友发现自己数到100有困难时，就放弃了数数，参与到与"宝塔"比高的游戏中。D小朋友为实现自己的目标，主动呼唤老师给予帮助。在比高的过程中，F小朋友引用了爸爸妈妈比身高的方法，帮助D完成建一座比人高的"宝塔"的任务。D小朋友通过比较，添加几个纸杯后，终于使"宝塔"比人高了。

【反思与指导】

《指南》在社会领域的教育建议中指出：在保证安全的前提下，支持幼儿按自己的想法做事；或提供必要的条件，帮助幼儿实现自己的想法。当幼儿提出需要100个纸杯时，我询问了他们的想法，满足了他们对材料的需要，并在幼儿的主动邀请下，直接提供技能上的支持。而F小朋友希望完成数至100的愿望，虽未能实现，但能一一对应正确数到39，已超出了她的能力水平，我用"数学达人"的赞扬肯定了她对数学的兴趣。

这个活动中，纸杯使用的数量已超过100个。在两个小朋友探索的方向都十分明确的情况下，100个纸杯给予他们创作大物件提供了更大的空间，探索活动也更具有挑战性。

故事四：挑战"纸杯交朋友"

参加游戏的幼儿：G、H、I。G，女，5岁8个月；H，男，5岁3个月；I，女，5岁1个月。

纸杯个数的变化：200个纸杯与其他材料的结合。

【活动观察】

昨天，G小朋友在娃娃家里用一个塑料夹子夹住一个纸杯当雪糕"品尝"的情节被配班老师表扬。今天我悄悄地将不同颜色的塑料夹子放在纸杯旁边。

G：有夹子，又有雪糕吃了。

H：怎么玩？夹子夹在哪里？

G：夹在杯底的边上。

（H用夹子夹杯底，试了试夹不牢，于是夹在杯口上："我也有雪糕。"）

G：我能把两个纸杯夹在一起。（一个纸杯口朝上，另一个纸杯底部朝上）

H：老师，还可以变什么？

师：1个夹子和1个纸杯可以变出"雪糕"，如果用更多的夹子和更多的纸杯交朋友，还可以变出什么？

H：那我可以用两个杯子吗？

师：可以，个数由你自己定。

H：我用两个纸杯变出一只蚊子。（两个纸杯中间夹了个蓝色的塑料夹子）

（G采用一个纸杯夹一个夹子的方法，发现自己总是夹出一排的纸杯，于是停下来观察H。H接连玩出了三个、四个、五个、六个纸杯圈。H采用先摆好纸杯，然后夹夹子的方法）

H：蓝色的夹子是我用的，你不许拿。

（G学着H的方法做出六个纸杯与夹子围拢的作品，第七个纸杯怎么安排？G摆弄着手中的第七个纸杯，最后G把它放在六个夹子的顶部。纸杯站不稳，倒了几次。G想把它挤到夹子圈的中心，塞了4次，都不成功。G坐着不动了）

师：遇到什么困难了？

G：我想把这个纸杯塞到中间。

（教师问H是否有方法，H专心于自己的"工程"，敷衍地看了我们一眼，对我们摇摇头。最后，我帮她把纸杯塞进了夹子圈的中心）

H：我用了8个杯子。

师：那你用了几个夹子？

H：1、2、3……用了8个。

G：我要用10个纸杯，超过你。

G：瞧我的！一个大大的圈。

师：你知道用了几个杯子、几个夹子吗？（我发现G幼儿计划用10个纸杯而实际用了12个纸杯）

（G一手捏住纸杯圈中的一个纸杯作为起点，另一只手环绕点数，发现自己用了12个纸杯，12个夹子）

G：我要把它戴在头上。

（G把这个纸杯圈杯口朝下往头上戴，结果挂在了脖子上。G取出纸杯圈看了看，把这个纸杯圈杯口朝上再往头顶上放，这回，纸杯圈被顶在头顶）

H：给我看看。

（H把6个纸杯变出的纸杯圈放进了用12个纸杯变出的纸杯圈里）

G：呀！一大朵！

H：不是，是喷泉。

（G把另一个6个纸杯变出的纸杯圈叠了上去）

G：蛋糕！变两层蛋糕啦！

（H把最后一个6个纸杯变出的纸杯圈又叠了上去）

H：快点帮我扶住，我要变大大的喷泉！

G：三层蛋糕！

【活动分析】

G小朋友把在娃娃家里的游戏经验迁移到这次活动中，两个小朋友在这个活动中都处于互相学习的状态。G小朋友把夹子夹在纸杯底边的经验被H小朋友运用，H小朋友经过实践、思考，变通了夹夹子的位置，把夹子夹在纸杯口。H小朋友通过纸杯数量的递增，运用围拢的技能，创作了一个又一个纸杯圈。G小朋友通过观察，变通夹纸杯的技巧，学着H小朋友的技能，把原先夹成排的纸杯改成圈。H小朋友看到G小朋友创作的大纸杯圈能套进脖子，于是尝试把几个纸杯圈叠加在一起。通过合作，"蛋糕""喷泉"在两个小朋友的想象中诞生了。

【反思与指导】

丰富幼儿生活经验的方法有很多种，小朋友之间的互相学习是方法之一。G小朋友在活动中表现出乐于助人的态度，先把夹夹子的方法告诉给H小朋友，在H小朋友需要帮助时，立刻伸出合作之手。G小朋友对H小朋友的围拢技能感到好奇，H小朋友对G小朋友的圈能套进脖子感到好奇，在各自好奇心的驱使下，产生学习的愿望。

《指南》在数学认知的教育建议中指出：鼓励幼儿尝试使用数的信息进行一些简单的推理，尝试自己创造出新的排列规律。活动中，当 H 小朋友问"老师还可以变什么"时，我采用直接指导的策略，启发幼儿打破 1 个纸杯和 1 个夹子的关系，大胆使用材料探索杯子数量与夹子数量的关系。

　　当我发现 G 幼儿计划用 10 个纸杯而实际用了 12 个纸杯，前后不符时，采用直接提问的方式指导，隐性地告诉 G 小朋友实践与计划不符，需要验证。

　　《指南》在社会领域的教学建议中指出：要关注幼儿的感受，保护其自尊心和自信心。当我发现 G 小朋友因第七个纸杯插不进夹子圈而气馁、需要帮助时，主动上前询问，先引导她向小朋友请求帮助，在小朋友确实无能为力的情况下，我才帮助她把纸杯插入夹子圈的中心。G 小朋友又恢复了自信，继续探索。

　　在之后的日子里，小朋友大胆地到区域材料"做客"，小朋友把美工区中的泥工板、一次性纸盘、纸皮等材料带到"勇敢挑战"区与大、小纸杯玩游戏。由于"勇敢挑战"区域的地点一开始就设在走廊，小朋友陆续的几次活动都在走廊进行，直到有一天风吹倒了纸杯和纸板搭建的"高楼"时，小朋友们才发现纸杯、纸皮太轻了，在走廊上玩不合适，需换个没风的地方玩。而在纸杯与夹子的结合中，小朋友们发现夹子对纸杯的固定作用，使得纸杯纹丝不动，这时可以在有风的走廊上玩。

　　在这一系列活动中，纸杯的数量已过百，纸杯与其他材料的结合给幼儿带来更多合作、创作、探索、讨论、交流的空间。纸杯数量少时，幼儿对个别纸杯的玩法兴趣短暂，玩法中的个别现象呈现的时间也短，但幼儿的等待与商量也是耐性、协调能力的锻炼。纸杯数量多时，合作、创作、探索、讨论、交流将往更深入的方向发展。

生活·服务·快乐
——"包春卷"活动的推进与剖析

福建幼儿师范高等专科学校附属第一幼儿园　肖杏影

【活动背景】

这学期我们班开展了"榕城是我家"主题活动，在引导幼儿了解和品尝福州特色美食的过程中，我们发现幼儿对福州风味小吃——春卷特别喜欢。而每周五的自助餐是我园一大特色，自助餐的食谱由幼儿自主制订，并可根据各班幼儿的喜好增加一至两样班级特色菜，于是，春卷自然就成为了我们班的特色菜。同时，结合"深化自助进餐活动，培养大班幼儿生活服务意识与能力"的课题研究，我们将准备、加工春卷食材作为"生活服务坊"的内容。

【活动过程】

一、品尝春卷，认识春卷的食材

教师引导幼儿通过看、闻、尝，了解春卷的食材，并引发幼儿思考：春卷由哪些食材组成？为什么要放这么多的食材？

幼儿在品尝美食的同时通过观察、交流春卷的食材，激发了制作春卷的愿望。教师提出：我们可以选择自己喜欢的食材做春卷吗？

二、选择食材，保证营养均衡

幼儿以小组为单位，选择自己喜欢的春卷食材，通过统计排名，最后将豆芽、肉、香菇、胡萝卜和虾米作为春卷的食材。

当我们把选出的这五种食材呈现出来的时候，教师从营养搭配的角度，引导幼儿迁移已有的生活经验，发现五色食物中缺少绿色食物，最后大家达成共识，将葱列入春卷的食材之中。

活动中，幼儿通过记录、统计的方式，自主选择喜欢的食材，并通过分析、讨论，获得了合理搭配食材、保证营养均衡的有益经验。

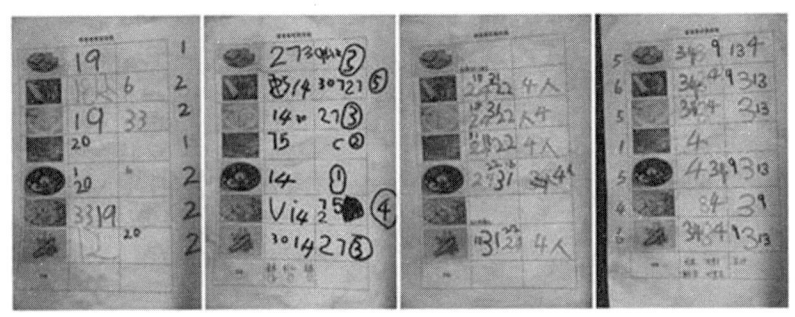

三、商讨食材加工方法，学习使用新工具

教师引发幼儿思考春卷里的食材跟我们平时吃的有什么不一样，为什么要这样加工，把食材加工成春卷的馅我们可以做哪些准备等。幼儿围绕中心问题，分组讨论食材的加工方法，用绘画的方式进行记录，并与同伴交流分享。当讨论加工胡萝卜时，大部分幼儿对刨丝器表现出好奇：怎么使用？用的过程中要注意什么？于是，教师在区域活动中投放了刨丝器和胡萝卜，并将活动延伸到家庭中，引导家长进行个别指导。

 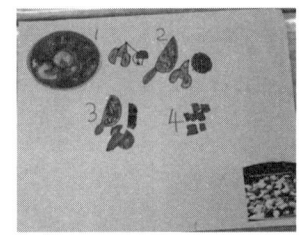 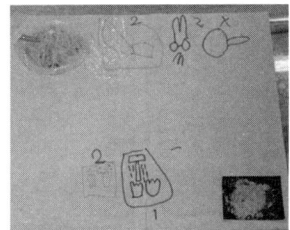

幼儿通过讨论、绘画表征，结合已有经验自主商定食材的加工方法，通过实际操作、亲身体验，懂得了如何安全使用刨丝器。

四、尝试加工食材，确定最佳方法

在"生活服务坊"中，幼儿分组自选食材，按照共同商定的加工程序与方法尝试加工春卷食材：

豆芽组——幼儿在运用刀切、手折、剪刀剪的加工过程中发现使用的工具、方法不同，会影响豆芽加工的速度和数量。于是，教师引发幼儿观察同伴的操作，通过比较，大家确定了最佳加工方法：将豆芽一把一把用刀切成段。

香菇组——幼儿在加工过程中，自己发现问题，借鉴同伴的经验，尝试调整加工工具，优化加工方法。教师从旁观察幼儿的操作，学会等待，给予时间让幼儿自我调整，并及时鼓励与肯定，幼儿确定了两种适宜的方式：用剪刀先将香菇剪成四瓣，然后一瓣一瓣剪成小丁状；用刀先将香菇切成片状，之后再用剪刀将片状剪成小块状。

胡萝卜组——幼儿进行分工合作，2人负责清洗，2人负责刨皮，2人负责刨丝，当其他组都完成了加工任务时，萝卜组还剩许多萝卜未刨丝，而负责清洗和刨皮的幼儿则不参与刨丝。幼儿对自己商讨出的方案很认真地执行，他们认为这是大家约定的规则，就必须严格遵守，没有意识到这样的分工方式存在一些问题，也没有意识到分工协作的目的是为了把事情做得更好。教师引导幼儿讨论：为什么你们组加工速度比别组慢？这样的分工有什么问题？最后引导幼儿重新调整操作流程：按洗萝卜——刨皮——刨丝程序各自完成。

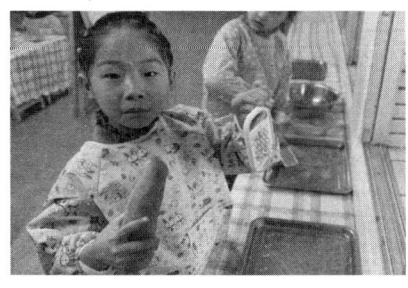 

教师采用照片示范的方式呈现幼儿讨论出的最佳加工工具、方法和程序，并通过视频帮助幼儿进一步积累加工食材经验，在全班进行推广。

五、动手操作，亲身体验包春卷

这是幼儿第一次包春卷，教师没有直接讲解方法，而是鼓励幼儿自己尝试和探索，在此过程中引导发现需要解决的问题：馅的量放多少合适？馅要放在春卷皮的什么位置适宜？怎样才能包出春卷的样子？

在操作、比较、观察、交流过程中，由于大部分幼儿缺乏生活经验，无法清晰地了解包春卷的方法。在品尝过程中，让幼儿逐步发现自己包春卷的方法不够正确，激发他们改进的愿望。我们邀请了一位外婆作为家长助教，来园展示包春卷的方法，并与幼儿交流分享经验，幼儿逐渐获得了正确包春卷的生活经验。

六、为弟弟妹妹做春卷，体验服务的快乐

幼儿在体验了几次包春卷活动后，开始关注身边的人，想到为小班弟弟妹妹包春卷。为弟弟妹妹包春卷要注意什么呢？有的幼儿说："豆芽不能太长，要切得再短一点，不然弟弟妹妹会卡在喉咙，不小心会吐。"有的说："弟弟妹妹嘴很小，不能包太大。"有的说："包的时候各种食材都放一点，这样才好吃，才有营养。"

在讨论过程中，幼儿已经能够结合已有经验，根据小班幼儿的需求，调整包春卷要领。在此过程中，他们爱弟弟妹妹的情感油然而生，体验到了为弟弟妹妹服务的快乐。

【活动延伸】

春卷是福州的特色美食，春节时家家户户都有吃春卷的习俗，我们鼓励幼儿跟爸爸妈妈一起准备春卷食材，为爷爷奶奶包春卷，将关爱延伸到家庭。

【活动小结】

1. 在包春卷一系列活动中，幼儿通过动手制作、亲身体验，尝试在生活实践中发现问题，并与同伴共同协商解决问题，在相互交流、借鉴中获得有益的生活经验。

2. 幼儿探索正确使用常见生活用具的方法，在提高生活技能的同时，体验到自己动手做美食的乐趣，激发了享受美食、热爱生活的情趣，为提升幼儿生活品质奠定了良好的基础。

3. 从服务自我到服务他人，从关爱小班弟弟妹妹到为家人、同伴做力所能及的事，在幼儿的心灵播撒爱的种子，体现了我园"关爱课程"所倡导的"关爱生命，根植生活，快乐成长"的理念。

大班表演游戏"金鸡冠的公鸡"

厦门市第一幼儿园　洪璇梅

孩子们在前期自主生成的《喜羊羊与灰太狼》故事表演中体验到了语言模仿的趣味性,并在他们互相认同或反对中逐渐明朗了角色形象。可见,动物形象依旧深受大班幼儿的喜爱,为了进一步自然内化动物角色特征,我们选择了《金鸡冠的公鸡》这一故事,并结合现实生活中已有的相关经验,开展表演游戏。

【游戏总目标】

1. 能大胆地用语言、动作和表情表现文学作品,有表演欲望和自信心。
2. 在游戏中能与同伴协商、分工合作使用合适的材料布置场景和装扮角色。
3. 会自主选组,并尝试共同解决游戏中的问题,参与问题的探讨。
4. 乐意遵守游戏规则,爱护各种游戏材料,并按规定方式取放。

第一次游戏

【游戏目标】

1. 能根据《金鸡冠的公鸡》故事的需要,分工合作寻找合适的道具和材料装扮角色和游戏场景。
2. 掌握公鸡、猫、画眉鸟、狐狸、羊之间的对话和出场顺序,喜欢表演游戏。
3. 尝试用适当的方式解决游戏中角色分配的问题。

【游戏准备】

1. 经验准备:

(1) 幼儿已经通过欣赏故事、看动画片、欣赏表演剧、听同伴复述、谈话等方式熟悉了故事《金鸡冠的公鸡》的情节、角色。

（2）开展过"小小设计师"活动，让幼儿自由组合根据故事设计表演的场景，并在集体面前讲述自己的设计经验。

（3）欣赏过教师的表演及场地布置的经验。

（4）幼儿已经有分组进行"龟兔赛跑""小熊请客"的游戏经验。

2. 物质准备：根据五个场景事先准备材料：准备花草树木若干、地垫、帐篷、围栏、河流、纸箱、铁罐、拱形门、砍柴工具等材料。

表演道具：两组服饰（公鸡头饰、围脖；狐狸尾巴和耳朵；画眉鸟翅膀；猫尾巴和耳朵；羊头饰），两组头饰（公鸡、狐狸、画眉鸟、羊、猫），胸饰（公鸡、狐狸、画眉鸟、羊、猫）。

备用材料：龟兔赛跑、小熊请客各一份。

3. 环境创设：分成五个组，两组教室：第一组，第二组；一组走廊：第三组；一组科学室：第四组；一组电脑室：第五组。

【游戏过程】

一、欣赏照片导入

"照片里的装扮是《金鸡冠的公鸡》中的什么动物？""怎么装扮的？"

二、介绍提供的游戏材料，商讨游戏程序

1. 介绍提供的材料及各个剧场的场地、主要游戏内容。

"我给大家准备了《金鸡冠的公鸡》游戏的一些材料，这些你们都可以到第一组、第二组、第三组、第四组、第五组使用，那么我们应该怎么游戏呢？如果在布置时，高山或者公鸡家没有材料，要怎么办呢？"

2. 明确游戏的程序。

小朋友要先选择小组；选好组，小朋友要取材料一起布置游戏场景；接着商量分配角色，交换角色游戏；最后收拾好玩具。

三、幼儿游戏，教师观察指导

1. 提出本次游戏要求。

（1）要根据《金鸡冠的公鸡》的内容和材料，一起合作协商布置场景和装扮角色。

（2）布置场景时，缺少道具的小朋友可以开动脑筋寻找合适的东西代替。

（3）爱护游戏材料，游戏结束后，要一起收拾

2. 幼儿分剧场选择游戏，教师观察指导。

教师参与游戏，重点指导第一组、第二组、第三组游戏中场地的布置及角色的出场对话。

四、讲评

"今天游戏，你在哪个剧场？你们是怎样一起布置游戏场景的？"

"你扮演《金鸡冠的公鸡》里的哪个角色？"

【观察与反思】

1. 由于有充足的前期经验准备，孩子们在本次游戏中的目标基本达成，特别是角色对话大部分幼儿都能掌握，个别能力比较弱的幼儿在游戏中受能力强幼儿的影响也得到提高，如奕青、翰林、忻睿、荣鑫等小朋友分别在张弛、嘉怡、啟霖、黄俣等能力强的孩子帮助下基本掌握了各个角色的对话。而在布置场景时许多孩子大胆地发挥想象，观察寻找班级能利用的替代物，并能说明自己选择的理由，特别是乐遥能尝试用地垫连接围合的方式搭建公鸡家，荣鑫寻找到纸箱代替山，浩博用雨伞替代树林等等，幼儿的想象力、观察力、创造力在游戏中得到了发展。

2. 存在的问题。

（1）在游戏中，教师发觉分组表演前大部分幼儿合作布置能力有待加强，观察中发现孩子们的集体意识不强，如布置公鸡家时，六个孩子在选择材料时就出现三到四种的现象，协商能力和沟通能力需要加强。还有一个原因是孩子们第一次根据该故事的情景布置场景比较陌生。

（2）在游戏中，教师发觉孩子们在扮演角色对话时比较单调，不够形象，虽然情节发展基本完整，但每个角色的形象特征都没有体现出来，仍需提高。

3. 解决与推进。

（1）解决布置场景问题，教师可以在谈话活动、分区活动、午餐前欣赏活动时，开展游戏"小小工程师"，让幼儿锻炼并欣赏他人布置的《金鸡冠的公鸡》场景，分享布置场景的好方法，提升幼儿协商沟通、分工合作的能力。

（2）通过欣赏动画片《金鸡冠的公鸡》、练习性游戏，让幼儿感受贪吃、爱听好话、勇敢、机智、狡猾的语气和动作。

第二次游戏

【游戏目标】

1. 知道公鸡、猫、画眉鸟、羊、狐狸的形象特征,并尝试用不同的语气和动作表现自己所扮演的角色。

2. 继续分工合作使用自制及收集的游戏材料创设《金鸡冠的公鸡》的情景。

3. 明确表演小组长的职责,与同伴共同解决游戏中出现的问题和困难。

【游戏准备】

1. 经验准备:

(1) 幼儿通过欣赏表演剧、谈话等方式感受《金鸡冠的公鸡》各个角色的语气和动作。

(2) 参与"小小工程师"的游戏,让幼儿协商合作布置《金鸡冠的公鸡》的游戏场景。

(3) 幼儿曾经有小组长的经验,提前一天由幼儿投票选出小组长。

2. 物质准备:同上,新增师幼自制的花草树木、狐狸洞、房子、小羊、小鹿。

3. 环境创设:同上,新增后台(材料放置处)。

【游戏过程】

一、探讨问题引入

探讨《金鸡冠的公鸡》的角色表现形式。"《金鸡冠的公鸡》里有一只什么样的公鸡?""我们可以用什么动作来表现贪吃的公鸡?"请个别幼儿发表自己的想法。"那只骗公鸡的狐狸我们可以怎么表现?"请各组的小组长展示。

二、明确小组长的职责,鼓励幼儿自主选择场景,教师观察指导

1. 提问:"昨天大家选出来的小组长在游戏里要做哪些事呢?"

2. 提出本次游戏的要求:"等一下在游戏里,小组长要带领大家分工布置游戏场景和分配角色,和大家共同解决游戏中出现的问题,还要提醒大家收拾好玩具。而小朋友也要把自己想的贪吃的公鸡、狡猾的狐狸、勇敢机智的猫、画眉鸟、羊的动作和语气表现出来。"

3. 幼儿自主选组，教师参与观察指导。重点指导第一组、第二组、第三组幼儿所扮演的角色动作和语气。

三、听音乐收拾玩具，讲评

"今天，谁扮演第一组里贪吃的公鸡，你是怎么扮演的？""谁来给我们扮演一下狡猾的狐狸？""他用了哪些动作表现狡猾的狐狸？""用什么样的语气来表现？"

【观察与反思】

1. 大班下学期孩子们的自主意识非常强烈，合作能力虽然得到快速的发展，但是部分孩子解决问题、处理事情经常以自我为中心的现象仍然出现，这种问题也经常干扰到孩子们游戏的质量，造成教师管理教育介入过多。而表演小组长由幼儿游戏前事先投票选出，在此次游戏中，教师问题介入机会变少了。孩子们在分配角色和分工合作布置上都比较有序、合理，解决了第一次游戏中孩子们布置想法冲突的问题，也解放了教师的视角，游戏中五个组长的组织能力和组员的协商融合其中，真真正正地成为孩子们自主的游戏。如在布置场地时，第三组的孩子们在组长的组织下一起把所有的材料取到场地处，然后共同布置，在角色分配时，啟霖问："荣鑫要当狐狸，大家同意吗？"孩子们就发表自己的意见，不同意见的或产生两个人都想扮演的问题他会提醒其猜拳决定，孩子们都能遵守游戏规则。

2. 存在的问题。

（1）游戏中，教师反思游戏目标一，特别是狡猾的狐狸、贪吃的公鸡等角色特征动作，还有公鸡被抓、画眉鸟和猫砍柴等等情节的动作和语气都表现得还不够，该目标要再继续巩固。

（2）游戏后，教师发觉材料的收拾环节要注意，部分孩子在收拾材料时不够爱护或者不收拾。

3. 解决与推进。

（1）在第三次游戏中，该目标制订得更细，仍应把语气和动作作为重点，在课余时间，通过教师示范表演、幼儿展示表演、观看影片表演，让幼儿更清晰地感受角色的语气和动作。

（2）游戏前要更加明确收拾玩具的要求。

第三次游戏

【游戏目标】

1. 能大胆地用不同的语气和动作表现公鸡、狐狸、画眉鸟、猫、羊，感受故事中情绪、情感的变化。

2. 在小组长的组织下，自主选择场地，坚持与同伴共同合作丰富游戏场景。

3. 愿意与同伴相互配合，解决游戏中出现的问题。

【游戏准备】

1. 经验准备：

（1）继续在课余时间欣赏教师表演秀或幼儿表演秀，获得经验。

（2）开展游戏"个人表演秀"，让幼儿自由选择一个角色并扮演，鼓励幼儿运用不同的动作。

2. 物质准备：同上，新增声音一份；黑板一块；表情图表（图卡）。

3. 环境创设：同上。

【游戏过程】

一、欣赏声音引入

欣赏猫、画眉鸟、羊三次的提醒以及公鸡被抓求救三次的不同。"听这是谁在叮嘱公鸡？这是第几次叮嘱公鸡？听起来感觉怎么样？""第二次猫、画眉鸟、羊是用什么样的语气叮嘱公鸡的？第三次又是怎样叮嘱的？"

（画眉鸟、猫、羊）表情图：关心——着急——生气。

"这又是谁在叫？我们也听听公鸡三次求救的声音是什么样的。"

（公鸡）表情图：一次比一次害怕，声音越来越响。

二、幼儿自由分组，教师观察指导

1. 提出要求：

（1）游戏时，小朋友可以用适合的语气和自己想的动作扮演你所扮演的角色，如狐狸要表现出狡猾。

（2）当我们在游戏中遇到问题时，小朋友可以尝试自己解决或与小伙伴一起解决。

(3) 游戏结束后，要把材料送回"家"。

2. 幼儿自由分组，教师参与观察指导。重点指导幼儿用自己的动作和语气扮演自己的角色。

三、听音乐收拾玩具，再现式讲评

"今天，谁扮演过猫、画眉鸟、羊？那你是怎么叮嘱公鸡的？"

"他三次的叮嘱有没有什么不一样？""公鸡三次求救一样吗？谁来试试？"

"你觉得他们扮演得怎么样？""为什么？"

"他在求救时还有动作，我们也来学一学。"

"在游戏中，你有遇到什么问题吗？""你是怎么解决的？"

【观察与反思】

1. 评价环节我采用了幼儿自评、互评和老师点评结合的方式。在幼儿自评和互评中，孩子们表现得非常自信，自信地说出自己表演得好，也能大胆地对同伴的表演进行评价。幼儿的相互评价，我认为对幼儿辨别是非，以及对事物的分析和判断能力的提高有很大的帮助。活动中，各个小组的组长能发挥自己的职能，特别是第五组的张弛组长，在解决分配角色问题上不仅自己主动承担同伴不乐意扮演的角色，还懂得用各种方式解决其他孩子间的分配纠纷，我也当下给予肯定。

2. 存在的问题。

(1) 随着表演次数的递增，幼儿表演中语言、动作不断丰富，教师发现在第一组有许多孩子出现表演中带有不文明的动作的现象，如在解救公鸡时，扮演猫、画眉鸟、羊的小朋友对狐狸做出许多粗鲁的动作，而在讲评时教师只是点出，没有让幼儿思考如何文明地表演。

(2) 活动过程中幼儿都能表现出公鸡三次求救和小动物嘱咐的不同语气，但是还有个别幼儿需要加强。

(3) 第三组的孩子们在表演中想增加角色——小鹿，他们觉得小鹿也是公鸡的朋友，组长解释说角色不够。

3. 解决与推进。

(1) 利用区域活动和"小演员"游戏，让幼儿互相分享自己文明表演的过程，引导幼儿积累文明又有趣的表演动作，启发幼儿分辨不文明的表演行为。

（2）继续播放不同语气的录音，让幼儿欣赏。

（3）与各组共同探讨后，孩子们都觉得可以邀请小鹿作为它们的朋友，于是我们的角色又增加了一个。

第四次游戏

【游戏目标】

1. 能大胆地对狐狸、公鸡、猫、画眉鸟、羊、鹿的语言、动作、语气进一步探索，增加害怕、高兴、温柔、着急等表情扮演角色。

2. 懂得分辨选择恰当的动作扮演自己的角色，体现故事角色的形象特征。

3. 会继续寻找合适的替代物布置表演的场景。

【游戏准备】

1. 经验准备：

（1）美劳区：继续制作，丰富表演中所需的服饰和道具。

（2）开展"表演竞技场"，让幼儿互相欣赏、评价同伴创造的表演动作。

2. 物质准备：新增小鹿的头饰、服饰、胸饰、挂饰，准备公鸡皮影偶一个，害怕、高兴、温柔、着急的表情图。

3. 环境创设：同上。

【游戏过程】

一、皮影偶表演引入

"你知道这只公鸡心情怎么样吗？""你怎么知道它很高兴？""用眼睛我们能知道它很高兴吗？""看什么地方我们可以知道它是高兴的？"

二、引导幼儿了解害怕、高兴、温柔、着急的表情

1. 出示图卡观察对比表情。

2. 模仿害怕、高兴、温柔、着急的表情。

三、幼儿游戏，教师观察指导

1. 提出本次游戏的要求：

（1）小朋友在扮演角色时在语言和动作的基础上，还可以用上相应的表情。

（2）在表演游戏后，给扮演的角色增加动作时要想想这个动作是不是适合。

（3）前几次游戏时，有的组布置的场景越来越漂亮，他们发现还需要一些东西，老师建议他们一起找找适合的替代物。

2. 幼儿自由选组，教师重点指导幼儿有表情地进行表演。

四、讲评、结束

"表演公鸡你用了哪些表情？""为什么公鸡有高兴的表情？""狡猾的狐狸你是怎么样用表情表演的？"

【观察与反思】

1. 孩子们对对话和动作都比较熟悉了，能与本组的小朋友合作，完成表演。有些孩子表演得特别生动，特别大胆。游戏中，我给了她们很大的肯定。但孩子们在游戏中，似乎很不喜欢扮演他们不喜欢的动物。

2. 存在的问题。

（1）在本次游戏中，教师发现孩子们在第一次游戏时分配角色不会出现争抢现象，然而在第一次游戏快结束时，一部分幼儿就无法专心扮演自己当下的角色，而是着急地寻找自己下一次想要扮演的角色，有的甚至游戏还没有结束，就很激动地表明自己扮演的意愿，后面两次游戏基本没有完整性。

（2）有个别幼儿在游戏中每次扮演的角色都是同一个，不愿意尝试其他的角色。

3. 解决与推进。

（1）教师对幼儿没有坚持表演完的行为表示不认同，并和孩子们商讨出解决该问题的方法——第一组提出第一次游戏完大家要集中再分配角色；第二组提出第一次游戏前分配角色时看看有几个想扮演公鸡，用轮流的方式进行，如果人太多建议个别小朋友下次扮演；第三组提出可以采用谁在第一次表演得最认真、谁先选的办法；第四组、第五组都认为用轮流的方式。

（2）在下次活动中，我将和孩子们交流一下，共同解决角色分配的问题，避免孩子们在游戏中不停地扮演同一角色。

第五次游戏

【游戏目标】

1. 进一步感受故事中公鸡、狐狸、画眉鸟、猫、羊、鹿情感的变化,并综合运用语言、动作和表情表现出来。

2. 能与同伴创造性地布置场景,丰富故事情节。

3. 每次游戏都能坚持表演到最后,轮流交换角色。

【游戏准备】

1. 经验准备。

(1) 继续帮助幼儿丰富各种表情的经验。

(2) 通过谈话、讨论的方式指导幼儿熟悉《金鸡冠的公鸡》中角色的表情、语气、动作。

(3) 事先请个别表演能力强的幼儿练习表演公鸡。

2. 物质准备:同上。

3. 环境创设:同上。

【游戏过程】

一、欣赏表演引入

1. 欣赏公鸡表演,集体模仿。"这里有一只高兴的公鸡,我们看看她是怎么表演的。"

2. 提供头饰,个别幼儿尝试用语言、动作、表情表演狡猾的狐狸。

二、幼儿自由选组,教师观察指导

1. 提出本次要求:

(1) 小朋友在表演时,要把又文明又生动的语言、动作、表情表现出来。

(2) 在布置场景时,小朋友和同伴商量尝试布置出不一样的场景,如行走路线的不同。

(3) 每次游戏要坚持把故事表演结束才可以在小组长的组织下轮流协商角色。

2. 幼儿分组游戏,教师以观众的身份重点指导幼儿大胆地运用语言、动作、表情扮演角色。

三、结束讲评

"你今天扮演了什么角色?""有没有用语言、动作、表情表现高兴的公鸡?""给我们表演一下。""还有谁有用狡猾的语气、动作、表情表现狐狸的?""有没有哪一组今天布置场地和以前不一样?""还有没有发现什么问题?"

【观察与反思】

1. 通过四次游戏经验的累积,幼儿与材料、幼儿与幼儿、幼儿与教师之间的互动越来越默契,孩子们已经完全掌握了角色对话和动作,能为各个角色配上相应的动作、表情,从头到尾,我始终是一位观众和旁观者,孩子们的独立性、合作性得到很大的提高,孩子们都能坚持把故事表演完。

2. 存在的问题。

本次游戏中,孩子们虽然对《金鸡冠的公鸡》甚是喜欢,但是游戏中教师发现个别孩子已经出现言简意赅的游戏过程,这说明孩子们已经深入了解该故事了。

3. 解决与推进。

教师应该挖掘其他的内容开展新的题材,而保留一到两组表演《金鸡冠的公鸡》,供个别幼儿选择或继续巩固。

教学反思

创造性游戏对教师专业能力是一大挑战,以往对表演游戏我总觉得就是故事表演,是由观众和演员共同组成的一种游戏,游戏表演中观众与演员的互动问题、吵闹问题、表演技巧问题等总让教师感到头痛,这些问题来源于我们对表演游戏的定位纯粹趋向于表演。林菁教授三次细致的指导和"金鸡冠的公鸡"一系列活动的开展让我收获匪浅,真真正正理解了表演游戏的真谛,体会到表演游戏隐含的快乐。我在"金鸡冠的公鸡"系列活动中体会如下:

1. 表演游戏教案书写应注意语言文字的规范性。

书写教案是每一位教师都应具备的能力,但是以往书写表演游戏教案是我最厌烦的事情,总觉得每次的教案总是千篇一律或者一成不变的书写,对于游戏中出现的问题只是停留于下次游戏指导中的留意点，其实根本没有从本质上解决问题。然而在"金鸡冠的公鸡"系列活动中，我找到书写表演游戏教案的乐趣，每次游戏后我都能耐心地回忆游戏情景、思考游戏的问题、寻找解决的方法并书写记录，这些都为第二次游戏做好了生成的准备。如第一次游戏表演"金鸡冠的公鸡"，我发现孩子们表演很枯燥、合作布置情景的能力不足，于是第二次游戏教师把目标制定在语气和动作上，让孩子们的表演更加生动有趣，教师设计完教案体会到成就感，感受到幼儿游戏水平的提升。

书写表演游戏教案教师应把握好游戏的成分，我们经常看到"乐意参与表演"等关于目标的表述。其实表演游戏的重点是游戏，既然是游戏，教师在目标、过程中就应该体现游戏的成分，而不是以表演技巧、表演内容之类为主。从林菁教授的指导中，我领悟到表演游戏教案教师语言文字的表述尤为重要。

2. 表演游戏材料投入应体现多样性、实用性。

表演游戏需要材料的支持，教师投入的材料应体现多样性，如教师根据幼儿的人数分成了五组，有两组使用服饰，有两组使用头饰，有一组使用胸饰。在第一次游戏结束讲评中，孩子们一起思考解决游戏情景布置中出现的问题，有的孩子提出山还可以用纸箱、椅子表示，河流可以用皱纹纸、拉力器、纱巾等材料替代，这是孩子们从形象性材料到半替代物再到替代物的一个演变过程。

经常听见同事抱怨游戏材料的损坏、不耐用问题，教师们总认为表演游戏的材料越多越好、越像越好，然后每次游戏时搬出许多的表演道具，一个角色的装扮从头到尾四、五样装扮物往身上挂，这个过程教师更是忙得团团转。经过本次游戏的开展，我感受到游戏材料投入是否实用很关键，其实教师只要把握表演游戏的真谛，只要提供的材料能让人感受到扮演的角色，哪怕只有一件衣服、一个头饰或一条尾巴，能让孩子们快速地装扮好自己才是最主要的。毕竟表演游戏不是装扮活动，用最短的时间在自己或同伴协助下装扮好自己所扮演的角色，用最长的时间进行游戏才是关键，表演游戏的材料只是游戏的辅助工具，并不能成为游戏的主体。

3. 表演游戏内容选择、调整、再造应体现价值性。

表演游戏内容的选择应该体现角色形象有特色、教育价值高、语言对话有趣等。通过此次游戏的开展我感受到表演游戏内容选择好后，教师还应该继续揣摩各个角色的对话、情节并进行适当的调整，把故事表演转变成童话剧表演，脱离旁白、录音机、音乐、教师的主导作用，游戏从开始到结束整个过程由幼儿主导。如一开始，教师设计增加与太阳公公对话："太阳公公升起来了！""太阳公公落山了！"还有故事前面的旁白，通过调整，再造对话："我是大公鸡，我头上有金色的鸡冠，今天我的好朋友猫和画眉鸟要出去砍柴，我去瞧瞧看！"教师针对角色的对话和旁白进行调整，还因为人数众多，增加了角色及角色对话，但是整个故事的真谛——贪吃的公鸡仍然没有变。

4. 表演游戏的开展应体现延续性、补充性、层次性。

本来林菁教授的讲座让我感到无比的困惑，总思考着"这样怎么游戏？第一次就直接游戏怎么可能？""游戏开始就让孩子自主进行怎么做得到？""把故事变成童话剧孩子们怎么能理解？"等问题，总觉得这种会不会是理想教育了。但是经过"金鸡冠的公鸡"系列活动，我真正体会到林菁教授讲座的涵义：以往我们第一课时是欣赏故事，学习角色对话，然而林菁教授第一课时是让孩子们第一次与同伴分组合作表演，林菁教授也做了欣赏故事、学习对话、学习动作、准备道具、布置情景等经验准备，只是她认为这些都不能成为表演游戏的一部分，只能是一种经验准备。这些过程教师应该寻找自由时间，如午餐后、离园前、点心后、区域时间、谈话活动等等，帮助幼儿提前建立这些经验，当知识经验准备好时，游戏的第一课时就开始了，大班的第一课时教师就能成为观众、旁观者、观察者。我也深刻地体会到前期工作的重要性，孩子们第一课时就呈现出我们以往第四课时的水平，我也有更多的时间体会孩子们的快乐。

"金鸡冠的公鸡"和孩子们的表演游戏让我体会到表演游戏快乐的延续，当第五次游戏结束后，教师认为孩子们可以进入新的内容学习了，"金鸡冠的公鸡"在孩子们新内容表演游戏中继续提供。

大班集体舞活动案例"欢迎舞"

福建幼儿师范高等专科学校附属第二幼儿园　王清梅

【活动背景】

我园的2015年度省教育科学规划课题"幼儿创意戏剧游戏在音乐活动中运用的实践研究"是以音乐活动为载体,以幼儿为本,根据活动组织的需要,选择设计适宜的方法,并以生活化、游戏化、探索性的方式开展音乐活动,通过创意戏剧游戏提高幼儿对音乐的感受力、表现力和创造力。"亲亲树的好朋友"是这一课题背景下的一个主题活动,在这个班级主题中,孩子们共同阅读了绘本《一棵大树的旅行》。这个绘本的故事线索是:大树们乘坐轮船去大海旅行,和水手们一起遨游在大海上。大树们看见海上有一座美丽的岛屿,想去海岛旅行,可是海岛主人以为陌生人要来侵犯他们的岛屿,于是展开了一场战争。最后得知原因后,海岛的主人和大树们成为好朋友,热情欢迎大树们来到美丽的岛屿旅行。孩子们对"大树去旅行"的故事情节很感兴趣,在故事的感染下,一起创编了创意戏剧的剧本。案例中的集体舞"欢迎舞"是剧目之一的音乐活动,孩子们在其中积极开展着创编活动……

第一阶段

【活动记录】

活动一:谈话活动

在前一幕"海上战争"的故事延续下,愉快的谈话活动开始了!

师:如果你是海岛的主人,会怎么欢迎客人呢?

幼1:我会开个party欢迎客人到来。

幼2:我会捡好多贝壳送给她们。

幼3:我学了舞蹈,我会跳舞欢迎新朋友。

幼4:我会在海滩上烧烤给客人吃。

幼5：我们可以一起开联欢会。

幼6：我会买很多好吃的东西送给客人们吃。

……

活动二：创编"欢迎舞"动作

幼儿在欣赏完海岛"欢迎舞"音乐后，商议决定一起编个舞蹈和客人们一起跳。大家兴致勃勃地为"欢迎舞"设计动作。

1. 创编个人动作

师：如果你是海岛的主人，你会用什么样的动作来表示欢迎呢？

幼：可以拍手、招手、拥抱……

师：请你试一试，表演你的欢迎动作，并告诉小朋友你的动作代表什么意思。

招手欢迎"大树"朋友！

  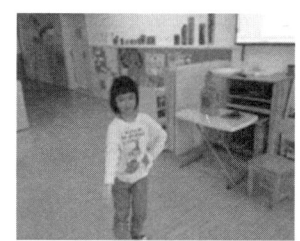

这是我设计的邀请动作。

撒花欢迎客人的到来！

2. 创编两人合作动作

在个人动作创编的已有经验基础上，孩子们开始尝试两人动作创编。

主人这么欢迎我，我特别开心！　　花瓣撒下来，我就变成一朵美丽的花啦！

花瓣撒下来，我开心啦！　　我喜欢到海岛旅行，看我设计的"爱心"动作。

3. 创编"好朋友"动作

师：你会用什么样的动作表示你们已经是好朋友了？

握握手，我们是好朋友！　　　　抱一抱，我们是好朋友！

拍拍手，我们就是好朋友！　　　　　　　击掌！噢耶！

【活动分析】

幼儿对于自创的故事情节很感兴趣，乐于参与动作创编，能将自己心中的想法通过动作表现出来，体现了孩子们的生活经验，并将此生活经验转化为舞蹈动作。如，有客人来了，要招手、低头弯腰、撒花欢迎等。在个人动作创编时，孩子们都特别喜欢"撒花""绕着客人转圈"的动作，所以在创编两人合作表演的动作时，迁移了该动作的经验，很好地跟同伴合作完成了动作。鉴于动作都是围绕着"交朋友"而创编的，在设计动作时，孩子们都能大方地与同伴合作用动作表现出"我们是好朋友"。幼儿在"创编动作"艺术表现活动中能用律动和简单的舞蹈动作表达自己的情绪，不仅能独立表现，还能与他人相互配合、友好合作，共同分享艺术创作活动的乐趣。

【活动推进】

幼儿创编的动作较为零散，如何将幼儿创编的动作融入集体舞表演中呢？于是，我们在美术区域活动中，鼓励幼儿将自己或同伴创编的动作用绘画的方式表现出来。重点引导幼儿了解"欢迎舞"歌曲结构，利用"动作图谱"梳理舞蹈动作的顺序。尝试在音乐背景下，完成自己设计的舞蹈动作，并敢于与同伴合作表演。

第二阶段

【活动记录】

活动一：美术区域活动"绘画动作图谱"

活动二：表演集体舞（一）

1. 梳理舞蹈动作顺序

（1）梳理动作的顺序

师：什么动作先表演、什么动作后表演？为什么？

幼1：因为歌曲先唱"拍手欢迎你"，所以拍手的动作先表演。

幼2：撒花的动作可以放在中间，这样客人很开心，就愿意交朋友了！

幼3：邀请的动作也要先表演，这样客人才觉得主人有礼貌。

幼4：最后海岛主人和客人成为好朋友，所以"好朋友"的动作放最后面。

……

（2）小朋友商议后，确定了动作表演的顺序，并在图谱上做上数字的标记。

"欢迎舞"歌词

让我们拍手欢呼迎接你,欢迎你来这里来,

看你亲切又可爱,山花也都为你开。

欢迎、欢迎、欢迎你,欢迎你到这里来!

欢迎、欢迎、欢迎你,欢迎你到这里来!

2. 幼儿集体合作表演

(1) 尝试表演、发现问题

师:小朋友,第一次跳"欢迎舞",你是什么感觉?

幼1:有点好玩、又有点好笑!

幼2:跟男孩跳,我会害羞!

幼3:我喜欢转圈的动作,很高兴!

……

师:在跳"欢迎舞"时,你发现有什么问题吗?

幼1:大家跳得乱糟糟的!

幼2:拍手几次我不知道!

幼3:邀请的动作要做几遍,好像是2次,对吗?

幼4:刚才我的好朋友一直撒花转圈,音乐结束了都没有和我交朋友。

……

（2）解决问题、制订规则

问题一：拍手节奏是怎样的？

请个别幼儿跟着音乐试一试，制订拍手节奏，并用图谱表示。

问题二：邀请动作跳几次？

（1）大家推荐一位小朋友跟着音乐试一试，大家数一数她一共表演了几次，并让幼儿感知是快的动作表演好，还是慢的动作表演好。

（2）小朋友们经过观察讨论，确定表演四次邀请的动作，有小朋友建议在图谱上写上"4"字作为标记。

问题三：主人绕着客人撒花，转几圈？什么时候做"好朋友"的动作？

（1）拍下两位小朋友的视频，请大家认真看一看，他们是怎么合作的。

（2）幼儿通过观察，发现了男生转一圈后，把女生扶起来做交朋友的动作。

问题四：动作不整齐怎么办？

（1）和幼儿一起商量什么时候动作统一、什么时候可以表现自己的动作。

（2）制订动作规则：

拍手和邀请动作要统一、整齐。

主人撒花时手要举高，客人要蹲下或者跪下，这样才能撒到花。

客人蹲下时可以表现不同动作。

做好朋友动作时，也可以自己商量选择一个好朋友表演动作。

活动三：音乐区环境创设

鼓励幼儿在区域活动时间看着图谱，与同伴一起合作自主表演"欢迎舞"。

【活动分析】

幼儿能用绘画的方式大胆表现自己或同伴所设计的动作，通过"动作"图谱，帮助自己记忆动作顺序。同时能在活动中，发现集体表演存在的问题。有解决问题的欲望，敢于表达自己的想法，并说出理由，能接纳同伴的意见，合作完成舞蹈。第一次集体表演中，幼儿基本能理解"欢迎舞"的音乐结构，在理解和感知音乐后伴随动作进行表演，并从随乐表现中感受到幼儿能用稳定动作表现音乐的节奏。在这个环节中幼儿不仅熟悉了乐曲旋律，发展了听辨能力，而且还能够迁移已有经验，自由探索、大胆表现，创编肢体动作感应曲式。

【活动推进】

部分幼儿在表演过程中，投入积极性不高，为了增强幼儿表演的情境性，在拍手环节，增加乐器"圆舞板"，增强孩子们的表现欲望。在表演中，有幼儿提出不想一直跟一个朋友跳舞，要换朋友表演。教师将在下一阶段增设队形及交换舞伴表演环节，加大舞蹈表演难度，给予幼儿更大的挑战。幼儿在集体表演中，对于集体舞的规则意识不是很明确，尤其男孩还会出现离开自己位置的行为。在下阶段中，会侧重引导幼儿了解舞蹈表演的规则。

第三阶段

【活动记录】

活动一：增加乐器"圆舞板"表演

为了让孩子们能更投入地表演舞蹈，选择了常用的乐器"圆舞板"，作为表演的乐器。

活动二：队形变换表演

（1）利用图谱，了解"欢迎舞"的队形。

通过图谱演示，引导幼儿认识队形的内外圈，知道自己的位置。

有了乐器"圆舞板"，拍起手来更带劲！

（黄色笑脸代表男生、红色笑脸代表女生，幼儿成双圆队形进行表演）

（2）与幼儿共同讨论队形行走方位。

队形一

师：男生从什么方向绕着女生转一圈呢？

（与幼儿共同商议，一致认为男生都从右边开始绕着女生转）

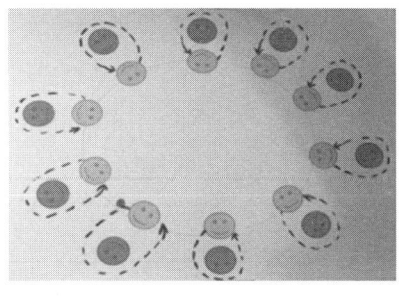

师：怎样知道哪边是右边呢？

幼1：吃饭的那只手是右手。

幼2：画画的手是右手。

幼3：戴着圆舞板的手就是右手。

师：如果两位男生转的方向不一样，会有影响吗？请四位小朋友来试一试。

幼1：这样会很挤的。

幼2：他们会碰到一起。

幼3：撞到一起会摔倒的。

队形二

119

引导幼儿看图示,并根据图示表述怎样换朋友。

师:图示上表示是谁来交换朋友?怎么交换朋友的?

根据图示,孩子们都明确由女生来换朋友,而且是朝着同一方向(右边)。

(3)幼儿戴上乐器"圆舞板",尝试在队形变换中表演集体舞。

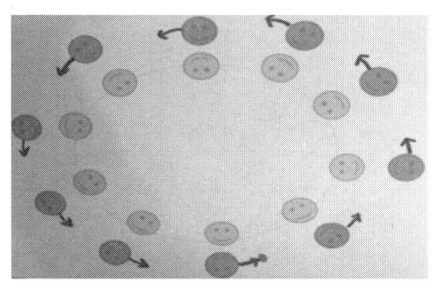 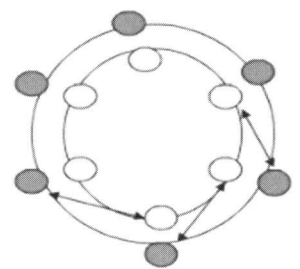

活动三:建构演出经验

1. 观看幼儿集体舞视频"铃鼓舞"。

2. 请幼儿说说看完舞蹈后的感受。

幼1:他们跳太好看啦!

幼2:衣服真漂亮!

幼3:他们表演得很整齐!

幼4:哇!他们和我们一样也是圆圈表演呢!

……

3. 幼儿创编舞蹈结束动作

师:音乐结束的时候,视频上的小演员他们是怎么做的?你会用什么样的动作造型结束舞蹈表演?

(请个别幼儿展示自己创编的结束造型动作)

(幼儿和同伴一起讨论、创编自己舞蹈的结束造型)

4. 请个别参加过舞蹈演出的幼儿分享表演经验

幼1:跳"彩虹约定"的时候,我们每天都要排练,很辛苦的!

幼2:舞蹈有很多队形,要记牢,不能有错,不然舞蹈就不整齐了。

幼3：要认真听音乐，跟着音乐做动作。

幼4：要带微笑的表情。

幼5：舞蹈演出的时候要化妆。

幼6：演出的时候要认真，不能说话或和小朋友开玩笑。

幼7：演出结束的时候，还要向观众行礼。

……

【活动分析】

在已有动作创编、图示提示及表演的基础上，幼儿能明确自己的角色，通过2—3次的尝试，能控制步伐并与舞伴协调表演。有了乐器"圆舞板"的加入，孩子参与活动的兴趣更为浓厚，节奏也更清晰。演出经验丰富了之后，孩子们渐渐形成了参与集体舞蹈表演的状态；同时也能大胆分享自己已有的经验，逐步有了参与活动的规则意识和责任感；同时在同伴的经验分享下，理解规则的意义，体会到"集体舞"规则在表演中的重要性，建构和制订了参与活动的规则。

【活动推进】

幼儿缺乏集体表演的仪式感，为了增强幼儿舞蹈表演的自信，应创设正式演出的机会，给予幼儿更大的展示空间。演出服装是表演必不可少的，教师将在美术区域活动中，投放多元的材料，鼓励幼儿大胆想象、创作，并运用已有的经验来装扮自己，突显角色的个性。

第四阶段

活动一：认识"海岛"的主人

教师收集了一些"海岛"土著人的图片，与幼儿一起欣赏。

师：我们一起看看，"海岛"上的主人是什么样的？

幼1：他们都是穿裙子，而且是用稻草做的。

幼2：头上戴的帽子是用羽毛做的。

幼3：他们喜欢在沙滩跳舞。

幼4：他们还会戴项链。

幼5：脸上还会化妆。

……

幼1：海岛的主人为什么要化妆呢？

幼2：这样很漂亮吧！

幼3：他们这是"伪装"，敌人就不会发现他们了！

师：他们都用什么材料来伪装？如果你是"海岛"主人你会在海岛上找什么材料来装饰自己呢？

幼：可以用树叶、海星、贝壳、花、草、动物羽毛……

活动二：家园携手收集材料

向家长介绍班级开展的活动，发放"致家长的一封信"，请家长在尊重幼儿的前提下帮助孩子收集自制服装材料。

给爸爸妈妈的一封信

亲爱的爸爸妈妈：

生日会上，我们要表演集体舞蹈"欢迎舞"，这是我和小伙伴们自己创编的舞蹈！欢迎爸爸妈妈来观看哦！可是，我们需要自己来做演出服装，你能帮助我收集材料吗？

女生用蓝色雨衣做服装，要自己设计头饰、项链、手链来装扮。

男生的服装是草裙，要自己设计帽子、项链来装扮，成为"海岛"主人。我们特别想要贝壳、树叶等来自大自然的材料。

爸爸妈妈们快快帮助我一起寻找材料吧！让我的演出服装与众不同！

活动三：美术区活动"自制舞蹈服装"

女生组（扮演客人）

材料：蓝色一次性雨衣、毛根、串珠、各种黏贴纸、亮片等装饰材料。

女生对于"蓝色雨衣"的服装设计感兴趣，男生却不喜欢。

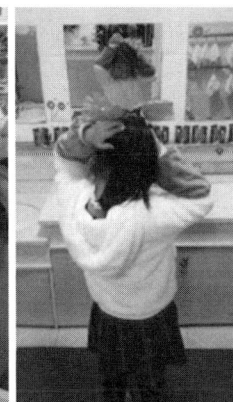
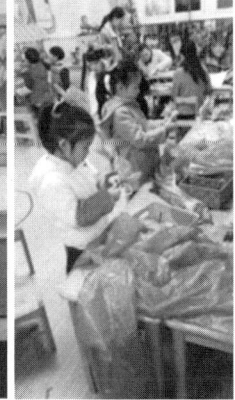

男生组（扮演主人）

材料：草裙、麻绳、贝壳、毛根、串珠、各种黏贴纸、亮片等装饰材料。

男生更专注于设计自己的帽子、项链等，来装饰自己。

活动四：生日会上表演"欢迎舞"

12月24日下午，宝贝们的集体生日会终于到来啦！孩子穿上自己制作的服装，戴上花儿、帽子，挂起项链，和伙伴们一起跳起来喽！

【活动分析】

班级的幼儿对美术区域的材料非常熟悉，能熟练使用多种工具、材料和不同的表现手法设计并装饰自己的服装。在家长的帮助下并尊重孩子们的意愿，让他们寻找自己喜欢的材料，大胆表达自己的感受和想法，乐于装扮自己，投入角色演绎中。演出前孩子对于表演产生了极大的兴趣，尤其是男生，利用各种材料装扮自己，塑造自己所想表现的形象。演出时，孩子之间能互相配合，很好地与同伴合作表演。

【活动反思与收获】

集体舞是一种在音乐伴奏下的娱乐性、规则性、参与性的舞蹈，其特点是队形简单、动作简洁。本次集体舞选择的是双人行进式。

1. 适宜音乐

幼儿园音乐活动中集体舞是比较难组织的一种活动形式，幼儿要随着音乐舞蹈，还需在特定的乐句中找准位置交换舞伴而不出现混乱现象。"欢迎舞"伴奏的音乐选择了幼儿易于理解的歌曲，共四句相同音乐性质的段落，每个段落4个乐句，节奏工整、旋律轻快，幼儿便于记忆，为幼儿自主创编舞蹈奠定了基础。

2. 自主学习

集体舞表演符合大班幼儿的学习特点，适合幼儿当前的学习发展状态。活动中，幼儿能按自己的想法和心意，有选择地接触信息、获得经验、提升认识，得到自主的发展。较好地发挥幼儿在学习过程中的积极性和主动性，成为学习的主人。同时幼儿自主设计的动作难度较低，有情境性，能与同伴产生共鸣，这样很快就能体验到成功的快乐，更有了参与活动的热情。整个活动是按幼儿的意愿，有选择、积极主动地进行学习的过程。

3. 支持策略

能根据幼儿身心发展的特点，在幼儿集体舞活动中从情感支持、选材自主、环境营造、教学引导、道具支持、实践拓展等方面有效地支持、鼓励、帮助幼儿进行自主学习，以使幼儿在集体舞教学中提升自主学习的能力，获得积极、有效的发展。

（1）创设宽松的学习氛围，适应幼儿舞蹈表演的情绪并提高参与的积极性。

（2）本次活动在过程中利用形象、直观的图谱、乐器帮助孩子理解队形、位置，让幼儿在优美的乐曲声中大胆表演。

（3）调动幼儿已有的生活、知识经验，帮助解决舞蹈创编和表演中存在的问题。

（4）提供多元、开放性的材料，促使幼儿充分地与材料互动，大胆创意装扮。

幼儿园集体舞不仅能帮助幼儿感受和理解音乐、掌握舞蹈的基本动作、记忆动作顺序，更能让孩子们发展了愿交往、善合作、守规则、能创造、增强自信心等良好品质。

中班饲养活动"我爱蚕宝宝"

福建幼儿高等师范专科学校附属第一幼儿园　马嘉曦

【问题的提出】

1. 班级主题活动的深入推进。

随着班级主题活动"我有多爱你"的开展，幼儿了解了妈妈是如何照顾宝宝、爱护宝宝的。幼儿渐渐认识了爱的伟大，也从爸爸妈妈的口中得知了许多小时候妈妈和宝宝的小故事。随着活动的推进，幼儿开始对动物世界里的妈妈和宝宝的故事产生了兴趣，部分幼儿的兴趣点渐渐从对动物的外形特征、生活习性等方面延伸到饲养动物，把小动物当成自己的好朋友。

2. 基于幼儿的兴趣关注点。

大部分幼儿天生就喜欢小动物，与小动物有着天然的情感联系，同时，动物与材料相比，活动性和动态性更强，更容易吸引幼儿的关注和好奇心。因此我们在班级观察角中，提供了各种小动物如金鱼、泥鳅、乌龟等。但我们观察到幼儿与动物接触的个别行为，表现为将摘下的植物叶子、撕碎的纸张、小扣子、小豆子等扔到鱼缸里，将乌龟扔进鱼缸等，这是由于多数幼儿缺乏关爱动物的情感体验。幼儿爱动物情感的培养，是需要教师逐步引导激发的，因此我们拟通过持续饲养观察"蚕宝宝"的活动，支持幼儿饲养动物的兴趣，并利用认知与情感的交互作用培养幼儿关爱小动物的情感。

【方案实施】

案例一：谈话"我们的新朋友"

活动形式：集中活动

通过集中活动的形式由文文介绍自己带来的小动物——蚕宝宝。文文能大致描述出蚕宝宝的颜色、形状等特征，大部分幼儿对蚕并不陌生，都能说出其名称。教师以"我们的新朋友蚕宝宝要入住中三班啦"引发幼儿关爱蚕宝宝的情感，并进一步引导幼儿分组观察蚕宝宝的外形特征然后说一说"蚕宝宝长什么样子？"请幼儿讨论蚕宝宝住在哪里好，引出蚕宝宝的新家——观察角，鼓励幼儿在一日活动中随时去看看蚕宝宝。

幼儿爱上了这些新来的小客人，只要一有空就去看看它们，有的幼儿表现出亲近，还会用手轻轻抚摸它们，但有的幼儿抓蚕的力气比较大，个别幼儿只敢看不敢摸。"你看，它们的身体是软软的。""它们吃桑叶时头一点一点的。""它们不会咬人的，一扭一扭的很可爱。"孩子们的讨论此起彼伏。

观察与分析：

1. 幼儿爱动物的情感，是需要教师逐步引导激发的，要将幼儿所关注的动物，进行人性化的放大，将动物身上发生的很自然、很平淡的事，进行夸张、拟人化，让孩子感到很有趣，教师可以以自己的情绪来影响孩子的认知情趣，如"蚕宝宝这样吃食物好有趣，很有本领""我很喜欢看蚕宝宝只吃一种食物，也能长得那么健康""蚕宝宝吃了那么多的桑叶，只会拉那么小的大便，真神奇"……这样的语言描述，特别适合模仿性强的中班幼儿的特性，幼儿会在教师这样语言的影响下，对所观察的动物给予更加积极的关注，会感受到它们的特别，而表现得更加喜欢，教师以爱的语言去启发幼儿爱的情感。

2. 喜欢在自然角观察摆弄的孩子，对自然事物感兴趣的孩子，对蚕宝宝就能表现出亲近，不害怕，愿意接近，会用手去抓蚕宝宝，但因不了解蚕身体的特性，用较大的力气去抓反而会伤害到蚕宝宝，教师发现这个问题后，就动作上如何轻拿轻放开展了第二次的情感教育活动。

3. 幼儿不是故意去破坏什么，爱摸、爱折、爱扔等不自觉的动作都是他们探究事物的方式方法，因此教师不能就这样的动作做简单的评价，更不能谴责孩子，而是要引导幼儿如何去探索，而非一味去制止他们的行为、限制他们的动作。幼儿以动作探究事物，教师应顺应并正确引导。

案例二：情感教育"我会爱蚕宝宝"

活动形式：小组探究

在探索观察中，教师引导幼儿说一说"蚕宝宝的身体是怎样的？"，摸一摸"用手指轻轻摸一摸，你感觉到什么？（蚕宝宝的身体是白色的，摸上去是软软的，身体是一节一节的）"。还提供了放大镜，引导幼儿再次仔细观察蚕宝宝的身体："用放大镜你还看到了什么？"很多小朋友发现蚕宝宝的身体外面的皮肤很薄，可以看到身体里面的内脏。教师及时予以回应："对，所以蚕宝宝很容受伤。"进而引导幼儿用爱的动作来触摸蚕宝宝，并请个别幼儿示范，如何用一只手指头轻轻触摸蚕宝宝，如何用拇指、食指轻轻将蚕宝宝托起，而做到不伤害它们的身体。

通过以上活动，幼儿初步学习如何控制好自己的力度，做到不伤害蚕宝宝，如何用有爱的动作去爱蚕宝宝，与蚕宝宝进行亲密接触。

观察与分析：

1. 在集体中只有部分幼儿会充分关注蚕宝宝，个别幼儿游离在外，观察参与意识不强。

2. 幼儿关注事物的兴趣与能力有其差异性，因性格特征不同，对动物的喜爱也不同，因此造成个别幼儿对观察活动的排斥或不感兴趣，如何让每位幼儿都有机会与蚕宝宝亲密接触需要做进一步的引导。

3. 教师要为每位幼儿提供亲密接触蚕宝宝的机会，要引发他们初始的观察兴趣，让幼儿从小学习初步的持续关注一种事物的能力。

案例三：让我来照顾你

活动形式：亲子活动

我们在班级群里发起了照顾蚕宝宝的号召，请家长们协助幼儿共同照顾好蚕宝宝。饲养过程中，家长们引导孩子观察蚕宝宝的身体特征，学习关心、照顾蚕宝宝的方法，并帮助幼儿将自己的发现记录在"观察、饲养蚕宝宝记录表"中，以发展孩子的观察、记录能力，培养孩子关爱动物的情感。家长还可以通过书籍、电脑等途径，引导孩子了解蚕宝宝在各个阶段的成长变化，丰富相关的知识经验。

观察、饲养蚕宝宝记录表

我的发现				
蚕宝宝的样子			蚕宝宝在长大	
摸一摸（文字记录）	身体是什么样子的？		一天要吃几片桑叶？	
找一找（用符号"√""×"记录）	有眼睛吗？		大便是什么颜色、形状的？	
	有鼻子吗？		蚕宝宝长大了吗？	
	有嘴巴吗？		你是怎么照顾蚕宝宝的？	
	有耳朵吗？			
数一数（用数字记录）	多少对足？		你还知道蚕宝宝哪些秘密？	

我的蚕宝宝，小心拿好，别摔了。

我的蚕宝宝，今天把它带回家啦！

观察与分析：

1. 将蚕宝宝带回家，是一种新的尝试、新的体验，幼儿表现出极大的热情，从他们的表情中可以感受到孩子对"自己的蚕宝宝"的珍爱之情。

2. 在家长的引导下，孩子观察得更加细致，从反馈回来的记录表中，可以看出孩子的记录比较完整，对蚕宝宝的情感也更加的浓厚，照顾得也很好，只有一位幼儿的蚕宝宝因没有桑叶吃而死去，其他的幼儿都能带着长胖的蚕宝宝回到班级，回到班级后，幼儿还会自觉地互相比较，谁大谁小等。

3. 感情的形成与认识与感知的深度有着紧密的联系，越是熟悉事物，感情越是容易建立，因此应利用幼儿的认知学习，去充分发展幼儿的积极情感。

4. 可以通过经验梳理，帮助幼儿进一步提升对蚕宝宝的认知和情感。

案例四：蚕宝宝的秘密

活动形式：集中活动

基于亲子饲养蚕宝宝后的观察记录，教师将幼儿记录的结果展示在班级中，引导幼儿表述自己在家中饲养蚕宝宝时的有趣发现，说说自己在家中是如何照顾蚕宝宝的，小朋友做了哪些事情，爸爸妈妈做了哪些事，小朋友发现了蚕宝宝的什么秘密等等。有的说："蚕宝宝的头好小！头上有皱纹，好像老奶奶一样。"有的说："蚕宝宝身上头部和身体中间有两个'C'一样的东西，屁股上还有一个尖尖的角！小时候看不大出来。"有的发现颜色也开始发生了变化。在家中饲养的活动，让幼儿除了观察到蚕宝宝的明显特征外，还发现了许多不易观察到的细节。在此基础上，教师适时通过视频、图片，帮助幼儿形象直观地了解了蚕宝宝的一生四个阶段不同时期会产生的变化。

观察与反思：

1. 幼儿生活经验的缺乏，需要教师和家长传授细心照顾的方法，也能培养幼儿对事物细致的情感态度。

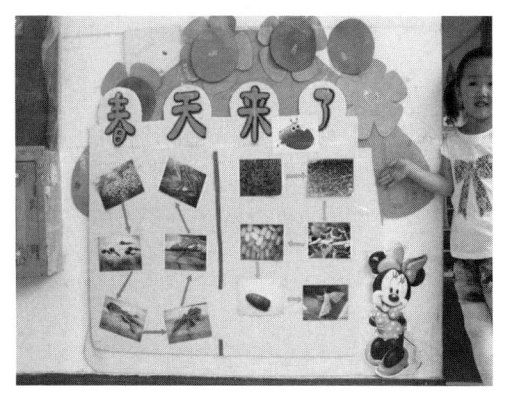

2. 幼儿通过家庭饲养得以细致观察、自主探究，积累了许多饲养蚕宝宝的经验，但如何引导幼儿进一步根据蚕宝宝的不同阶段进行细致照顾，是下一步要进行的活动。

3. 结合蚕宝宝不同的生长期，有意识地引导幼儿为蚕宝宝准备不同的新家，通过这种形式的活动，向幼儿传达一种关爱的情感，如何为蚕提供舒适的环境，这也是一种爱的表达方式，学会怎样去关心动物，怎样去表达自己爱的方式，孩子在潜移默化中受到影响，发展了幼儿的关爱动物的情感。

案例五：蚕宝宝的新家

活动形式：综合活动

1. 第一个新家：大家一起住，吃桑叶，比比谁长得快又胖。

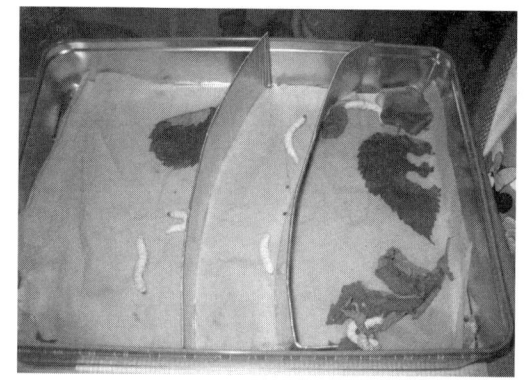

蚕宝宝逐渐长大，食量也逐渐增加，一天一个变化，长胖的蚕宝宝在原有的盒子里的生活也显得很拥挤，在此情况下，教师有意识引导幼儿讨论："这么拥挤蚕宝宝会感觉怎样？"幼儿在教师有意识的启发下想出了要给它们建个大的家，让大家住在一起既舒服，又可以有很多的朋友在一起，为此提供了第一个新家——为蚕提供好的环境，也便于多个幼儿同时进行观察。

2. 第二个新家：不能再吃了，我要准备吐丝，换个新家真漂亮。

经过蚕宝宝几次蜕皮，幼儿发现部分生长快的蚕宝宝进食减弱甚至停止了进食，开始仰着头，寻找合适的地方休息，进入准备吐丝的前期状态。在这个过程中，教师鼓励幼儿找寻开始不进食的蚕宝宝，并将它们集中在有间隔的新家中，第二次的家，让幼儿学习观察、分类出哪些蚕宝宝还在进食，哪些蚕宝宝不再进食了。蚕宝宝不再聚合在一起相互干扰，不再进食的蚕宝宝有了更舒适、更安静的新家。

3. 第三个家：一人一个家，安静吐丝又结茧。

提供第二个新家时，原本是计划让蚕宝宝在此吐丝并结茧，但细心的幼儿观察到，第二个家蚕宝宝不太喜欢，蚕宝宝会一直往盒子壁爬动，想找有阻挡的位置吐丝并结茧，需要一个角落来

结茧，为此又提供了有多间格子的新家，蚕宝宝在自己独立的空间里，很顺利完成吐丝和结茧的工作。

4. 第四个家：变成蛾爸爸、蛾妈妈，生下圆圆的小宝宝。

蚕经过一段时间的变化，变成了蛾，因前期部分幼儿在家饲养了蚕，家长同他们交流过这样的经验，因此很自然接受了这样的变化，孩子们交谈时会说"不是蝴蝶，是蛾"。幼儿对这样的情景感到非常的好奇，两只蛾会 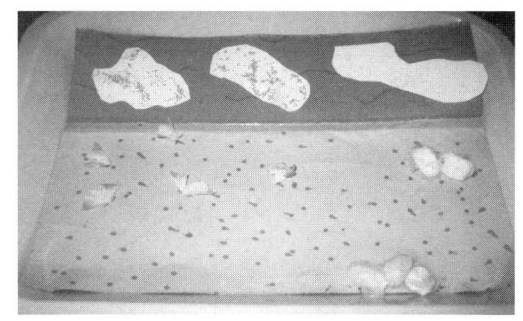 找到好朋友屁股对屁股，他们为什么会这样？孩子表现出探究的愿望，为此教师通过谈话，引导幼儿结合绘本、相片回忆之前开展的"猜猜我有多爱你"的活动中妈妈生宝宝的情景，观看视频理解蚕爸爸和蚕妈妈要这样在一起，才会生下小宝宝。此时部分蛾已经产下了卵，幼儿为新宝宝准备了蓝色的新家，与蛾分开，因为幼儿发现蛾会排泄小便，会弄脏新的宝宝。

一天小越发现蚕蛾产卵后死了，伤心地对老师说"它好像死了"，还用手轻轻拨动它的身体。利用这样的机会教师组织开展了相关活动，让幼儿初步理解某些动物繁衍方式与人类的不同之处。孩子们说"好可惜，好可怜""为它的宝宝谢谢它"。同时引导幼儿将蚕蛾尸体收放好，待活动结束后，到天台的花坛上掩埋，表示对它的尊重。

观察与反思：

1. 播放视频，了解蚕的生理习性特点。蚕蛾交配时，幼儿观察并用语言表达自己的发现"两只蛾尾巴对尾巴、屁股对屁股""这只蛾找不到朋友，使劲拍动着翅膀，好着急的样子，找到朋友就不会摇动翅膀了"。幼儿对这样的现象很好奇，通过视频他们了解蚕蛾交配后，蚕爸爸和蚕妈妈生下蚕卵后就会陆续死去。

2. 让幼儿了解生命的开始与结束，学会尊重生命，这是一种人文关怀的渗透教育。给予幼儿一种"上位"的理解，那是辩证的思维，懂得尊重生命，培养关爱、珍惜的态度，才是一种人文关怀的渗透教育。

3. 幼儿每天看着蚕宝宝吃桑叶，天天在长大，对桑叶的需求量越来越大,且教师经常用语言表达对桑叶的喜欢和感谢,孩子情绪也就自然受到的影响。幼儿会说:"没有桑叶蚕宝宝就会饿肚子,谢谢桑叶,桑叶真好。"对桑叶的感知、感情在饲养、观察的过程中已逐步建立。幼儿知道蚕宝宝只能吃桑叶,桑叶上不能有露水,要擦干了才能喂。在家里都是爸爸妈妈摘好桑叶,幼儿园里有没有桑树呢?哪里有桑叶呢?这是我们下一步可以让幼儿自主去探索寻找的可行之活动。

案例六:寻找桑树妈妈

活动形式:综合活动

教师提出问题:"幼儿园哪里有桑树呢?""桑叶、桑树长什么样子?"让幼儿每人拿着一片桑叶,自主结对子在幼儿园里进行比较、寻找。在寻找过程中,教师有意识引导幼儿用对比的方式,看一看、闻一闻、摸一摸去辨认桑叶。

比一比:叶子的样子有点不一样。

闻一闻:叶子的味道不一样。

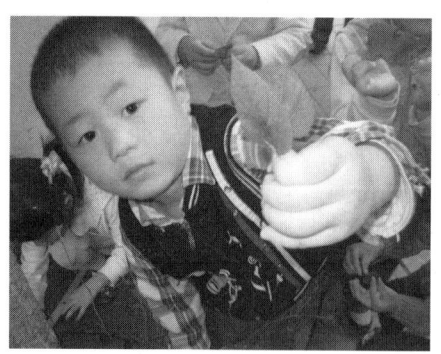

这两片叶子很像,我找到了!

我们都找到桑树妈妈了,真高兴呀!

观察与反思：

1. "寻找桑树妈妈"的活动，幼儿表现出极大的热情，他们学会了观察桑叶的形状，认识了锯齿叶的特征，幼儿人手一片桑叶到幼儿园植物园里，运用对比观察、闻味道、用手触摸等方法，去自由找寻与桑叶相同的叶子，这样的探究过程满足了幼儿的好奇心，让幼儿自主学习发现，他们可以自由结伴，轻松与同伴、教师交流，孩子此时表现的行为是积极主动的。当幼儿最终通过自己的努力，找到桑树妈妈时高兴万分，集中照相时举着叶子摆出开心的不同姿势，体验到成功的喜悦，这样的收获是课堂上无法给予的。因此给予幼儿自主发现、探究的机会是发展幼儿多种能力的有效手段。

2. 由蚕宝宝延伸到桑树妈妈，将动物与植物联系在一起，与自然环境相结合，进一步扩大了关爱动植物的视角。

【收获与反思】

1. 培养幼儿对动植物的情感，需要融入在关注、观察、认知、照顾等过程中，整个过程需要适宜的环境、内容、材料呈现、记录方式等多方位的支持，因此依据幼儿的年龄特点选择适宜的饲养内容，创设适宜的人文关怀的环境是最为重要的。

2. 人与自然的和谐相处通过幼儿与蚕宝宝的生命互动得以体现，增加了幼儿对自我和自然之间的认知和体验，有利于自我和自然的和谐发展。在饲养活动中渗透人文课程符合幼儿最原生态的需求，为幼儿提供最原生态的环境，是促进幼儿关爱动植物天性发展的有效途径和方法。

3. 在持续的饲养活动中，教师要把握好主题开展过程中的价值取向。以幼儿为本，从幼儿的角度出发，帮助他们建构不同的认知体系，掌握学习方法，积累有益经验。

4. 幼儿的主动探索不仅需要可以操作的具体材料，更重要的是要有能够引发幼儿产生"问题"或"认知冲突"的问题情境。如在案例"蚕宝宝的新家"中，教师不急于给蚕宝宝换新家，而是先让幼儿发现有的蚕开始不进食了，有的蚕开始吐丝结茧等等，再鼓励幼儿尝试给蚕宝宝提供适宜的新家。幼儿具备了解决问题的动机，那么解决问题的主动性也会增强。

大班区域活动"滚珠游戏"

福安市第二实验幼儿园　林艳芳

【活动背景】

在区域活动"筷子夹夹乐"中，我们发现幼儿对于夹玻璃珠不感兴趣，而对玻璃珠的滚动特性感兴趣，他们将手上的玻璃珠放在地上，推一推、弹一弹，让玻璃珠滚起来便十分兴奋。于是，教师从幼儿的兴趣点出发，引导幼儿寻找滚动的物体并初步探究它们与坡面、力度的关系，丰富力与运动的科学经验。

第一阶段

【观察记录】

轩轩到篮子里拿了正方体、圆柱体、球体的胶粒以及玻璃珠，将它们放在地上往同一个方向推了推，正方体的胶粒原地不动，圆柱体的胶粒向前直直滚动了约2米，球体胶粒和玻璃珠向斜前方滚动了约3米，他迟疑了片刻，翻了翻篮子，拿了一个拱形的积木立在地上当成拱门，将玻璃珠往拱门方向推，只见玻璃珠很顺利地滚进了拱门里，轩轩兴奋地说："耶，成功啦！"正在这时，旁边的思思听到轩轩的声音，他转过头仔细看了看轩轩的拱门，对轩轩说："轩轩，我也成功了，不过我的比你更厉害，我的是3个拱门。""那我们来PK吧，看看谁的玻璃珠通过的拱门多。"轩轩不服气地说。于是，轩轩和思思各自面对面搭了3个拱门，开始比赛。

小欣在篮子里仔细翻了翻，选了一盒玻璃珠，同时拿了一块长条形的积木一边拿在手上一边靠在地面形成斜坡，将玻璃珠从斜坡上一个接一个连贯地滚下来，玻璃珠迅速地滚向各个方向。"哇！"小欣脸上浮现出惊喜的表情，如此重复了几次以后，小欣放下木条在积木的篮子里找到长方体的积木，并将积木垫到长条形的积木下方形成斜坡，开始玩斜坡滚玻璃珠的游戏。在捡玻璃珠的时候，小欣发现轩轩与思思在玩玻璃珠入洞比赛，回来后，在斜坡前方搭了一个拱门，并将玻璃珠滚下斜坡滚入拱门洞，如此这般玩了很久。

【分析】

区域活动为幼儿提供了开放的自主探索空间，而正是在这种空间中，幼儿通过自主尝试以及同伴互动，萌发了许多玩法：不同形状拱门的组合，玻璃珠从拱门进洞；斜坡滚玻璃珠；斜坡和拱门组合，玻璃珠滚下斜坡入洞。在各种有趣玩法的背后实际蕴含着科学学习的契机。教师科学教育的重点是让孩子具备问题意识，进一步引导幼儿探究球体在坡上与障碍物中的滚动现象。

大班幼儿具有一定的思辨能力，对事物有着自己独特的看法。如今，论证作为一种探究在科学领域也逐渐成为一种共识，科学不仅是做出来的，还是说出来的。在本次活动中，幼儿通过与同伴协商规则，在 PK 的过程中自然而然地获得球体形状的物体最容易滚动、向哪个方向用力物体就朝哪个方向滚动的经验，正是这种质疑和交流，有益于获得更多的探索经验，这是一种重要的科学学习方式。

【回应】

1. 活动结束后我将小欣的建构方法与大家分享，并提出"哪种斜坡搭法能让玻璃珠滚得更远"的问题，鼓励幼儿探索斜坡与玻璃珠运动的关系。

2. 为了引起更广泛的合作、思考和探究，我组织幼儿讨论："你们想怎样 PK？可以制订什么样的规则？"幼儿提出了很多想法：比一比谁的玻璃珠滚得更远，比一比谁的玻璃珠滚得更快，比一比谁的玻璃珠通过的障碍物更多等。

3. 材料投放方面，我增加了锯齿形、U形、二分之一U形、四分之一椭圆形、粗细不同的圆柱体、大小不一的半圆形等积木，鼓励幼儿将各种积木组合搭建。

第二阶段

【观察记录】

增加了各种积木后，很多男生纷纷加入该区，情绪高涨，他们搭建了许多不同的斜坡与障碍物组合，并找到同伴，三三两两进行PK。在赛前他们各自商定规则，或是玻璃珠通过障碍物多的取胜，或是滚下斜坡速度快的取胜，乐此不疲。赛后，小力、小志分别获得了冠军。"你看，我的斜坡很高，所以我的玻璃珠的速度很快很快。"小志开心地说。

另一个地方，铭铭先是用圆柱形积木与长方形木条搭了一个斜坡，接着将玻璃珠从斜坡上滚下来，起身捡回来之后接着玩。反复玩了一会儿后，铭铭嘴里念念有词："一直捡一直捡，好累啊。"说着坐了下来，休息了片刻后左看看、右看看，接着起身找了一些不同形状的积木，把积木围合成一个类似长方形的形状，并把斜坡搭在这个长方形里面，接着铭铭小心翼翼地把玻璃珠放在积木上，目光紧紧盯着玻璃珠，只见玻璃珠从斜坡上滚下去后碰到围合的积木又反弹到了斜坡下方，铭铭露出了会心的笑容，他轻松地将玻璃珠拿起来再接着玩。

【分析】

大班幼儿不再孤立地认识事物，而是能发现事物之间的相互联系。在竞赛游戏中，通过对比，幼儿感受到球体与不同坡度、不同障碍物之间的关系：坡度越大，玻璃珠滚动的速度越快；坡度越小，玻璃珠滚动的速度越慢；障碍物的摆放与洞口的大小也对玻璃珠的滚动有直接影响。幼儿在竞赛游戏中参与性更强，更容易获得探究成功的自豪感和满足感。

幼儿科学探究能力是在问题解决的过程中得到发展的。在斜坡滚物的过程中，幼儿发现了问题：玻璃珠会顺势四散地滚到地上去，幼儿往往要起身到处去捡，怎样解决呢？活动中幼儿尝试将斜坡围合起来，积木的反弹作用使得玻璃珠能反弹到一定区域内，这种玩法大大地提高了效率，很好地解决了玻璃珠乱滚，要到处捡玻璃珠的问题，同时还渗透了弹性的科学经验，这种自发解决问题的行为值得充分的肯定与赞赏。

【回应】

1. 组织幼儿讨论更好地捡珠子的方法，幼儿提出了很多想法：可以围合起来，让珠子在一定区域内反弹；可以利用积木的夹角反弹。我让幼儿都试一试，看看哪种方法更好、更方便。

2. 材料投放：幼儿还提出斜坡可以用其他材料来搭建，可以使用KT板、直管、塑料板等等。因此，在材料方面做了如下调整：增加KT板、直管、弯管、塑料板、沙盘、长管。

  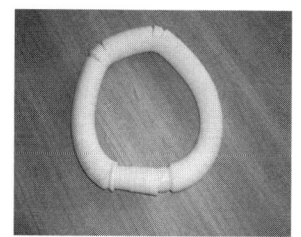

第三阶段

【观察记录】

一部分幼儿用不同的材质来做斜坡，比比谁的珠子滚得快。小丽用的是 KT 板、小彤用的是长管，在 PK 结束后，小丽获得了胜利，小彤气呼呼地说："你赖皮，我的长管太长了，你的 KT 板很短，不公平，你要换成长一点的 KT 板。""换就换。"小丽不服气地说。接着小丽换了一块长一点的 KT 板，进行第二次 PK，结果小彤还是输了，她默默地走到小丽的斜坡旁，仔细端详了一会儿，又摸了摸 KT 板，突然大声说："哦，你的很滑，所以珠子才很快就滚下去，我也要去换 KT 板。"

很多幼儿在探索新玩法，涵涵把两条长条形积木放在斜坡下摆成一个夹角，珠子滚入夹角后反弹回来；楠楠和嘉嘉将两个半圆形拼成一个圆形，珠子从斜坡直接滚入圆形中并反弹回来。他们制订的规则也更为复杂，有的是经过狭窄的缝隙滚入指定区域，有的是利用积木反弹并经过障碍物到达指定区域。

活动中，小力玩到一半突然跑过来对我说："老师，我可不可以用弯管搭管道，让珠子在管道里面滚？"

【分析】

幼儿在自主的探究中获得了广泛的科学经验,并在此基础上形成初级科学概念。如小彤在 PK 中,先是发现 KT 板与长管的长度不同,想到的是长度对玻璃珠滚动速度的影响。在排除长度因素的影响之后,又发现了不同材质坡面对玻璃珠滚动速度的影响。这种控制变量的方法,正是幼儿科学思考能力发展的最好体现。在多样的游戏中,幼儿潜移默化地对滚动现象有了更多的认识,如斜坡角度越大玻璃珠滚得越快,板面材质越粗糙玻璃珠滚得越慢,向不同角度滚动影响玻璃珠的反弹方向等,而在这些广泛的科学经验的基础上,幼儿逐渐形成了关于"力与运动"的初级概念。

另外,由"滚动"的主题引出了一系列新的想法,幼儿在自主探究过程中萌发出了许多新的探究点,从小力想用弯管来搭建管道并用珠子在内部滚动的想法上就可见一斑,这些探究点突破了玻璃珠与积木的组合游戏玩法限制,可以此抛砖引玉,在原有探究经验的基础上发展与深化。

【回应】

组织幼儿讨论:"珠子还可以怎么玩?还有哪些物品可以与它搭配游戏?"由于已有了充分的游戏经验,幼儿能积极地参与讨论,我将讨论结果整理后,进行下一阶段有关"滚动"的系列探究活动。

第四阶段

【观察记录】

经过前期的充分准备,幼儿最后积极开展"滚动"系列探究活动,取得良好的效果。

玩法 1:弹珠与弯管

将弯管拼搭成各种扭曲的管状,放入钢珠进行滚动,观察钢珠在弯管内的滚动轨迹并找到管道出口。

玩法 2：弹珠与长管

自由摆放，放入海洋球滚动；手拿长管站成排，放入海洋球进行滚动接力。

玩法 3：弹珠进洞（KT 板、沙盘）

将自己的玻璃珠弹入洞，同时阻止其他人的玻璃珠入洞，先入洞者胜利。

玩法 4：滚珠画

准备一个装有纸张的托盘，将玻璃珠沾上颜料放入托盘，通过滚动绘制线条各异的痕迹。

大班区域活动"纸箱迷宫乐趣多"

福建幼儿师范高等专科学校附属第一幼儿园　游屏田

【活动来源】

大班幼儿对于低结构、开放性的材料一直有着浓厚的兴趣。上学期，我们收集了许多纸箱、纸盒及各种废旧材料开展了"纸箱怪物""百变纸盒"等系列美工活动，深受孩子们的喜爱，同时也得到了家长们的大力支持。随后，收集到的纸箱越来越多，大大小小的纸箱、纸盒堆成了小山。孩子们把纸箱当作下棋的棋子、走迷宫的桌子，把纸盒叠成高塔、把纸卷变成建构游戏的围墙等，玩得不亦乐乎。在这个过程中孩子们对纸箱有了一定的空间概念，并有了初步的纸箱围合、叠高的经验。

在一次餐前自由活动时，两个小朋友不小心把叠好的纸箱碰倒了，纸箱七零八落地散在地上，几个小朋友绕着纸盒边走边说："哇，这里是个纸箱迷宫啊！"这一言语引起了许多孩子的共鸣，小朋友都来围观这个纸箱迷宫。因此，我们从幼儿的兴趣出发，开展了"纸箱迷宫"活动，进一步挖掘幼儿的想象力和创造力，用各种废旧纸箱、纸盒玩出了许多创意，也玩出了许多乐趣。

【活动准备】

经验准备：有初步的纸箱围合、叠高的经验。

材料准备：大大小小的纸箱。

【活动观察】

小男生楠楠和小美女萱萱预先参加玩纸箱迷宫的游戏。面对大大小小的纸箱，萱萱睁大眼睛说："好多纸箱，我们可以拼一个超级大的迷宫了！"楠楠没有回应，埋头开始他的迷宫计划。他第一次拿了一个纸箱，接着又拿了一个拼接在后面。萱萱就看着楠楠，自己没有动手。第三次楠楠拿起一个箱子后思考了一下，又取了两个纸箱，并把三个纸箱重叠整齐抱住，搬到大厅中央。萱萱吃惊地看着楠楠说："你太厉害了，我来帮你拿吧！"说完跑到取箱处像楠楠一样叠了三个箱子，可一起身就撒了一地。她又尝试了两次还是拿不动，于是萱萱放弃了其中一个纸箱。这样萱萱负责搬运纸箱，楠楠拼摆迷宫。萱萱取了三趟后，再次尝试搬运三个纸箱。这次她选了三个小一些的纸箱小心翼翼地叠整齐后抱起，紧张的小脸露出灿烂的笑容："我是大力士。"萱萱越搬越有经验，搬了七趟后大厅里堆满了纸箱，楠楠连忙阻止："够了，不要搬了，都挡住了。你去那边摆迷宫吧！"萱萱说："好的。"

楠楠拿了一个纸箱一边摆弄一边旋转着寻找合适的方位形成许多转角的围墙。萱萱学着楠楠摆迷宫，她把纸箱平放在地上，一个连着一个铺成长长的马路。楠楠看见了连忙说："不是这样的，迷宫是弯弯曲曲的，直直的迷宫一下子就走出来了。"说完就帮萱萱把纸箱立起来并将纸箱的方向摆成弯曲的。

过15分钟迷宫摆好了，楠楠拉着萱萱说："这边是入口，那是交叉口。"边说边模仿开车的动作快速地在迷宫中穿梭着。纸箱迷宫吸引了许多小朋友的兴趣，接连有人排队来走迷宫。小朋友从迷宫的各个位置进入，绕跑时出现了混乱的场面，纸盒也碰乱了。楠楠气呼呼地说："你们乱开（车），迷宫都被踢坏了。下班了，你们都别玩了！"在一旁观看的我问道："你们刚才说的入口、出口其他小朋友没有听到，怎样才能让别人知道你们的迷宫规则呢？"萱萱和楠楠商量着说："下次我们要买票才让玩。"楠楠说："我们把车型区的标志牌放到迷宫里，小朋友就知道入口了。"

【活动分析】

1. 在这次游戏中，我们发现两位幼儿游戏的专注性强、坚持性高，对用纸箱摆迷宫充满了兴趣。楠楠是个男生，在活动中表现出主导的地位，对于迷宫怎么摆、迷宫的入口出口的设置、闯迷宫的游戏规则都有自己的独到见解。他动作发展协调，善于思考，在搬纸箱的时候第一次搬了一个，第二次也搬了一个，在第三次搬运的时候，他想出了将箱子重叠在一起，成功地一次搬运了三个，提高了搬运的效率，表现出较高的逻辑思维能力和身体平衡控制能力。

2. 萱萱是个女生，她在活动中多数时间都在学习模仿楠楠。一开始的时候面对纸箱无从入手，处于观察学习阶段。当她看到楠楠在搬运纸箱拼搭迷宫的时候也学习模仿楠楠动手了。《指南》在社会领域中提到"幼儿的社会性主要是在日常生活和游戏中通过观察和模仿潜移默化地发展起来的"，萱萱在这一点上表现较突出，通过观察楠楠搬运、围合迷宫的方法，配合一起完成。当见到楠楠一次能够拿三个纸箱的时候，萱萱也试图一次拿三个，可惜一下子箱子就散落在地上，尝试了两次都没有成功，于是萱萱调整了自己的搬运计划，将箱子减少到了两个，果然成功了。

3. 《指南》在社会领域5—6岁的目标中这样写："能想办法吸引同伴和自己一起游戏。活动时能与同伴分工合作，遇到困难能一起克服。"当遇到状况的时候，两个小朋友很友好地协商分工合作。当搬运的箱子太多，堆在大厅里挡住迷宫的位置时，楠楠对萱萱说："够了，不要搬了，都挡住了。"并提出了自己的建议："你去那边摆迷宫吧！"萱萱友好地接受了提议，合作很默契。

4. 在摆放迷宫的时候，楠楠认为迷宫是弯弯曲曲的，直直的迷宫一下子就走到出口了，并能够通过变换纸箱之间的位置，摆出许多转角；萱萱则是把纸箱一个一个平铺在地面上，铺成一条长长的马路。可以看出楠楠对迷宫有较丰富的经验，空间知觉、建构拼接能力较强，能够把自己的想法通过变换纸箱的方位来表现。萱萱在摆放的时候只是一个接一个将纸盒连接在一起，而且在摆的时候是将纸箱平放在地上，而不是立在地上，空间知觉和动作的协调性明显弱于楠楠。

5. 摆放迷宫时两个孩子没有商量，也没有预先的计划，而是较随意的摆放。迷宫设计较简单，一个入口一个出口，在玩迷宫的游戏过程中其他小朋友也都积极参与，但出现了混乱的场面。在老师的引导下，萱萱迁移了角色游戏区取号码的经验，提出了买票入场的建议。楠楠准备把自己最喜欢的车型区的入口、出口设定标志的经验运用到下次迷宫活动中。

【教育策略】

1. 在晨间、餐前、餐后等自由活动的时间投放各种迷宫书籍，引导两位小朋友再多玩一玩迷宫游戏，丰富迷宫的相关经验。

2. 在《纲要》科学领域目标2中提出5—6岁幼儿的教育目标："培养幼儿在成人的帮助下制订简单的计划并执行，能用数字、图画、图表或其他符号记录。"因此，在美工区投放迷宫设计板、彩笔等，引导他们自由设计自己喜欢的迷宫，鼓励幼儿讨论评选"我最喜欢的迷宫"，引导他们有计划地设计迷宫，并能根据设计图来摆放迷宫。

3. 在迷宫搭建完成后，鼓励两位小朋友设计新颖有趣的迷宫游戏，如除了走迷宫还可以在迷宫里滚小球等，还可以迁移体育分组材料棒球棍、小球、小推车、套圈等玩具，增加游戏性。

4. 鼓励楠楠和萱萱商定如何制订同伴游戏的规则：如何入迷宫，人数如何控制，迷宫规则如何呈现等。

大班幼儿创意剪纸

福建幼儿师范高等专科学校附属第二幼儿园　高春梅

【游戏来源】

大班新学期开始了,班级由原来的二楼搬到一楼,班级环境也焕然一新。大班整体的班级环境创设以中国风为元素进行装饰,班级环境融入了各种剪纸元素以切合主题。环境创设过程中,许多幼儿开始被墙面上一幅幅好看的剪纸作品所吸引,并对剪纸游戏和剪纸作品产生了极大的好奇心和兴趣,为满足幼儿的兴趣需要,特开展此案例研究,以期帮助幼儿在创意剪纸活动中获得发展。

【第一次活动推进】

时间:2016 年 10 月 12 日

地点:大三班美工区

观察内容:创意剪纸——剪窗花

观察对象:吴彦萱

观察者:高春梅

一、观察

10 月 12 日区域游戏时,彦萱拿出剪窗花的示意图,看着示意图将正方形折成三角形,举着折好的纸张拿到老师面前:"接下来要怎么剪啊?"老师指着画好的阴影部分,引导她先用笔画出图案,并将阴影部分剪下,再学习阴剪和阳剪,学习线线相连、线线相断的方法进行构图。她很快掌握了方法,用笔画出图形,并沿线剪下,她把剪好的图案高高举起,高兴地说:"老师,你快看,我剪的窗花。"剪完后她又拿起另一张纸,熟练地折好,尝试自己设计图案,分别在纸张的两边画了 2 个三角形和圆形,再沿线剪下,活动持续了 35 分钟。

二、现象分析

彦萱对剪窗花产生了兴趣，通过观察示意图，顺利地折出了三角形。虽然在剪的过程中她也遇到了困难，没看懂老师的示意图，但能积极向老师寻求帮助并予以解决。彦萱已掌握折三角形的方法，能用剪纸符号进行装饰，独立完成若干作品。

三、调整推进

1. 给予剪纸活动技法上的适当支持，学习线线相连、线线相断的剪法，让幼儿感受剪纸的乐趣与美的体验。

2. 继续收集有关剪纸书籍、视频、民间传说及各类剪纸作品，给予幼儿艺术感染力和美的熏陶，进一步萌发幼儿学习剪纸的兴趣，了解民俗文化。

3. 提供更多元的剪纸装饰材料，引导幼儿进行更丰富的剪贴活动，鼓励幼儿大胆想象，剪出不同造型的窗花。

【第二次活动推进】

时间：2016年10月19日

地点：大三班美工区

观察内容：剪纸——牵手娃娃

观察对象：吴彦萱

观察者：高春梅

一、观察

10月19日区域游戏时，彦萱从柜子里拿出蜡光纸和剪刀，将蜡光纸沿边折两下，折成三折，在蜡光纸的反面画了一个娃娃图案。画娃娃的时候，娃娃的手与折线相连。她拿起剪刀沿线将娃娃剪下，娃娃的手臂画得很细，但是手臂连接处并没有剪断，剪得还很顺畅。外轮廓剪完后她用笔给娃娃衣服画了几个圆形装饰，拿起剪刀想尝试镂空剪，但花纹太小没有成功。她从旁边拿起勾线笔在娃娃的裙子上装饰黑色小圆点。给娃娃完成装饰后，她从柜子里拿出一个纸盘，取来胶水将娃娃粘贴在纸盘上。老师提醒她可以自己布置到美工区墙面上，她将她的作品用工字钉钉到了墙上，完成了这份剪纸作品，时间用了25分钟。

二、现象分析

彦萱能持续专注地进行剪纸活动，时间持续半小时左右，并已经掌握沿线剪、折剪和对称剪的技能。当她想尝试镂空剪的方法装饰娃娃的裙子的，由于画的圈太小，并没有成功，但萱萱想到另一种装饰方法，她用勾线笔在娃娃的裙摆上装饰好看的花纹，最后将作品展示到墙上。

三、调整推进

1. 提供大张的纸，继续鼓励彦萱尝试镂空剪，给予她更多的鼓励和支持，引导她再次尝试，比如可以引导她在镂空的地方画大一些再剪。

2. 分享时刻，让她在同伴面前分享折剪、沿线剪、对称剪的方法，体验成功和自豪感，并邀请更多的人参与到剪纸活动中。

3. 与幼儿共同讨论镂空剪纸的方法。有的幼儿说，可以先钻个小孔再剪，有的说可以折一下剪一个口等等，通过尝试积累幼儿的剪纸经验。

4. 有意识地将剪纸作品粘贴在纸盘上制作成一幅画，引导彦萱说一说剪的是什么、小娃娃在干什么等，加入游戏情境，丰富剪纸内容。

5. 进一步创设浓厚的剪纸艺术气息和视觉环境，让幼儿感受美，在环境中体验和发现美。

【第三次活动推进】

时间：2016年10月28日

地点：大三班美工区

观察内容：剪纸——漂亮的公主裙

观察对象：吴彦萱、瑞晞

观察者：高春梅

一、观察

彦萱和瑞晞晨间相约一起到美工区，彦萱选择一张大的长方形蜡光纸，将蜡光纸反面对折,沿着对折的边画了一条吊带花裙子的半摆裙。她沿着裙摆的外轮廓将裙子剪下,拿笔给裙身装饰几个圆形、三角形的图案,在尝试镂空剪时再次遇到困难,由于剪刀比较钝,彦萱尝试钻孔没有成功,坐在一旁的瑞晞拿过她剪好的裙子说:"我来教你,这样对折一下就可以了。"彦萱学着瑞晞的方法,对折沿边剪,很快就将吊带裙剪好了。这时她走到工具篮前,选择双面胶进行粘贴,将裙子粘
贴在长方形彩色纸上,并画一个小朋友穿上花裙子。她看了看瑞晞说:"我这个小朋友叫花花,这条裙子是她妈妈送给她的。"瑞晞说:"我这里有三个小朋友,他们手拉着手在游戏呢!"作品完成后,她和瑞晞一起拿着她们的作品和其他小伙伴一起分享,活动时间持续了26分钟。

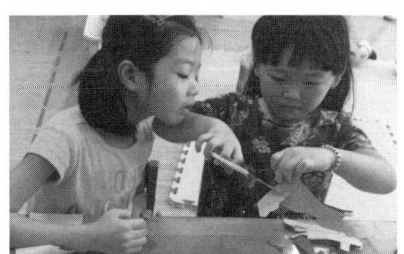

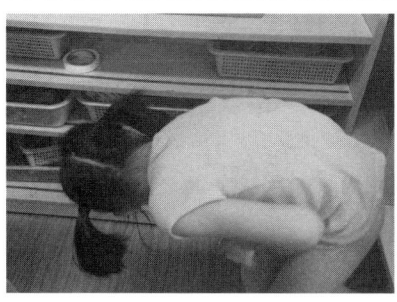

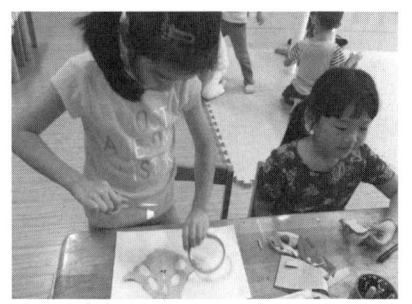

二、现象分析

这一次剪纸，彦萱遇到同样的"小麻烦"，镂空剪遇到困难，坐在旁边的瑞晞主动帮助她，告诉她镂空剪的方法：先对折再沿着边线剪，彦萱学着瑞晞的方法很快将裙子装饰好。彦萱主动寻找粘贴的材料，想将小裙子粘贴在大纸张上，粘贴过程中，她在裙子的四个角都粘贴上了双面胶，这样能很好地将剪好的作品固定在纸上，不会掉下来。同时，她也进行了简单的故事情境描述："花花穿着妈妈买的漂亮花裙子在公园里跳舞。"

三、调整推进

1. 鼓励和表扬，增加解决困难的信心和互帮互助的良好品质。彦萱遇到不会镂空剪的问题时，能观察同伴的操作方法，并主动自己进行尝试，瑞晞能主动教同伴镂空剪。教师鼓励两个小朋友互相帮助是非常好的品质。

2. 鼓励主动分享，体验分享的乐趣。彦萱和瑞晞都有主动和别人分享的意愿，教师可满足她们积极分享的愿望，共同讲述作品的故事，也可以给自己的剪纸作品起个名字等，收获分享的快乐。

3. 善于发现并提供幼儿互助合作的机会。两个小朋友相约共同到美工区进行剪纸，有初步合作的愿望，教师可提供不同的剪纸展示材料，增加幼儿间的合作机会。

4. 情境创设，增强剪纸创作的艺术氛围。可以利用剪纸的文学作品，如收集有关剪纸的歌谣、故事、民间传说与幼儿一起欣赏，陶冶幼儿情操，丰富剪纸作品的情境性。

【第四次活动推进】

时间：2016年11月1日

地点：大三班美工区

观察内容：剪纸——美丽的幼儿园

观察对象：吴彦萱、扬扬、昱心

观察者：高春梅

一、观察

11月1日，彦萱来到美工区发现一大块蓝印花布，扬扬和昱心也来到美工区。她们一起商量，彦萱问："你们俩要剪什么啊？"扬扬说："我要剪房子。"彦萱说："我来剪小朋友，你是剪我们的幼儿园吗？"扬扬说："是啊！"彦萱说："我剪小朋友们在运动。"她们将蓝印花布铺在桌子中间，开始分工剪纸，彦萱和昱心剪运动小人，扬扬剪房子。15分钟后，彦萱已剪出三个不同造型的小人：有打羽毛球的、跳绳的、踢足球的，剪好后，她们在蓝印花布上摆了摆，将所有的小人挤在一起。老师问："怎么样摆更好看呢？"扬扬说："太挤了，分开一些。"她们调整了"运动小人"的距离，"小朋友们在操场上运动。"随后她们用胶水将剪好的作品粘贴在布上，还给房子屋檐装饰上小灯笼，给操场剪贴上各种的小树进行装饰。她们的作品吸引了好多小朋友前来欣赏。

二、现象分析

彦萱选择蓝印花布作为粘贴剪纸作品的背景，并邀请同伴共同合作，有序地分工。在已掌握一些剪纸技能如排剪、对称剪的基础上，能大胆想象、积极创作，并利用剪纸作品创编故事和游戏。

（三）推进策略

1. 可尝试与幼儿共同布置一个剪纸展览馆，将幼儿用蓝印花布剪贴好的作品"美丽的幼儿园"放在展板上展出，并结合主题活动"我爱运动"继续引导幼儿剪贴运动中的小人，通过"剪一剪""变一变"将幼儿的剪纸作品在展板上展出。

2. 提供丰富多样的材质、大小不同的背景展板，丰富幼儿的作品内容，尝试创设让幼儿能与之"对话"的环境。

大班运动区游戏"跳格子"

莆田北岸西埔口附设幼儿园 林素珠

【游戏来源】

随着人们生活水平的提高,不少家长对孩子的保护和照顾有些过度,很多孩子喜欢窝在家里,身体素质差、运动能力差,如何激发孩子参加体育运动的兴趣、提高幼儿机体的机能水平、促进幼儿体质的增强和身心健康的发展呢?作为农村的孩子,我想到了我们儿时的民间游戏,它曾给我们带来很多童年的欢乐,它简单、易操作、儿童活动参与度高,基于《指南》对幼儿身体素质发展要求、本班孩子的动作发展与当前兴趣,我选择了"跳房子"这一游戏。

我们先开展设计房子的活动。幼儿自己在纸上设计"格子图"和游戏玩法,设计完,有的孩子用手指"跳格子",有的用笔"跳格子",个个迫不及待地问我什么时候到外面去玩真正的"跳格子"。

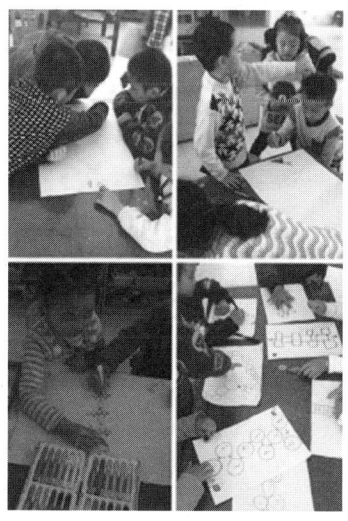
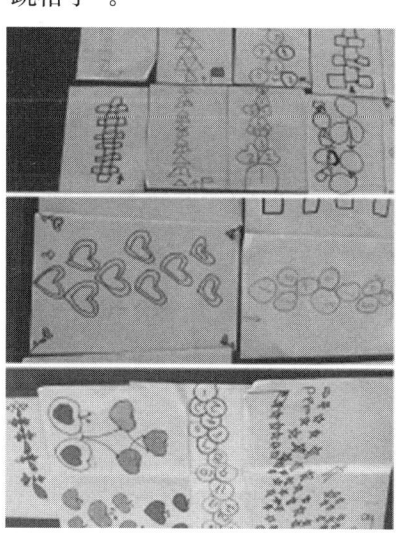

【游戏推进一】

一、观察分析

观察：根据孩子的要求，我们把"格子图"从纸上移到了户外的水泥地上，利用瓦片进行画格子，幼儿兴趣十足，画出来的格子各种各样，可是跳了几次之后很多幼儿就开始不感兴趣了，都觉得很累，有的坐在地上休息，有的跑来跑去玩"狼来了"的游戏。只有雨涵和子俊还在玩，他们拿起瓦块在格子里踢来踢去，我也走过去和她们一起玩，我们的"玩法"激起了其他幼儿的兴趣，很多幼儿找来了瓦块，在格子里踢来踢去。林宇说："老师，我们来比赛吧，看看谁先把瓦块踢到第四格。"

分析：孩子有纸上"跳格子"的经验后，在户外设计格子就更有目的性了，格子的形式各种各样，但跳法差不多，一般都是单脚、双脚跳，过于单调，没有一定的挑战性，幼儿的兴趣很快就降了下来。个别幼儿在活动情景的诱发下，发挥了想象，将"跳格子"与"踢瓦块"联系起来，并转化成新的"跳格子"游戏。为了让更多的幼儿再次参与游戏、探索游戏新玩法，教师亲自介入游戏，与幼儿进行互动，调动了幼儿游戏的积极性。

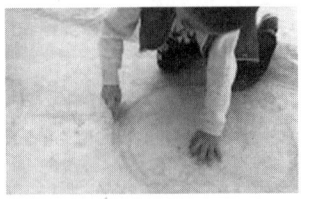

二、调整推进

第一次户外自由游戏后，我和孩子们进行了一次谈话活动，根据孩子们游戏的感受和遇到的问题，对原来游戏的规则进行了一些调整，大家商定出新的游戏规则，把重点放在幼儿动作的发展上。调整如下：

1. 投掷瓦块至第一个格子。

2. 双脚跳格子，单脚踢瓦块至第二个格子，以此类推到终点格。

3. 单脚跳返回捡瓦块。

4. 游戏期间，瓦块踢到格子线上为失败，单脚跳时，脚落地为失败，换人游戏。谁先跳完格子谁就获胜，获胜者可轻轻拍打对方的小手一次。

【游戏推进二】

一、观察分析

观察：孩子们对新"跳格子"游戏的兴趣非常浓厚。有的孩子能较好地双脚跳并踢瓦块，有的孩子能双脚跳，可是还不能把握好跳瓦块的方法，有时要踢好几次才能踢走瓦块，个别幼儿连续双脚跳都很吃力。雨涵说："我太厉害了，每次都是我赢，我用单脚跳都能踢。"林海晴说："一点都不好玩，每次都是你赢。"

分析：《指南》中指出，幼儿的发展是一个持续、渐进的过程，同时也表现出一定的阶段性，每个幼儿在沿着相似的进程发展的过程中，各自的发展速度和到达某一水平的时间不完全相同。要充分理解和尊重幼儿发展进程中的个别差异，支持和引导他们从原有水平向更高水平的发展。像雨涵这样能力强的幼儿应该有更高的要求，让她在原有的基础上有进一步的发展，像海晴这样能力较弱的幼儿应让其体验成功的喜悦，增强自信心，获得实实在在的发展。

二、调整推进

根据幼儿的能力不同，重新调整"格子"图，调整游戏规则如下：

1. 分两关，旨在满足不同能力的幼儿的需求，第一关双脚跳、单脚踢瓦块；第二关单脚跳、单脚踢瓦块。

2. 增加终点格，提高游戏的趣味性，第一终点格，单脚跳返回捡瓦块，第二终点格，双脚跳返回捡瓦块。

3. 自由结伴，分成数量一致的两组，强弱结合，让每个幼儿体验成功的乐趣，体验与同伴合作游戏带来的快乐。

【游戏推进三】

一、观察分析

观察：孩子们对"跳格子"的兴趣越来越浓，他们会自己寻找同伴，商量挑战关卡，今天我看到海晴跟晓颖说："我们再找雨涵、劼锐玩'跳格子'吧，我来挑战雨涵，现在我也可以单脚跳踢瓦块了……"这次海晴和雨涵对战第二关，海晴小心地单脚跳踢着瓦块，有点摇摇晃晃，瓦块在一个格子里要踢好几次才能踢到下一个格子里……但她成功了，高兴极了："我过关了，耶，现在轮到你了，雨涵，看你能不能过关。"雨涵很自信地说："我肯定可以。"雨涵单脚跳踢瓦块，踢得很稳，不过好像太用力，刚踢到第二格，瓦块就被踢到格子线上，没有顺利过关，一旁的海晴高兴地说："我们赢了，我们赢了。"雨涵不高兴地说："有什么了不起，我们再比一次。"劼锐在旁边说："雨涵，这次我还是挑战晓颖第一关，你挑战海晴第二关，你这次要踢得轻一点，要踢到格子的中间，不然就会碰线的，这次一定是我们赢。"

分析：幼儿动作的发展是一个从量变到质变的过程，这个过程往往呈现出非匀速性，有时会出现突变的飞跃，有时会出现停滞，教师要摆脱急功近利的心态，因势利导，有时要等一等，有时要推一推，有时要冷静观察、分析，提供必要的支持。这次"格子"图的调整，更符合大班幼儿的能力水平，来回往返差不多8米，对幼儿提出了更高的要求，不但要把握好单脚跳、单脚踢、双脚跳的技能，还必须把握好踢瓦块的力度，海晴虽然单脚跳跳得还不是很好，不过她踢瓦块的力度把握得好，耐力好，坚持到底，所以她也顺利通过了。雨涵单脚跳得好，不过她过于自信，踢瓦块的力度没有把握好，她就失败了，她想顺利通过也必须要动脑，脚眼协调，坚持到底，同伴合作。"跳格子"的内在目标正符合《指南》中对于大班幼儿提出的要求：能单脚跳8米左右，锻炼幼儿的腿部力量、耐力、身体平衡性、协调性，在活动中发展人际交往关系。本游戏不但发展了幼儿腿部的粗大动作，也提高了幼儿综合运动能力，更促进了幼儿运动中思维的发展。相信幼儿在每一次的游戏中都能得到进一步的发展，越来越喜欢体育活动。

二、调整推进

幼儿单脚跳、双脚跳都跳得比较好,下次游戏可从以下两方面进行调整:

1. 提供不同重量与大小的踢的物体,幼儿自主选择,玩跳房子的游戏。
2. 变化房子空间的大小,增加跳跃的距离。

下卷 基于问题的行动研究

"争抢公主车"事件背后
——培养大班幼儿良好交往行为的行动研究

泉州台商投资区百崎中心幼儿园　刘丹婷

【问题的发现】

在大户外活动时我刚发现孩子们对于新开设的交通警察的游戏特别感兴趣，于是我就在一旁仔细地观察着。这时从不远处传来了一阵"光俊加油！炬增加油！"的呐喊声，我循声望去，只见光俊和炬增这两个孩子手里正紧紧抓住公主车的方向盘，用力地抢来抢去，旁边围了很多看热闹的幼儿，嘴里不停地喊着"加油"，两个抢公主车的幼儿听到呐喊助威声，更来劲了，拼命抓住椅子不放。这时正在旁边的配班老师走过去，不由分说地从争抢得正起劲的两个孩子手里夺过公主车，并喝令那两个孩子不许玩。加油声戛然停止，争抢公主车的两个孩子愣了一会儿也到旁边的椅子上坐下。我回到活动室，一脸的不高兴，孩子们注意到了我的表情，似乎也意识到自己刚才的错误行为，静静地等待着我的"发落"："刚才怎么回事？"孩子们七嘴八舌地说起抢椅子的事，我又问："你们两个为什么抢公主车？"光俊说："我先拿到车子炬增又来抢！"我问炬增："为什么那么多公主车你非得抢那辆？"炬增说："因为我喜欢那个颜色的！"我又问："谁带头喊加油的？"孩子们又开始检举揭发。"为什么喊加油？"孩子们面面相觑……我生气地说："刚才抢车子和喊加油的小朋友都站起来好好想想，你们这样做对不对？"十几个犯"错误"的孩子不好意思地站起来……

最近班里除了抢公主车，抢椅子的现象也时常发生。虽然"抢椅子""抢公主车"是幼儿园屡见不鲜的现象，可今天这种如此"热闹""壮观"的场面不能不引起我的关注：孩子们为什么老爱抢车子？为什么起哄？老师面对这种情况应该怎样处理？是这样简单地阻止，还是应该分析这现象背后的原因，并找出解决问题的有效对策？

【问题的症结】

事后我对自己的做法进行了反思：面对孩子的这种行为，教师是该先了解原因，还是这样简单地给予批评指责了事？这样简单的阻止方法真的能杜绝抢椅子现象的再次发生吗？或是将"坏事"转化为"好事"，让孩子从这一事件中去获得一些有益的经验？

每一事件的发生都有其产生的动机和背景。经反复分析，我认为导致孩子争抢公主车的可能原因有：一是由于班级的公主车颜色不一，大小不同，新旧程度不同，孩子们喜欢新车子，也喜欢大车子，这应该是抢公主车现象产生的外部原因。大班幼儿性别角色意识已经比较清晰，大部分爱玩车子的都是男生，男生对粉色车子都不感兴趣，而喜欢蓝色、绿色等颜色的车子，而这些颜色的车又很少，因此争抢的情况时有发生。二是如今的独生子女是家里的小皇帝，都有着较强的占有欲，只要是自己喜欢的东西就没有得不到的。虽然大班幼儿在道德认知上已懂得谦让、轮流、不争抢等道理，但一方面幼儿换位思考的能力还不够，不能充分理解他人的情感和需要；另一方面，幼儿的道德认知与情感、行为容易脱节，以他律为主，没有实现自律。幼儿知道争抢不好是因为老师要求不能争抢，幼儿未能真正体验到不争抢、轮流、谦让、合作的乐趣和愉悦，未从内心真正认同这些交往行为的价值，所以难以在行为层面上自觉遵守，当幼儿遇到自己喜欢的玩具被别人拿走时，强烈的情感冲动会促使其出现动手去抢的情况，这是大班幼儿争抢的内在原因。至于众多孩子围着喊"加油"的"热闹"场面，也是幼儿道德认知和道德行为脱节的表现。可能是由于当时老师不在现场，调皮的孩子钻了空子，把争抢玩具的行为当成了有趣刺激的传统"抢车子"游戏；好玩刺激的加油声势必引起多数孩子的兴趣，当呐喊声汇成一片时，孩子们可能会把自己当作紧张激烈的运动场上的拉拉队员，而忘记了什么是对的、应该加油的，而什么是不对的、不应该喊"加油"的。

【问题的解决】

1. 对策与方案。

《3－6岁儿童学习与发展指南》社会领域的发展目标指出，4－5岁的儿童应该学会"对大家都喜欢的东西能轮流、分享"；5－6岁的儿童应该学会"能与同伴礼貌地交往""能与同伴分工合作""与同伴发生冲突时能自己协商解决""理解规则的意义,能与同伴协商制定游戏和活动规则"。要想杜绝"争""抢"的事件再度发生,并实现大班社会领域同伴交往行为的发展目标,简单的说教是不行的,解决该问题应该要遵循如下的主要思路:一是引导孩子进行自我反省,让他们学会换位思考,学会宽容、理解别人,更多的时候能想到"也许他比我更需要"。二是教师尽量减少干预,做一个中间者、辅助者,多给幼儿提供自己解决问题的机会,特别是同伴自行协商活动规则、寻找解决"纠纷"的方法,这样既可以培养孩子自己解决问题的能力,也有助于提高幼儿对规则或解决办法的理解力和认同感,提高幼儿遵守交往规则的自律性。三是在一日活动中,应该采用多种方法让孩子体验到同伴间通过轮流、合作、分享等方法一起学习、游戏的快乐,创造一种和谐的环境氛围,使幼儿真正理解并感受到恰当的交往行为的好处,从而在相应的情境中自觉做出这些行为,改变不恰当的交往行为。为此,我希望通过以下方案的实施,让幼儿从真正意义上理解"争抢"行为的错误,从中学会解决问题、学会与人交往、学会分享与谦让。

(1) 聊天谈心:了解幼儿,跟幼儿谈心,引导幼儿换位思考,使其意识到行为的不当。

(2) 情感体验:通过游戏、故事等体验"争抢"的不良后果,产生改变的意愿。

(3) 集体讨论:共同探讨解决问题的方法,形成大家共同认可的活动规则。

(4) 达成共识:排除争抢车子的外部客观因素。

2. 方案的实施。

第一步:聊天谈心

利用自由活动时间,寻找机会与经常争抢椅子、玩具的炬增谈心,了解他的真正想法,从而让他意识到自己行为的不当。

师:今天为什么和光俊抢车子?

炬增:我喜欢那个颜色的车子。

师:能告诉我是哪种颜色的车子吗?

炬增:(带我找到那辆大气的蓝色公主车)老师,就这辆!

师:(以欣赏的口吻)这辆车子挺好看的,老师也喜欢!

炬增：（露出笑脸）我每次都开这辆，今天光俊拿到，我就不能开了。

师：所以你就跟他抢起来了？

炬增：是的。

师：老师也想试试这辆车子，你会跟我抢吗？

炬增：不会的，老师，您坐。

师：（坐在车子上）确实不错，挺舒服的。为什么你肯让老师坐而不肯让光俊？

炬增：（不好意思，无语）……

师：老师发现你挺有眼光的，总能发现新东西、好东西。今天要不是你告诉我，我还真没发现这辆车子有什么特别呢！要是能把你喜欢的好东西跟大家一块儿分享，就太好了！

（炬增点头）

师：要是以后有人开这辆车子，你还会跟他抢吗？

炬增：不会了。

师：能跟老师拉钩吗？

炬增：（高兴地伸出小指）好！

在这种轻松愉快的闲聊中，炬增已经意识到自己行为的不当，知道好东西要与同伴分享，有了这样的意识是个良好的开端。但孩子毕竟年龄小，自己喜欢的东西不可能每次都让给别人，就是成人也难以做到。引导孩子寻找轮流、谦让、等待或辩解等解决问题的方法，是让幼儿学会与人合作交往的技巧，我想，这些问题有必要让全班的孩子都来讨论。

第二步：情感体验

在游戏中体验争抢行为的不当。

"抢椅子"是大家非常喜欢的游戏，我想先通过这种游戏来满足大班幼儿争强好胜的心理，在体验游戏的乐趣后，感受"争"不到椅子的"不快"，并让他们明白游戏与日常生活的不同。再通过故事表演"明明为什么哭了"，让幼儿体验"争抢"行为给自己和别人造成的不良后果，产生改变这种行为的意愿。

第三步：集体讨论

如何解决班级的"抢车子"问题？

师：最近我们班级经常出现小朋友争抢公主车的现象，这个问题让老师很头痛，我希望大家帮忙找找原因，想想办法。

辉鸿：大家都喜欢蓝色的车子和大辆的车子，所以就经常抢。

霆铠：再买些大车子来不就不会抢了吗？

雯薇：可是其他车子怎么办？不是很浪费吗？

哲佚：我发现大一班也有蓝色的大车子，是不是跟他们换一下？

霖威：要是他们也喜欢蓝色的车子，不是就换不成了吗？

（这下孩子们犯难了，把目光投向我）

师：这么说换车子的方法是不行了。你们喜欢的，别班的小朋友肯定也很喜欢的。那我们想想别的方法吧！既然蓝色的车子和大辆的车子就这么几辆，怎么办？

炬增：大家就轮流开吧。（看来与炬增的谈话没有白费力气，他已经有了谦让的意识）

书桓：也可以给车子编号数，你是几号就拿自己的号数。

思棋：可这不是有的人一直开不到喜欢的车子吗？

辉煌：而且每次活动时不是得半天才能找到自己的车子吗？

师：你们的办法都不错，但是没有试验不知道效果怎样。我看，你们可以互相讨论，也可请家长帮忙，想出解决的方法，过两天我们选择最好的方法实施，你们看行吗？

幼：（异口同声）行。（把解决问题的自主权还给了幼儿，他们有了很高的积极性）

师：车子的颜色和大小不同还真是引起争抢的原因，这车子的问题要是解决了是不是今后就再也不出现争抢的现象了呢？我还是有点担心，班级的玩具、图书有时也会出现争抢现象，这是为什么？（帮助幼儿寻找主观原因）

少凌：有的小朋友老是喜欢抢别人的东西。

师：可能他们都喜欢同样的东西，要是这样非得抢吗？有没有什么解决的办法？

思仪：可以一起玩。

雨昕：就让给别人，以后再玩。

霆铠：也可以用"石头、剪刀、布"的方法，输的以后再玩。

......

师：当你发现小朋友再争抢车子或玩具时，是不是会为他们加油鼓劲？（让幼儿明白同伴有错误时不该幸灾乐祸）

幼：不是。

师：为什么不能加油？

幼：因为他们是错误的。

师：那该怎么办？

庶杰：报告老师！

黄欣：也可以直接告诉他们不能抢。

锦瑜：还可以告诉他的爸爸妈妈。

凯旋：可以拿别的玩具给他们玩，他们就不会抢了。

......

这样的讨论让我感到欣慰，孩子们已经意识到争抢行为的不当以及引起争抢的原因，并积极寻找各种方法以杜绝这种现象的发生。我期待孩子们能说到做到，我等待着他们的实施方案。

第四步：达成共识

实施解决问题的方案，制定班级常规。

孩子们并没有让我失望，他们对争抢车子的解决途径可真是花了不少心思，他们的热情也感染了家长，纷纷为他们出谋献策，一张张图文并茂的解决方案展示在班级的墙饰上。为了说明自己或小组方案的可行性，孩子们可真是伶牙俐齿，个个说得头头是道。经过多次的反复讨论，孩子们最后选择这样的解决方案：为车子编号，每两周更换一次，如果想交换车子可以互相商量，征得同意。为了使大家更好地遵守自己制定的规则，他们还自制了规则图贴在醒目的位置以随时提醒大家，互相约束。

3. 实施的效果。

经过两周的观察，我发现实施方案非常见效，争抢车子的现象竟然不再发生了。我特别留意炬增小朋友，他喜欢的那辆车子并不"属于"他，一开始看到别人拿了他"心爱"的车子时，忍不住多看了几眼，可在意识到不可能永远属于他时，慢慢地"忍痛割爱"了。经过这件事后，孩子们似乎已经意识到"争抢"的错误，逐渐学会了谦让和理解别人。入区域时，玩具、图书的争抢现象也明显减少了，同伴间的交往也似乎友善多了，遇到争执时能用简单的方法自行解决。但是，幼儿良好品德行为习惯的养成并不是一朝一夕的，需要老师循序渐进、持之以恒地进行培养。

【反思与讨论】

1. 学会面对幼儿的错误，分析孩子行为的成因。

幼儿由于认知发展水平有限以及对事物独特的建构方式，常常会出现一些"错误"的认识或行为，但是这些"错误"中往往包含着发展的契机和教育价值。由于工作的复杂性和急迫性，即使是一些优秀的教师，有时也忽略了去挖掘孩子言行背后的"动因"，尤其是那些令我们懊恼的言行。当孩子出现一些成人不可理解或不能"原谅"的行为时，教师应多从孩子的角度思考问题，从他们的生理和心理特点去分析行为产生的原因。只有在理解他们行为动机的基础上，才能想出让他们心服口服的方法，帮助他们意识到行为的正误。倘若我只用先前那种简单、生硬的处理方法，虽然孩子在老师的权威下停止了"闹剧"，但是这样的现象还可能再度发生，因为孩子并未从根本上认识错误。所幸的是，我及时进行了反思，调整了策略，采用了一系列幼儿易于接受和理解的方案和策略，使问题得到了解决。因此，当你"读懂"了孩子之后，就会对他们更和善，在自己采取对策时更冷静，从而成为一位深谙教育艺术的行家。

2. 利用生活中的矛盾冲突，让幼儿寻找解决问题的方法。

矛盾、冲突在生活中随时都可能出现，在成人生活中也是如此，在幼儿生活中更是如此。而孩子正是在这些矛盾冲突中不断成长的，因此，矛盾冲突有时也是孩子生活经验学习和积累的一种教育契机。对这些矛盾冲突，教师要有正确的态度，应视其为正常现象，给予冷静的观察，还可利用矛盾冲突的情景，给予幼儿策略性的支持帮助，引导幼儿自己寻找解决问题的方法。孩子终究要离开老师，踏上社会，总要面对各种各样的矛盾，我们要做的是引导他们学习如何去解决问题。案例中，我充分利用这个矛盾冲突的事件，把"坏事"变成"好事"，让孩子在分析、讨论、实施的过程中寻找解决问题的最佳途径。大班的孩子已有一定的思考和处理问题的能力，有时他们解决问题的方法是成人想不到的。所以，放手让孩子自己去解决问题，往往有意想不到的收获。

3."自律"与"他律"相结合，促进幼儿良好交往行为的养成。

独生子女自私霸道、我行我素、惟我独尊的性格特点，应该是幼儿园中经常发生"争抢""打架"等不良行为的根源。他们在班集体中、在与同伴交往中常常为了达到目的而无法控制自己的行为，这就需要成人不断地提醒和帮助，"晓之以理、动之以情"，使他们在认识自己错误行为的基础上，自行纠错。为了避免幼儿的"再犯"，可与孩子共同制定一些班级常规，让他们用自己的方式图文并茂地表达出来，使规则"上墙"，这种隐形的规则暗示可以提醒孩子不再犯错，把自我约束和维持秩序的权利交给幼儿，把"自律"和"他律"结合起来，能有效地促进幼儿良好交往行为的养成。

美工区小制作活动材料的投放策略

福州市儿童学园　林　雯

【案例背景】

在我园课题"提高区域活动有效性研究"的基础上,我们紧紧围绕《3—6岁儿童学习与发展指南》精神实施了子课题研究,以课题为抓手在实践中不断调整、修改区域活动的材料,努力实现材料的低结构化和目标化。

我班幼儿喜欢参与美工区的活动,在美工区主要以美术绘画、色彩、泥工等形式进行活动。在大班开学初,我们结合幼儿的兴趣、需求在美工区开展了小制作活动,投放了丰富的低结构材料,如纸筒、纸杯、纸盘、各种不同的纸、水果包装袋、吸管等。但观察幼儿的操作情况,我们发现幼儿的小制作活动缺乏目的性,不能调动自己的已有经验选择适合的材料进行制作。例如当一个幼儿用物品制作出小人时,孩子们纷纷模仿用这种材料做娃娃,这样的区域活动并不能很好地促进幼儿创造力的发展。发现这些问题后,我们进行了讨论和分析,调整了制作材料的摆放位置、材料的类别等,旨在帮助幼儿通过与材料的有效互动,获得更多的有益经验。以下通过两次活动的推进进行分析,探讨如何合理投放美工区小制作材料,促进幼儿审美及创造能力的发展。

【案例推进过程】

第一次推进:确定活动内容,投放成品欣赏书

新增材料:

各种装饰材料亮片、绒球、打花器、彩色纸条、毛根段、吸管段、毛线等;各种纸卷造型图片;成品欣赏书(分为植物篇、动物篇、用品篇)。

案例片段:

活动开始了,思涵进入了美工区,拿起一个纸卷来到欣赏墙前看了一会

儿，取了一本动物篇的书阅读，看完后又到纸卷篮中取了1长、3短的纸卷和1个纸杯，然后尝试用透明胶把纸卷固定，但一个人粘不来，于是寻求旁边小朋友的帮助，旁边的禹西伸出手来帮她："你做得好像长颈鹿呀！""对呀！刚才我看到这本书上有做斑马，我就想要做长颈鹿呀！"两个人摇摇晃晃弄了很久，终于把长颈鹿的身体粘好了。她们拿了一张纸条思考怎么装饰长颈鹿，经过商量后，决定剪成爱心来装饰。于是过来找我："老师，我想要剪爱心来装饰，可是我不会剪呀？""我们一起来试试吧！"然后我们一起到位子上学习剪爱心，剩下的活动时间思涵都在位子上专心地剪爱心。这时分区时间到了，她带着她的半成品长颈鹿和几颗爱心沮丧地回到座位。

案例分析：

在活动过程中，教师并没有直接告诉幼儿可以做什么，而是采取成品欣赏书的形式展示各种各样的纸卷造型，给予幼儿具体直观的体验，帮助幼儿从具体观察慢慢过渡到抽象观察，从模仿中提升、创造。因此成品欣赏书是有效的。

活动中思涵从原来的兴高采烈，到后面的沮丧回位，为什么会出现这种情况呢？我们仔细分析、观察孩子的活动情况后，发现孩子在制作造型时模仿了欣赏书，构造了动物的形象，但是在装饰时，由于装饰技能的欠缺，在一定的时间内要剪出新学习的爱心完整地装饰完一只动物，对幼儿而言是有难度的。于是我们从材料上进行了调整。

调整策略：

1. 帮助幼儿了解不同的装饰方法。
2. 制作半成品的装饰材料及半成品模型。

第二次推进：关注幼儿活动情况，投放半成品材料

新增材料：

1. 与幼儿一同利用餐前时间、离园时间制作各种半成品材料（小纸卷、扇形彩纸、彩带卷、揉好的彩色皱纹纸团以及便于装饰的各种不同形状的自贴纸）、半成品造型（教师事先与幼儿一同根据幼儿的想法制作的动物造型、用品造型等）。

2. 根据材料的功能分类摆放，如"装饰用品柜""工具柜""基础材料柜"。

案例片段：

俊成来到美工区，拿了一个绿色纸筒和一个白色圆盘，用双面胶将纸筒粘在圆盘的中间，然后用笔在纸卷上面画出卷卷的小触角和线条，最后拿着这个作品准备换一种材料玩。我来到了他身边，问他："俊成，你在做什么呢？""我做了一只蝴蝶。""你是怎么做的？""我用了纸卷和纸盘做身体，还画了一下它的肚子，就可以啦！"我看了他的作品，转身一边走一边说："我也要像你一样做一只，我还要用漂亮的彩带圈圈装饰它的翅膀，这样我的蝴蝶肯定会飞得很高！"还没等我拿到材料，就看到俊成从材料超市中取出扇形彩纸和亮片，用双面胶开始在画面上装饰，给蝴蝶装饰出了彩色扇形图案，中间还镶嵌着亮片。

案例分析：

从俊成的表现可以看出，幼儿已经基本能够根据主题的特征选择适合的材料组合塑造，并通过添画的形式来表现主题特征，但幼儿还不能很好地使用已有材料进一步美化、细化自己的作品，对材料的使用缺乏足够的认识。此时，教师的引导很关键，一方面要考虑怎么吸引幼儿继续参与活动，另一方面则要考虑如何帮助幼儿提升经验，提高艺术审美与表现能力。本次活动教师用参与者的身份激发了幼儿的兴趣，调动了幼儿创作、表现的积极性。

调整策略：

1. 在分析评价环节，请装饰有特色的幼儿介绍自己的作品。

2. 在日常生活中，引导幼儿欣赏各种事物的美，尤其是对细节部分的欣赏。

3. 结合集中教学活动，引导幼儿观察不同事物的花纹，讨论可以用什么材料制作、装饰。

【案例反思】

通过以上两个案例的分析与思考，我们认识到区域活动中材料的投放对幼儿动手操作、创造能力的影响。因此教师在区域活动中通过观察幼儿与材料的互动、调整投放的材料促进幼儿的发展是重点。

1. 有目的、分层次投放活动材料。

教师在确定主题内容时可以根据幼儿的兴趣、需求，收集相应的材料，变换材料的难易程度，层层递进地投放材料。从简单的材料造型、装饰，过渡到有难度的组合创造，能激发幼儿的挑战欲和创造性。

2. 关注幼儿的活动情况，及时调整活动材料。

教师在投放材料时应该根除一成不变的思想，认真关注、分析幼儿的活动情况，从幼儿活动中发现什么样的材料比较适合幼儿、什么样的材料才能促进幼儿更好地发展，根据幼儿的活动情况，及时调整投放的材料。

3. 教师的适当介入分享不同材料。

在美工区活动中，宽松的氛围能够激发幼儿大胆自主地操作，丰富、有层次的操作材料能够促进幼儿大胆地创造美，但是幼儿在创造作品、欣赏作品的过程中，还未能很好地从"感受美"过渡到"我用材料创造美"，在技能上还缺少创造美的能力。因此在活动中，教师要转换自己的身份——以参与者、制作者、启发者的身份引导幼儿开拓思维，大胆运用不同的材料进行制作，提升其使用材料进行创造的能力。

自由活动真的自由吗？
——提高小班幼儿自由活动质量的案例研究

南平市实验幼儿园 占峦

自由活动即自由游戏活动，是幼儿在一定的游戏环境中根据自己的兴趣和需要，以快乐和满足为目的，自由选择、自主展开、自发交流的积极主动的活动过程，这一过程也是幼儿兴趣、需要得到满足，天性自由的表现，是积极性、主动性、创造性得到充分发挥和人格建构的过程。在一日活动中，我们会安排一些自由活动的时间，让幼儿自由地选择内容、材料、伙伴，自主地进行游戏，如在来园时间，餐前、餐后活动，户外活动等，或者是在一个环节与另一个环节过渡的时候，如集中教学与午餐之间，游戏活动与午点之间。表面上看，在一日活动中，幼儿自由活动的时间与次数都是充足的，然而孩子们真的拥有自由吗？孩子们是怎样看待他们的自由活动的？我仔细观察了我园小班段各班级的幼儿自由活动情况，搜集了以下几组现实场景。

【案例描述】

场景一：

"老师，他玩托盘里的玩具了，老师说现在不能玩的。"（班级里有一些高结构、封闭式的份化材料，放在托盘里）一位幼儿对另一位幼儿大声地指责。老师走了过去，对正想端托盘的幼儿说："我们去玩其他玩具吧！"

场景二：

集中教学结束后，老师说："现在我们休息一会儿吧，小朋友可以到玩具城堡和小伙伴分享自己带来的玩具！娃娃家和建构区都关门了，小朋友们不要进去哦！"

场景三：

音乐响了，小朋友开始整理玩具，他们陆陆续续整理好玩具、搬好椅子坐了下来，琪琪小朋友还在投入地玩着小汽车上山坡的游戏，老师走到她身边说:"收玩具了,我们下次再玩吧。"

场景四:

用完点心后,老师说:"阅读时间到了。"孩子们和往常一样,陆续到图书柜寻找自己喜欢的图书,有的独自看书,有的和小伙伴一起看书、交流,还有几个幼儿似乎对阅读活动不感兴趣,拿着图书甩来甩去,趁老师不注意时,偷偷地溜到别的地方玩去了。

场景五:

在自由游戏时间,两位幼儿在争抢一个建构玩具,互不相让,老师正在钢琴旁准备集中教学的材料,从远处喊:"别抢了,轮流玩。"

【自由活动存在的问题】

从上面几个场景,可以看出在我园小班段的自由活动存在几个问题:

一、自由活动存在诸多限制

教师对幼儿的自由活动是有一定限制的,有的空间是开放的,有的空间是关闭的,有的材料是可以玩的,有的材料是不可以玩的……为什么要有这么多的限制呢?有了限制的活动还能美其名曰"自由活动"吗?经过了解,多数教师认为,幼儿自由活动时间一般较短,主要在环节的过渡中进行,由于担心孩子耗费太多的时间在玩具、材料的整理上,影响到下一个环节的准时开始,因此会对环境、材料进行一些限制。

二、孩子对教师安排的自由活动缺乏兴趣

由以上案例可以看出,很多孩子对教师指定开放的区域并不十分感兴趣,反倒对限制的区域兴趣高涨。面对教师的限制,孩子们的反应有无奈地接受,也有趁老师不注意偷偷做自己想做的事情,还有的孩子会有反抗、不安的情绪。孩子们用他们自己的方式表达了对老师的不满和反抗,自由活动失去了本来应该拥有的自由。

三、教师忽视对自由活动的指导

当幼儿在自由活动时,多数教师认为:自由活动就让幼儿随意地玩,安全没问题就行!因此,幼儿自由活动的时间似乎成为教师自我放松或是做一些其他事情的时间,有的教师会做一些自己想做的事,如为下一个环节做些准备,有的教师会巡回走动看护孩子们,确保幼儿游戏的安全,只有极个别的教师会认真观察幼儿的活动,给予幼儿适时适度的指导。在幼儿自由活动时，大多数教师的思想和行为似乎都游离于幼儿的活动之外。缺失了教师的观察与指导，幼儿自由游戏的水平如何提高？游戏的环境、材料如何不断满足幼儿游戏的需求？游戏的规则如何慢慢建立？……自由活动失去了它本应发挥的作用，自由活动似乎成了"放羊式"的活动。

【改进措施】

小班幼儿喜欢自由活动，自由活动能让幼儿情绪稳定，有安全感。在自由活动时间，孩子们在娃娃家煮饭、给娃娃穿衣，在音乐角敲敲打打，在植物角给植物浇水，玩套圈玩具、汽车游戏……孩子们可以按照自己的想法，选择自己喜欢的材料，和自己喜欢的伙伴一起玩游戏。在自由活动中，幼儿能感觉到和家里一样的自由，产生被信任、被尊重的感觉，与亲人的分离焦虑也会得到缓解。如何让幼儿拥有充足的自由活动时间？如何创设空间开放、材料开放的自由活动环境？如何抓住自由活动时机对幼儿进行个别化、小组化的指导呢？这些是自由活动的难点，值得我们进行探讨与研究。

分析我园小班段幼儿自由活动的情况，根据存在的问题我做了以下的调整与改进：

一、活动时间、地点以及环境的整合

1. 时间、地点的整合

调整幼儿一日活动时间，将自由活动与区角活动、阅读活动等活动相整合，统称为"自由活动"。在一日活动中既有专门安排的较长时间的自由活动，又有在环节过渡中随机进行的较短时间的自由活动；既有在活动室内、走廊进行的自由活动，也有在户外操场、植物园等地方进行的自由活动。

2. 环境的调整

在自由活动时间内，开放班级所有的区角活动环境与材料，不加限制，幼儿可以按照自己的意愿选择喜欢的环境和材料进行单人或结伴游戏；随着幼儿自由游戏的发展，适当地调整与更新环境与材料，以满足幼儿游戏发展的需要；教师可通过环境的暗示作用，如形象有趣的区角标志、动区与静区的划分、玩具材料分类收纳的标志、游戏玩法介绍图等帮助幼儿探索游戏方式，建立游戏规则。

3. 思考分析

（1）将自由活动与区角活动、阅读活动等活动相整合，幼儿可以自由出入所有的自由活动场地，有效解决了空间、材料开放与关闭的矛盾，幼儿不会因为自己想玩的环境、材料被限制而感到焦虑、不安，幼儿可以充分享受自由活动的自主与快乐。

（2）将能整合的活动与时间相整合，确保了幼儿充足的游戏时间。一日活动的安排更加科学、合理，过渡环节少了，游戏的时间多了，与小班幼儿"步伐慢"的特点相吻合，老师也可以从容地面对自己的一日工作，为自己留下观察幼儿、思考问题的时间与空间。

（3）合理分配室内和室外自由活动的空间，能让幼儿充分体验不同空间、不同内容的游戏的快乐、有趣，同时也自然解决了室内的自由游戏次数多、材料收拾困难等问题。

二、教师指导策略的调整

自由活动不是"放羊式"的活动，"自由"不是放任自流，更不是放纵。自由活动是在一定规则基础上的自由自主，自由活动的形式是自由的，而活动的实质却对个体发展有价值，也只有在一定的规范下，幼儿才能有序地、有效地进行自由游戏与学习。

1. 明确指导要点，分工观察指导

班级两位教师分工观察指导，根据班级环境与区角划分的特点予以分配，每人每次重点观察1－2个区幼儿的活动，捕捉相关的信息，如：幼儿喜欢的活动是什么？幼儿已有的经验和正在建立的经验是什么？幼儿遇到的困难是什么？……根据幼儿游戏的需求，给予幼儿相应的行为指导与环境材料的支持。

2. 关注个别幼儿的行为与变化，捕捉随机教育的时机

每个班都有一些相对特殊的幼儿，有的幼儿情绪不稳定、有的幼儿具有攻击性行为、有的幼儿不愿意与同伴交往、有的幼儿语言发展缓慢……教师可以充分利用自由活动时间对个别幼儿进行跟踪观察，分析幼儿各种行为背后的原因，寻找解决问题的策略。

3. 尊重幼儿游戏意愿

当游戏时间结束个别幼儿还想继续游戏时，尽量满足幼儿的需求，不应简单制止。《指南》中指出：要重视幼儿学习的品质。幼儿在活动过程中表现出的积极态度和良好行为倾向是终身学习和发展所必需的宝贵品质，要充分

尊重和保护幼儿的好奇心和学习兴趣，帮助幼儿逐步养成积极主动、认真专注、不怕困难、敢于探究和尝试、乐于想象和创造等良好的学习品质。幼儿专注、执着于自己的游戏时，是值得教师欣赏、鼓励的，虽然还有其他的活动要进行，但是，我们可以与幼儿商量："你是想继续你的游戏，还是要和小伙伴们一起参加别的游戏？"如果幼儿不愿意，我们可以让幼儿继续他自己想要进行的游戏，我们要相信，当幼儿按照自己的方式和步调完成游戏后，自然会回到集体中来。

4. 帮助幼儿建立相应的游戏规则

自由活动并不是完全的放纵，教师在游戏中应帮助幼儿建立游戏的规则，如游戏时尽量保持安静、不争抢玩具、玩具玩完后送回家、遇到困难可以找同伴、老师帮忙等。可以通过环境的暗示作用、讨论如何解决游戏中的矛盾、更新调整游戏材料、同伴的榜样作用等方式帮助幼儿逐步建立相应的规则意识，并处理好自由与养成良好的规则意识的关系。

5. 思考分析

自由活动开放的空间与时间，教师适时适度的指导，都为幼儿提供了主动开展各种游戏的机会，提供了自我展示的平台。孩子们可以在毫无压力、轻松和谐的环境下进行交流、交往，积累经验，获得发展。有的幼儿在游戏中有了发现，完成了一件作品，就喜欢告诉别人，得到情感上的满足；有的幼儿遇到了困难，能主动求助于教师与同伴；有的幼儿大胆探索，按照自己的想法游戏，创编不同的游戏玩法，乐在其中……不过，自由活动的开展并不是一朝一夕的事，它还需要长时间的观察、调整与实施。我们应当以正确的理念为指导，正确把握自由活动中"自由"的本质内涵，充分体现自由活动的价值，支持幼儿的自由游戏，让幼儿尽情享受自由活动的美好时光。

提高中班表演游戏活动质量的案例研究

福建幼儿师范高等专科学校附属第二幼儿园 毛一冉

【问题的提出】

"尊重、开放、多元、参与"是我园课程的核心理念,如何在这个核心理念的引领下开展区域活动是我园研究的重点。中班开学前期,中班老师们就围绕"如何创设适合中班幼儿的区域环境及投放适宜的材料"展开了思考和讨论。随着讨论的深入,有很多老师将聚焦点放在了"如何创设让幼儿爱表演的区域"这个问题上。

讨论片段1:

"我发现班上的孩子非常喜欢唱唱跳跳,自由活动的时候常常看见一群女孩们在阳台一起唱小魔仙的主题歌。男孩子也非常喜欢扮演奥特曼、果宝特攻的动画人物。"

"我也发现了,可是我们给他们展示的机会太少了,除了音乐活动、六一节,孩子们都没有在他人面前表演的机会呢。"

"我们的区域活动中涉及艺术领域的只有美术区,音乐、舞蹈、表演这些方面的区域都空缺着。其实爱表演的孩子是很多的。"

讨论片段2:

"我觉得原来的表演游戏都是放在固定的时间,一周才开展一次,内容多是老师事前定好的,空间和材料都不够开放。"

"对。还有班上人数多,即便是分成小组来指导,老师也分身乏术,根本不能及时观察孩子们表演的情况,给予他们帮助。"

"我们的表演游戏主要是剧本的表演,其实在孩子们心中表演不只是这样,我问过他们,他们认为表演就应该在别人面前唱歌、跳舞,还有的孩子说春节联欢晚会上的那些节目都是大人在表演。我们是不是把表演理解得太狭隘了?"

"我们在孩子表演的时候常常高控他们,让他们一定要按剧本内容表演,一定要说准对白,动作一定要做得像,出场一定要按顺序。这样的表演孩子们是不会喜欢的。"

从以上教师的讨论中,我们不难发现我园在培养幼儿艺术领域学习方面存在的问题:

1. 教师将更多的精力投放在培养幼儿学习美术上,在区域设置中班班都有美术区,而音乐、舞蹈、表演等其他艺术方面的学习只停留在集中教学中,区域中这方面的设置空缺,没有为幼儿提供条件和机会去表现。

2. 对表演认识狭隘,原先的表演游戏只是进行童话剧表演,童话剧表演只是艺术表演的一个内容。原先表演游戏教师常高控、时间固定、形式单一、次数少,根本不能满足幼儿日益增强的表演欲望,无法支持他们自发的表现和创造。

文献指出,表演艺术是通过人的演唱、演奏或人体动作、表情来塑造形象、传达情绪、情感从而表现生活的艺术。表演艺术通常包括舞蹈、音乐、话剧、曲艺、杂技、魔术等。《3－6岁儿童学习与发展指南》(以下简称《指南》)艺术领域的教育建议中提出要"创造机会和条件,支持幼儿自发的艺术表现和创造。提供丰富的便于幼儿取放的材料、工具或物品,支持幼儿进行……歌唱、表演等艺术活动。经常和幼儿一起唱歌、表演……共同分享艺术活动的乐趣。营造安全的心理氛围,让幼儿敢于并乐于表达表现,欣赏和回应幼儿的哼哼唱唱、模仿表演等自发的艺术互动,赞赏幼儿独特的表现方式。在幼儿自主表达创作过程中,不做过多干预或把自己的意愿强加给幼儿,在幼儿需要时再给予具体的帮助"。

基于以上出现的问题,在《指南》的引领下,我们尝试将表演活动纳入到区域中来,以中一班为试点,在阳台创设了表演区,提供便于取放的表演道具,不限制表演的内容,鼓励幼儿自发地装扮、大胆地表演。我们采用行动研究的方法,即在幼儿区域活动中观察幼儿,及时发现问题、分析问题,进而解决问题,努力实现我们创设表演区的初衷。

【具体实施情况】

第一阶段　我们演什么

幼儿的活动：

在创设了表演区、投放表演道具后，幼儿对装扮产生了极大的兴趣。他们沉迷于不同的造型的变化，有的幼儿戴着蝴蝶翅膀在班级里跑来跑去；有的戴着动物头饰在地上爬或模仿动物的叫声；还有的则戴着发套扮演小魔仙，到娃娃家做客……有一天，静炎戴着蝴蝶翅膀对其他几个扮演蝴蝶的幼儿说："我们来演三只蝴蝶吧，我是红蝴蝶……"其他幼儿说："我不知道怎么演，我没听过《三只蝴蝶》的故事。"鼎文说："老师，我想演铠甲勇士。"乐琪说："我想演奥特曼。"大家选择的表演内容都不一样。

教师的支持：

分析原因：中班幼儿对角色的选择目的性更强了，他们不再等待老师的安排，而是自主地选择要扮演的角色。他们渐渐知道表演是以有剧本、有故事作为基点的。这样的表演内容是幼儿自己生成的，发自幼儿意愿的，但表演缺乏情节，同伴间也没有合作。老师要抓住这难得的机会，及时介入，与幼儿共同来商定表演内容。

调整：组织幼儿进行"想演什么"的讨论，幼儿说出自己想演的各种角色或故事，全班投票，最终确定了表演的内容，其中有舞蹈表演、童话剧表演、歌曲表演等，并制作成节目单。根据确定的内容，去掉了不需要的头饰和道具，并在美术区中投放相应的材料，用以制作铠甲勇士的头盔、铠甲，三只小猪的服装等与表演内容相匹配的道具。同时教师还和幼儿一起选定好舞蹈、歌曲表演所需要的音乐。

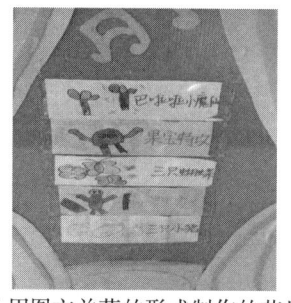

幼儿用图文并茂的形式制作的节目单

幼儿在美术区制作的表演道具

第二阶段 我们的"小舞台"搬家啦

幼儿的活动:

幼儿对表演区的兴趣很大,每天都有不同的幼儿入区表演,同时也吸引了在其他区域活动的幼儿。很多幼儿都停下手上的活动,到阳台的表演区驻足观看。问题也随之而来:表演"三只蝴蝶"的幼儿跑动的空间很小,有的地方被其他等待表演的幼儿占据,有的则被观看的幼儿占据。灵灵不高兴地说:"你们都走开点,我都没办法表演了。"表演铠甲勇士的幼儿手持"宝剑"道具,互相碰到了对方,小博说:"你怎么打我呀?"伟伟解释道:"我不是故意的,这里太小了,剑会碰到。"

原来设置的表演区

教师的支持:

分析原因:随着表演内容的增加,原来在阳台创设的表演区域空间已经不能满足现有的表演内容,空间要再大些;阳台与活动室紧挨着,交流声、音乐声会影响干扰其他需要安静操作的区域活动,需要在空间设置上独立出来。

调整:组织幼儿进行讨论"表演区要搬到哪去",投票决定新的表演区地点。确定好新的表演区地点,师幼共同选择材料,创设舞台布景、道具区等。

选择较大而且独立的空间作为新的表演区

方便取放的道具区

幼儿参与装饰的纸皮制成的背景　　　师幼共同用废旧材料制成的道具

第三阶段　你是"观众",我是"演员"

幼儿的活动:

表演区设置在走廊后,不仅吸引了本班的幼儿,还在年段游戏串联活动时吸引了其他班的幼儿来观看。孩子们反映:"老师,我站得很累了,有没有椅子?""老师,她从我们表演的地方走过去。""你不是演员,不能上来。""这么多人看我表演,我好紧张,不想演了。"有的幼儿正在表演的时候,观众就将手里的鲜花送到台上,干扰了表演……

教师的支持:

分析原因:由于表演空间的重新创设与走廊上的其他班游戏产生了联系,吸引了幼儿来观看,表演区成了小剧场,表演的幼儿成了"演员",看的幼儿成了"观众"。幼儿对如何做"观众"和"演员"经验不足,对当"演员"缺乏自信,其他班级对本班表演区的规则不了解。

调整:

1. 空间设置

在原有的表演区、道具区的基础上,用栏杆、椅子再分隔出观众区。

2. 丰富相关经验

(1) 丰富当"演员"的经验。

我们借助家长力量,挖掘周边社区可利用的资源,在爸爸妈妈的陪同下,孩子们走进了福建省京剧团观看京剧表演以及去省人民话剧院观看童话剧。在演出开始之前,孩子们带着对舞台剧和演员的好奇与关注,陆续进入后台参观了演员的化妆间、道具室等,了解演员在演出前的各项准备工作,以及剧场工作人员是如何相互配合的,通过参观和演员的解说,孩子们逐一解开了之前提出的各种困惑。大家认真观看演出,仔细观察演员的动作和表情,对演员精彩生动的表演不时报以热烈的掌声。本次观演让幼儿走进了剧场,真切感受演员的工作,为之后幼儿自主表演,当个称职的"演员"奠定了良好的基础。

（2）丰富当"观众"的经验。

教师选派"宣传员"到平行班介绍表演区的游戏规则。这一做法起到了很好的效果,平行班幼儿在"宣传员"的一次次介绍中,逐步了解了游戏规则,观看表演时有序,并与"演员"上下呼应,配合默契。

走进剧场

用栏杆、椅子分隔出表演区和观众区

"宣传员"到各班介绍游戏规则

"演员"和"观众"上下呼应

第四阶段　演不好怎么办?

幼儿的活动:

"铠甲勇士"开始表演了,今天的"演员"是陈森和景瑞,陈森一手持剑,一手叉腰,这个动作保持到了音乐结束。景瑞则不停地从舞台远处助跑到台前,从小阶梯上跳下来,动作单一。表演结束后,他们向"观众"谢幕,没有观众向他们献花。陈森嘟囔着:"怎么没人给我献花呀?"这样的情况经常发生在男生表演的时候,有时到了"铠甲勇士""果宝特工"表演时,观众就逐渐散了。

教师的支持:

分析原因:从上述情况可以看出,这是由于男生与女生在表演力上有差异造成的。男生天生在表现力上就弱于女生,而且平时是女教师教学,动作以柔美居多,表现持剑、武打的动作这方面的示范很少,加之动画片的动作镜头快,幼儿很难观察到表演的动作。

调整:

利用幼儿好模仿、模仿能力强的特点,寻找大量相关的图片和视频,提供幼儿多次观看的机会,让幼儿在观看中自主模仿动作、熟悉台词、丰富表情,从而提升表演经验。如:教师收集了适量的"铠甲勇士"相关动作图片,创设在准备区,鼓励幼儿通过模仿图片、同伴动作等方式自主学习表演动作。幼儿在自主学习动作后表演不再单一,出现了一些双人合作的动作,不仅促进了同伴间的合作交流,提高了表演的精彩程度,而且使幼儿在表演中自信心得到极大的提升。

丰富幼儿的表演动作

幼儿在表演区表演

第五阶段　我们要自己做道具

幼儿的活动:

又到表演区活动时间了,周乐琪要表演"铠甲勇士"。他看了看道具区的道具后并没有去选择,而是跑到了结构区,用方形插塑拼插了起来。过一会儿,他回到了表演区,身上多出了用插塑拼插出的腰带、宝剑等道具。他得意地对我说:"老师,你看我帅不帅?""很帅。你怎么不用原来的道具呢?""我觉得原来的道具用太久了,我要用新的道具。"

教师的支持:

分析原因:随着幼儿自主意识的增强,幼儿已不满足于原来的道具了,他们想要自己创新道具,这时就需要老师支持他们的想法,提供一些低结构的材料,激发幼儿的创造性,满足幼儿的需要。

调整:

1. 提供"资源百宝箱",当幼儿不满足于现有材料时,建议到"百宝箱"中寻找和选择。

2. 提供插塑,供幼儿随时根据表演的需要,拼插出自己需要的道具。

3. 利用游戏分享时间,请幼儿将自己有创意的道具分享给同伴,便于同伴模仿、学习,激发幼儿自制道具的兴趣。

提供"资源百宝箱"供幼儿选择　　幼儿用插塑拼插出表演的道具

【成效与收获】

一、研究成效

经过一个学年的研究,我们追随幼儿在表演区中游戏的脚步,从观察幼儿入手,发现问题——分析问题——解决问题,逐渐为幼儿创设一个能基于表演兴趣、满足表现需要、激发艺术创新的游戏环境。表演区成了孩子们最喜欢的区域之一,入区率达到百分之百,班级所有的孩子都来过表演区,有一半的孩子在表演区进行过几十次的表演。他们在表演区中大胆地用律动或简单的舞蹈动作表现自己,自编自演故事,为表演自主地选择和搭配、制作简单的服饰、道具或布景。他们愿意与他人分享、交流自己喜爱的表演内容和形式，能与他人相互配合，分享经验，也能独立表现。家长开放日当天，孩子们向家长上演了一出出"好戏"，得到家长一致的好评，有的家长反映"孩子回家经常会聊到自己在表演区里发生的快乐故事"，有的家长反映"以前很迟才起床，自从有了表演区，孩子一早就来幼儿园，生怕没有表演区的预约名额了"，还有的家长反映"自从孩子在表演区参与活动后，变得自信大胆了，在别人面前表演得更自如了"。这一切的变化都告诉我们当初设立表演区的决定是对的。

二、研究收获

在幼儿学习与成长的同时，教师在创设环境、提供材料、给予幼儿有效支持等方面也得到了收获。

1. 创设适宜的游戏空间密度和空间结构

从表演区创设中，我们发现游戏空间的变化对幼儿的游戏行为产生了影响。空间密度是指每一个儿童在游戏环境中所占的空间大小，它反映了室内的拥挤程度。在前期的设置中，由于表演空间密度过小，就出现了表演中相互碰撞、表演不顺畅等种种问题。调整后的表演空间，密度适中，能保证幼儿正常的表演活动开展。空间结构包括开放式和分隔式两种形式，选取哪种方式，主要是看哪种适宜幼儿游戏的开展。从我们表演区前期设置上看，我们将较吵闹的表演区设置在安静区附近，产生了干扰的作用，阳台也相对封闭，不利于与其他游戏区域联通。所以教师及时调整了环境，重新在走廊上设置表演区，使之动静分开，更开放、联通。

2. 动态调整环境（材料），适时推进幼儿游戏发展

幼儿游戏离不开环境和材料，而幼儿园的游戏环境创设不是一蹴而就的。在以前的游戏活动中，教师会根据目标在幼儿游戏之前就尽量为他们创设好所有的环境，却发现"事倍功半"，从而沮丧万分。而在这次的表演游戏开展中，我们首先学会观察幼儿与环境、材料互动的过程，掌握幼儿的认知水平；其次根据幼儿在游戏中的发展状况适时适宜地给予调整，一步步紧跟幼儿兴趣与发展的步伐，为幼儿游戏提供必要的物质保障，真正有效地推进幼儿游戏的进程。

3. 教师在给予幼儿帮助时要注意介入的时机，以充分观察幼儿活动为基

础，发现幼儿的客观需要——幼儿的游戏行为是否自然顺畅，是否得到帮助的需求后再实施介入。不做过多的干预或把自己的意愿强加给幼儿，为幼儿敢于并乐于表达、表现营造一个安全的心理氛围，从心理、行动、情感上给予幼儿多方位的支持。

如何让幼儿在表演游戏中发挥自主性

福建幼儿师范高等专科学校附属第二幼儿园　游万玲

游戏是幼儿的基本活动，游戏也是促进幼儿学习与发展的重要途径。表演游戏是三大创造性游戏之一，也是孩子们最喜欢的游戏之一。在《指南》中提到，表现形式活动区中的表演区对幼儿的艺术素养、审美能力是一种很好的熏陶，幼儿的再造性想象能得到充分发挥，体现为日益增强的表现力，开朗、自信、合作的品质由此得到发展。因此，如何鼓励幼儿自主进行故事等文学作品的表演在幼儿期对孩子的发展起着十分重要的作用。

【问题的发现】

在组织幼儿表演"小兔乖乖"的游戏中，我在指导幼儿进行角色的轮换时，偶然听见了几个孩子的对话："怎么还要表演？""我不想演狼。""轮到志伟说了，他都不说话，真讨厌！"……

我问："你们不想再表演一次吗？"

"不想！"大家异口同声地说。

"为什么呢？"我十分尴尬。

"每次都是他当喜欢的角色。""阿哲老是不记得下一句。""那个兔妈妈的围裙老是解不开。""我不想当大灰狼。"……一大堆的怨言。

在传统的表演游戏的指导过程中我发现存在以下问题：

1. 在选材方面，表演的主题多以教师预设的故事等文学作品为主，幼儿自由选择的机会比较少。

2. 组织形式比较单一，注重表演的结果，忽视了过程中幼儿各方面能力的培养。

3. 时间的安排相对固定在一个时间段里进行表演。

4. 道具多以教师准备为主，不仅辛苦，也剥夺了幼儿参与准备的机会。

5. 过度放手，将材料投放之后，忽视对幼儿的有效指导，幼儿在表演活动中不知所措、偏离主题。

【问题的分析】

经过对以上问题的思考，笔者认为影响幼儿表演游戏中自主性的原因在于两种极端：一个极端是教师始终处于高控的状态，大大影响了幼儿自主性的发挥，幼儿对活动的兴趣从一开始的热情高涨到之后的冷淡、乏味、失去兴趣；另一个极端是教师过度放手，缺乏对幼儿活动的观察和了解，不能及时了解幼儿的需要。两种极端都会影响幼儿对表演游戏的兴趣，从而制约幼儿在游戏中的发展。

【问题的解决】

阶段一：尊重幼儿的兴趣需要，投票选择最受欢迎的绘本

教师通过与幼儿的谈话，了解幼儿对哪些绘本或文学作品感兴趣，和孩子们一同分析哪些作品适合表演。

我们就本班幼儿提供的文学作品进行了投票，见下表：

大三班表演游戏参与人数统计情况

绘本	参与人数	参与比例	绘本	参与人数	参与比例
白雪公主	24人	64%	悟空大闹水晶宫	18人	49%
小蝌蚪找妈妈	10人	27%	小熊请客	20人	54%
灰姑娘	15人	40%	铠甲勇士	16人	43%

（备注，大三班女生23人，男生14人，共计37人）

投票结果还表明：90%的女生对《白雪公主》《灰姑娘》等有"公主"角色的故事特别感兴趣，也十分迫切想表演；80%的男生喜欢《悟空大闹水晶宫》《铠甲勇士》等有一些打斗的场面的作品；20%的男生没有特别的爱好；从班级整体的比例来说，选择《白雪公主》的人数最多，占比高达64%（本班幼儿37名，男生14、女生23，男生比女生少了9名）。

以少数服从多数的原则，我们选择了《白雪公主》作为表演的内容，教师引导幼儿从活动的知识准备、物质准备、角色的选择、场景的设置等方面进行了案例的实践与研究。

阶段二：了解幼儿对作品的理解程度，并鼓励幼儿收集相关资源共享

在活动前，我们通过谈话的方式，引导幼儿说说自己对故事的理解，激发幼儿对活动的兴趣，并提出问题，引发幼儿思考。

1. 如果我们要来表演这个故事，用什么办法让我们对这个故事更加了解？鼓励幼儿通过收集相关图书、音像资料来进一步熟悉故事的内容。

2. 分配任务，请自愿提供相关资料的幼儿，近期内带到幼儿园分享。

活动反思：

李亦涵带来了自己最喜欢的《白雪公主》图书，胡馨文带来了新版DVD，胡钰暄带来MP3故事。我们将图书投放在阅读区，幼儿在晨区时间进行阅读，DVD在幼儿午饭后进行播放。孩子们对故事情节更加熟悉，对于人物的对话更加理解，从而在潜移默化的过程中逐渐掌握。我认为这样的方法比我们过去自己一遍遍地讲述故事效果来得好，孩子们在准备过程中，学会了收集资料的办法，学会了自主学习的方法，更重要的是学会了资源共享。

阶段三：幼儿通过各种渠道对作品进行了解，鼓励幼儿按意愿分组

1. 教师通过集中谈话的形式，引导幼儿说说，故事中的角色有几个，是哪些。幼儿在回忆的过程中，不仅更加明确了角色，而且学会了统计人数。

白雪公主、小矮人、坏皇后、王子、猎人等共12个人。

2. 每一组选出一名幼儿作为导演，组织大家"开会"。

（1）问题：什么样的人能胜任呢？

（2）幼儿讨论：很能表演的、很大方的、不和小朋友吵架的、文娱委员、乐于助人的……

3. 鼓励有意愿当"导演"的幼儿为自己拉票，其他幼儿通过举手投票的形式选出三位"小导演"。

4. 引导幼儿说说班级里有几个小朋友，该分成几组，怎么分。

（1）幼儿说出了37人的总数，教师将其记录在黑板上，启发幼儿说说该分成几组。

（2）尝试进行等分的练习，由于数目比较大，并且要三等分，我也担心会有难度，但是有些能力强的幼儿可以在教师的启发下尝试做到。

5. 教师将三位小导演的名字写在黑板上，鼓励幼儿自由选择参加的组别，并写上自己的名字。

活动反思：

1. 幼儿在选择组别的时候，一般是找自己的好朋友，但是在过程中，我们也发现了很多孩子都能比较熟练地写出自己的名字，用水笔在白板上像老师一样书写,这是一件他们觉得十分有趣和开心的事。

2. 原来我打算用表格来限制人数,后来一组满了以后,有些孩子不是按自己意愿加入到自己想去的组别,因此,第一次活动还是可以放开,让孩子们大胆选择。

3. 我给幼儿选择的期限是三天,在这三天内,怎么调整都是可以的,但是过了期限就不能更改了。这是规则,允许有思考的时间,也让幼儿学会决定。

4. 下次活动可以通过统计数量,以及商讨的方式来解决确定人数的问题。

幼儿按意愿分组的过程

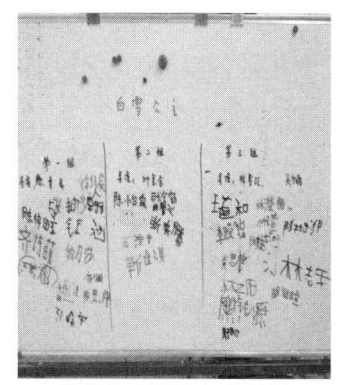
幼儿按意愿分组的结果

阶段四:通过"开会"的形式,按意愿选择角色

确定人员,并进行角色的分工、道具的准备,以及制订排练的计划。

活动准备:

三个相对独立的空间,为三组幼儿各自开会提供场所。

指导要点与活动纪实:

1. 根据幼儿选择的结果,教师启发幼儿进行统计。

教师引导幼儿发现并解决问题:有的组人员会多出来,有的组人员会少一些,怎么办?

2. 鼓励幼儿自主协商,尝试做到人数均等,教师适当引导。

教师引导幼儿发现并解决问题:不管怎么分配,其中都有一组是多一个人,怎么办?

幼儿自主讨论出的解决办法:可以当小矮人,小矮人多一个没有关系;可以演白雪公主的亲生母亲……

3. 找地方开会,确定角色的分配。

过程中生成了如下两个问题:

(1) 男生不愿意和女生一起表演,觉得当王子很害羞。

(2) 大家都想当公主,不喜欢演坏皇后。

教师指导原则:大家可以商量,导演尝试协调大家的意见。主要通过谈话的形式来进行启发,问题包括:

A. 说说皇后有什么优点。

B. 用什么办法让男生们也愿意参加?

幼儿自主讨论出的解决办法:

①给男生准备很帅的披风,像蜘蛛侠一样。还有闪亮的皇冠,最重要的是要配一把宝剑。

②因为皇后很爱漂亮,所以给当皇后的佩戴很漂亮的珠宝。白雪公主在逃难时很朴素,因此,打扮时不要佩戴太多的装饰品。

③谁愿意当皇后,谁就可以当副导演。

④给猎人配弓箭和匕首。

教师补充:在很多的电影颁奖礼上,获得最佳演员奖的都是演技高超的,比如说自己是一个善良的人,却能将一个坏人演绎得很成功。

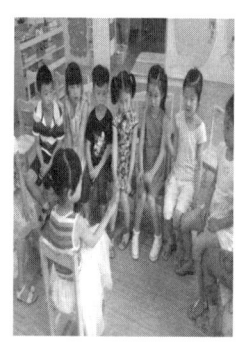  

"导演"组织组员们讨论角色的分配

阶段五:各组准备自己或组员需要的道具

1. 各组按角色准备道具。

2. 自己表演什么角色就准备相应的道具。

3. 资源共享,愿意为小组中其他同伴服务的也可以带来共享的道具。

4. 在美工区自制各种道具,如耳环、魔镜、皇冠等。

  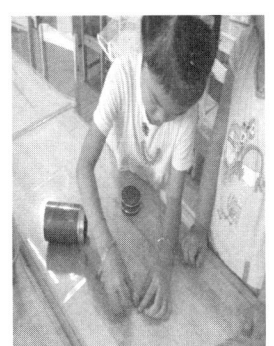

各组组员准备相关道具

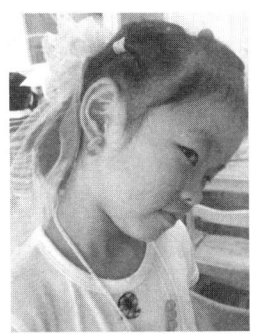  

各组组员的造型

阶段六：各组展示与相互评价

教师引导幼儿分组尝试第一次的表演，商量哪个队先出场，在表演前，教师给幼儿5—8分钟时间打扮，并共同布置场景，做好演出准备。

各组幼儿的分组表演

在各组幼儿表演后，请组与组以及本组幼儿之间相互作出评价。幼儿通过相互评价，发现了许多优点，例如：男生愿意和我们一起表演，而且，配合得很好；思畅小朋友演的坏皇后很像，特别是想坏主意时候的眼神很投入；小矮人蹲着走出来很整齐，而且还唱着《七个小矮人》的歌曲，增强了气氛；力莎小朋友演的公主在昏死过去的时候动作很美，醒来的时候还咳了两声，很有趣；平常不愿意和女生交往的林志伟小朋友说下次还要吻公主一下，今天忘了吻……

阶段七：待续……

（根据幼儿现阶段的表现，我们准备在即将开展的第七阶段到"爱乐厅"举办小小剧场，和幼儿一同布置剧场舞台，制作剧场的票，分单双数，学会对号入座，观看演出）

【研究结果与反思】

1. 问题解决的效果。

通过这样的尝试，我们发现即便在活动中不太喜欢参与的男孩也很乐意参与到活动中来。在活动中，孩子真正成为游戏的主人，他们会为自己和组员们在游戏中的需要努力付出，还带动了家长一同来协助完成服装和道具的收集和制作工作，家长们看到孩子们的热情高涨，也十分主动地参与到整个活动的筹备中来。

2. 经验与认识。

这样的方法可以适用于中大班的表演游戏，在活动中，老师不像过去那样觉得特别累，幼儿在整个活动的过程中为我们解决了许多问题，孩子的智慧不容低估。如：推选"导演"，按意愿选择组别、角色的分配和轮换，道具、服装的准备，将表演游戏变成了一个个生动有趣的剧场表演。孩子们在过程中能通过自己的办法来解决问题，即便是不太喜欢表现的孩子在参与的过程中也很自信。

值得一提的是：合理引导幼儿的讲评，对幼儿来说是十分重要的。我们对幼儿给同伴的评价方法提出了具体的要求：就是找优点。孩子们在评价的过程中多以正面的、积极的言语去欣赏同伴的优点。这是一个很好的学习机会，孩子们之间的关系也显得十分融洽。之后的活动我们可以参考这样的模式来鼓励幼儿，从游戏主题的选择——材料准备——角色的分配——表演场地等等，都可以发挥孩子的主动性，让幼儿真正成为游戏的主人！

传统民间游戏在幼儿园的推广与应用
——以"翻花绳"为例

漳州市芗城区实验幼儿园　曾小苓

【问题来源】

《幼儿园教育指导纲要（试行）》中指出："玩是幼儿的天性""要发现、保护和引导幼儿固有的天性""以游戏为基本活动"。游戏是幼儿童年生活不可或缺的一部分，民间游戏对幼儿的发展有很重要的作用，传统民间游戏在信息时代的幼儿园教育中同样具有宝贵的价值。

笔者以"翻花绳"游戏为例，在着手这一行动前，先向家长们围绕"幼儿是否在家中玩过翻绳"这一问题做了前期调研。调研结果显示，只有极少数的幼儿在家玩过翻绳游戏，大多数家庭中爷爷奶奶都玩过此游戏，父母小时候也有玩过，但很多人已经忘记了玩法。于是，如何让幼儿探究学习用一根绳子变出多个花样，如何让幼儿喜欢学并促进其发展……笔者尝试用行动研究的方法来进行民间游戏"翻花绳"的案例研究。

【资料补充】

翻绳游戏，是我国大部分地区的传统民间游戏，只要一根线在手，双手的十根手指便可通过巧妙灵活的动作、左右手的协调配合，以勾、拉、撑、压、挑、翻、放等一些精细的动作，翻出各种生动有趣的造型图案，此游戏可以一人玩，也可以两人玩或多人一起玩。

翻绳游戏看似简单、道具少，但在玩的过程中需要眼睛观察分辨纵横交错的线条，需要大脑记忆操作的顺序和方法，需要手指灵巧准确地操作，要求孩子做到眼尖、脑灵、手准，手脑一致，手眼协调。通过游戏，孩子的视觉、触觉、运动觉、知觉可以得到有机训练，形象思维能力、空间方位知觉能力、创造性想象能力也可以得到发展。

【活动实施】

第一阶段：调动兴趣，让幼儿喜欢学

镜头一：老师，我也要学

晨区活动时，我们几个老师围在一起玩起了翻绳。不停变化花样的绳子引起了孩子们的兴趣，"老师，你们在干什么？""玩什么呢？"一双双好奇的眼睛瞪得大大的，想要努力看明白眼前这个好玩的东西，生怕漏了什么似的，孩子们静静地看着，每翻出一次新的花样都大大地发出一声"哇……"。等花样翻完，听了老师的介绍后，孩子们争先恐后地说："老师我也要学，我也要学！"

调整推进：

抓住时机，把好幼儿兴趣点，有意识地对幼儿进行引导。《指南》指出：要充分尊重和保护幼儿的好奇心和学习兴趣，帮助幼儿逐步养成积极主动、认真专注、不怕困难、敢于探究和尝试的良好品质。"兴趣是最好的老师"，只要孩子感兴趣的，老师加以引导，定会起到事半功倍的作用。

镜头二：老师，你帮我

刚开始教的时候，我们采取集体教学的形式，教师示范，幼儿跟学。可是花绳细小，且花绳需要穿梭在手指中不停变化，幼儿离得较远，无法一一看清楚，每次仅有几名幼儿能简单掌握，其他幼儿只能眼巴巴地看着别人翻出新花样。他们表示："老师，我不会，你帮我吧！"看到别人的作品，有的幼儿羡慕，有的懊恼，还有的干脆放弃了……有时，幼儿还会挤到前面来，后面的孩子一看也往前涌，活动秩序难以调控。

调整推进：

转变集体教学模式，开展小组教学，个别指导。老师们讨论反思后觉得活动的开展形式需要调整。集体教学的效果不佳，应该采用小组教学、个别指导的方式，达成效果。

分散时间，多次练习，反复操作。采用晨区活动时间、午餐后的时间、离园的时间，进行个别小组教学和多次重复操作，班上许多孩子都学会了简单的花样变化。

第二阶段：自主地学，做学习的小主人

镜头三：我来当小老师

幼儿对此游戏的兴趣浓厚，单靠老师来教孩子，三个老师需带动四十四个孩子，总是顾此失彼。经常是到中午老师要下班了，还被兴致很高的孩子围着，不肯放走。"老师，你看看这样对吗？""老师，这条线往哪里勾？"……这样的声音处处可听见。

调整推进：

个别优学，以点带面，实现幼儿间互相帮助和指导。老师请先学会的小朋友当小帮手，教其他小朋友。或者，当有幼儿提出需要帮助时，跟她说："老师现在正忙着呢，要不你去找××小朋友帮忙。"孩子们很乐意帮助别人，愿意当别人的小老师。老师鼓励同伴间的互相学习，促进幼幼互动，不但提升了学习的效率，也树立了幼儿的自信心，促进幼儿社会性交往。

镜头四：学习看图示

儿童是主动的学习者，是自己成长的主人，为了提高幼儿的自学能力，摆脱对老师的依赖，我们逐步引导幼儿学习看图示，孩子们尝试用自己的方式学习记录学会的花样。但是在绘画过程中，由于是立体的图像，不好画，这对孩子们来说太难了，于是教师便引导幼儿抓住主要特征画简单的平面图，有时有的幼儿画的图像别人看不明白，就请他到现场解释或示范，老师帮助他理清思路并清晰地说出来。

调整推进：

提供图例，鼓励幼儿学习步骤，自主游戏。复印翻花绳图书步骤图，并进行张贴。引导幼儿尝试看图，并鼓励幼儿自主学习开展游戏，树立自信心。

学看图例，组织讨论，合作游戏。老师组织幼儿进行讨论，引导幼儿看懂图例，并进行讨论，实现幼幼间的合作互助，得出结果。

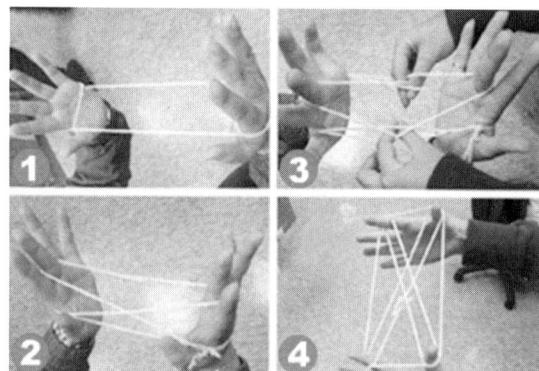

通过练习让幼儿理解符号所代表的意义，进一步引导幼儿按图示步骤翻绳，通过对绳子的反复摆弄、实际动手操作，再去模仿、去感知、去思索、去探索，在"做中学、玩中学"，幼儿不断地积累经验，体验到成功的快乐。

第三阶段：发挥想象，创意无限

镜头五：我会自己变花样了

经过一段时间的学习后，幼儿的学习能力增强了，手指协调能力提高了，各种技巧的使用熟练了，学会的花样也越来越多了，他们经常会跟老师说："老师，还有没有新的花样？"老师就在孩子们已经会的花样上稍加改变，对孩子们说："瞧，我变出了新花样，你也自己变一个试试。"

 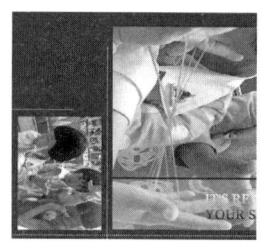 

这是我的长方形桌子　　　　时间沙漏　　　　　我的新创意

调整推进：

适时引导和鼓励，促进幼儿兴趣的持续性。幼儿操作花绳一段时间，掌握了翻花绳的技能后，教师需引导幼儿进行自主探究，保持兴趣，探索新发现。

相信幼儿，给幼儿更多的自主游戏和想象的空间。幼儿的想象力和创意无限，他们对于事情的解释和多元看法值得鼓励。教师不仅需要引导幼儿不断自主探究,也要善于发现和分享幼儿的进步。

如一个简单的新花样的创造,孩子兴趣激增,简单的一拐、一勾,孩子们都会兴奋地在同伴间进行分享和交流。"瞧,变了,这是××……"他们经常能创造性地编出一种图案,并给它命名,如:这是电视机、小荡床、小沙漏、中山桥、会飞的鱼、小雪花……教师需要相信孩子,把更多、更大的创造空间交给孩子,他们在玩玩做做的过程中,会带来更多的惊喜,教师也会惊叹于孩子们的创造力、想象力。

镜头六:PK比赛,体验成功

 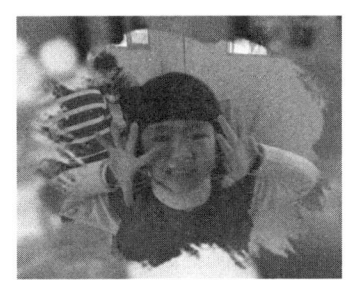

翻绳游戏开展了一段时间后,孩子们学会的花样越来越多了,有摇篮、五角星、钢琴、皇冠、蜻蜓、海上日出、巨形龟、蝴蝶结、猫头、菊花、热气球、单双降落伞、小喇叭等等。孩子们的手法越来越娴熟,能够自如地勾、穿、提、压等,开始运用各种基本图形,进行花样翻绳。在活动中也时常会听到孩子们在谈论"谁比较厉害""谁是翻绳高手""要不来PK一下"。

调整推进:

顺应幼儿,开展比赛,组织讨论、交流和分享活动。

教师可顺应孩子的心意和想法,引导幼儿进行讨论组织什么形式的比赛,比赛规则和奖励机制分别是什么,通过比赛活动让幼儿切身体验到游戏带来的收获。经过讨论,教师和幼儿商讨出如下三种比赛活动形式:

1. 小组赛:尽量与其他人编不一样的花样,每组超过10个花样的为团体胜利者;

2. 个人赛:推荐高手进行比赛,选出冠军、亚军、季军;

3. 创意赛:在一个基础图样上继续编,编出新花样,并进行讲述,老师组织幼儿投票,选出创意好作品。

通过比赛,孩子们对翻绳的兴趣得到进一步提高,我们常常能看见孩子们自发地进行比赛，一段时间后，有一小部分的幼儿居然能蒙着眼睛顺利地翻出花样来。

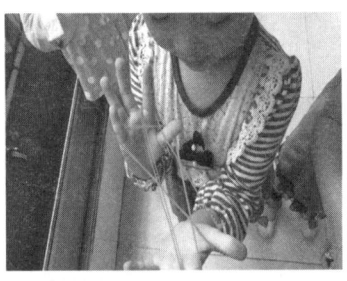
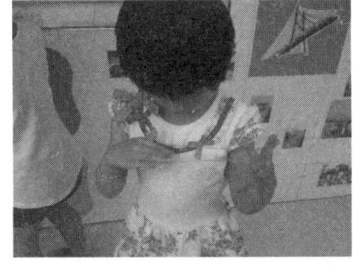
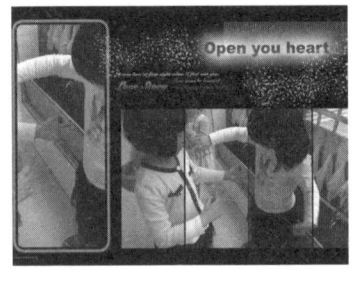

【活动成效】

翻绳游戏活动在我班上开展了两个多月，期间幼儿兴趣高涨，参与意愿强烈。从开始的好奇围观，到与老师探讨学习、自主看图示学习、幼儿间合作学习互当小教师、创编探究再到进行 PK 游戏，孩子们体验到了快乐，也提高了自主学习和合作游戏的探究品质。无论在区域活动、自由活动还是在饭后休息时间段都可以看到孩子们编绳子的身影。通过实践，我们深切地感受到民间游戏——"翻花绳"促进了孩子们各方面的发展。

关于翻绳的调查表

班级：芗城区实幼大二班　　　总人数：44 人

项目	人数（人）	百分比（%）
1. 幼儿以前玩过翻绳	2	4.5
2. 现在班级中幼儿玩过翻绳	44	100
3. 学会十个花样以上的孩子	28	63.6
4. 家长上网帮忙查翻绳资料	14	31.8
5. 家长帮忙查阅图书	5	11.4

6. 幼儿在园当过翻绳小老师	37	84.1
7. 幼儿回家会主动教家人翻绳	34	77.3
8. 幼儿主动教邻居家孩子或亲戚家孩子玩翻绳	27	61.4
9. 家人了解幼儿园开展翻绳游戏,持支持态度	42	95.5

具体的活动成效表现在以下几个方面:

1. 幼儿的手指精细动作得到很大发展。翻绳需要手眼一致的配合,需要十根手指的灵活运用和勾、搭、穿、翻、挑等动作。刚开始孩子们的动作很笨拙,速度较慢,常常是看着线条却分不清该勾哪一条线,该往哪个方向翻。过了一段时间,孩子们的手指动作越来越协调,越来越灵活了,能较好地掌握勾、搭、翻、拉、撑绳子等动作。孩子们体验到了成功,自信心也增强了。

2. 活动中幼儿体验到同伴的互助和友爱。孩子与同伴的互动,轻松愉快,没有压力,同伴间的互动、互帮、互学,一方面有利于活动游戏的开展,促进幼儿的社会性交往和合作游戏的开展,另一方面也有利于幼儿身心健康的发展。

3. 幼儿语言能力得到促进和提高。幼儿在与同伴交往的过程中能主动大胆地表达自己的愿望或观点。好问的幼儿能积极地提出问题,主动发问,担任小老师的幼儿能主动帮助其他幼儿,并条理清晰地进行示范讲解,给其他幼儿进行语言和动作实操上的帮助和指导。

4. 幼儿间主动寻求帮助,社会交往能力得到显著提高。翻绳游戏中有些是双人或多人游戏,幼儿在遇到问题时愿意向别人请教,也愿意帮助别人答疑解惑,在帮助同伴理解图示,或向同伴解释编绳的步骤中,孩子们体会到了合作游戏的快乐,在与同伴的互助交往中展示着个人的魅力,感受分享的快乐。

5. 幼儿好奇心得到激发,更愿意尝试和学习新东西,培养了良好的学习品质。幼儿有一定的探究能力,能通过观察、比较与分析,发现某个翻绳的形状特征,探索成功时会感到兴奋和满足。创意编绳也培养了幼儿的想象能力、创新能力。

6. 能感受翻绳所表现出来的艺术美,愿意与同伴分享交流翻绳中所感受的美感,愿意与同伴分享快乐。

7. 实现"师幼互动——生生互动——家园互动"的联动。

师幼互动——教师是翻绳活动的引导者、支持者、合作者，在互动活动中以关怀、接纳、尊重的态度与幼儿互动，拉近了师幼之间的距离。

生生互动——活动氛围始终充满了和谐，幼儿愉快地交流、分工、合作、分享，幼儿不但学会与同伴分享快乐、分享探究成果、学会与人交往，更唤起他们的主体意识，使其张扬个性、获得主动与发展。

家园互动——既能有效地利用家长资源又能促进幼儿积极主动地参与探究，孩子们进步很大，回家还会教家长，与父母进行互动。家长们反映孩子们回家看电视或无目的玩耍的情况减少了，时常会主动邀请家人一起玩在幼儿园里玩过的翻绳游戏，家长与孩子也通过亲子翻绳活动，增进了感情，家园构建了良好的互动。

【总结与反思】

翻绳游戏在当今社会的发展中被人们日渐淡忘，我们在研究过程中，有向老一辈的家长们请教，有的家长到书店帮忙收集相关的图书，还有的家长到网络上搜集资料。虽然我们遇到一些困难，但在家长们的热心帮助下，这个活动还是顺利地开展了。在活动开展过程中，我们进行了一些总结与反思：

1. 收集翻绳资料时，老师要进行整理与筛选，合理地、辩证地"扬弃"，选择适合幼儿的能力范围的、由易到难的翻绳游戏。

2. 在游戏时，老师要引导幼儿主动学习，但是在幼儿遇到困难时，要鼓励幼儿不要气馁，并引导他们克服困难，找出原因，体验成功。

3. 活动进行一段时间后，教师要关注幼儿的兴趣点，注意引导幼儿，不能放任幼儿，要提出要求，逐渐提高难度，让幼儿觉得有挑战性，帮助幼儿提升翻绳能力。

4. 要相信幼儿，老师鼓励幼儿有创意地编绳，把创作空间交给孩子，让他们在玩一玩、编一编的过程中，想象力、创造力得到进一步提高。

此案例研究在理论方面的探究与学习仍需不断进行，对于如何更好地做好幼儿园的民间游戏，真正使孩子快乐游戏、自主游戏、获得整体发展，还需要不断努力。

民间体育游戏在幼儿园户外体育活动中的开展

闽侯县实验幼儿园 林 洁

【问题的提出】

《幼儿园工作规程》明确指出:"游戏是幼儿进行全面发展教育的重要形式""幼儿园应因地制宜地为幼儿创设游戏条件"。民间游戏是来自于人们生活中自创的一种游戏形式,它不仅简单易学、趣味性强,且能促进幼儿各方面的发展,对幼儿教育起着很大的价值,对幼儿教育者也有很大的促进作用。本学期,在我园市级课题"开发本土材料开展户外体育活动的实践研究"中,我们以民间游戏深开发为主线,在前期广泛收集民间游戏内容的基础上,将民间游戏灵活地融入到我园一日生活活动中。

【问题的分析】

民间体育游戏有较强的娱乐性、实用性;不受时间、场地、人数、材料的限制等特点。借古朴有趣的民间游戏,我们把孩子们从室内吸引到室外,吸引到大自然的怀抱中,让他们在草地上吱扭吱扭地"推小车",在花园里玩"荷花荷花几月开",在地上跳格子,在塑胶跑道上踩高跷。但在活动开展过程中我们遇到了以下几个问题:

1. 民间游戏在开发、开展中缺乏实效性、推广性、持续性。许多游戏只局限于本班玩,或部分孩子会玩。一些游戏,孩子玩了一段时间后,就不感兴趣了,更多的孩子处于观望状态。如:跳短绳和长绳运动已形成规模化,家长足够重视,参与度很高,但也只有大班的孩子感兴趣。在家长和老师的参与指导下,孩子们活动的持续性才会较久。

2. 老师不断开发活动材料,但幼儿对材料的选择"喜新厌旧"的现象较严重。新的器械抢着玩,旧的器械无人问津。

【解决问题的行动方案】

针对在活动中出现的这些问题,我作为课题组成员之一,就以绳子为媒介，尝试在中班开展民间游戏的案例观察。上学期冬季，我们开展了"踢毽子"活动。中班孩子们在玩的过程中提出："老师，绳子的两边都系上毽子，可以踢，还可以拿在手上当花球，跳啦啦操。"于是，在小朋友的提议下，"毽绳"孕育而生。户外活动时，孩子们会自发地踢毽绳，或是比赛谁踢得多，还有的跟着音乐舞动毽绳跳啦啦操。由此可见，毽绳是孩子们感兴趣的，它的玩法具有多样性。为了进一步挖掘毽绳的多样玩法，我提供了多种辅助材料，让孩子们自由选择组合材料探索新玩法。在活动开展中，我做了几次观察和推进。

材料投放：毽绳、小木棍、沙包、小火棍、呼啦圈等。

游戏玩法：

1. 探索毽绳不同的拼摆方式，进行单脚跳、双脚跳、投掷等练习。
2. 自由组合材料，开展合作、竞赛式游戏。
3. 相互交流、分享经验，探索毽绳的花样玩法。

自制毽绳

材料：小火棍、小木棍、沙包等

游戏推进一

一、观察分析

观察：活动开始，孩子们拿着毽绳踢一踢、舞一舞；把沙包扔一扔，对材料没有太多的创意。诗沁小朋友最先尝试把毽绳放在地上摆个圈问："老师,我能往里面扔沙包吗?""可以呀,你试试!"只见,她把毽绳摆成圆形,站在圈外把沙包扔进去。"很好,真棒!"有了诗沁的初尝试,我的肯定和鼓励,孩子们都动起手来。他们把毽绳横着摆,有单线、有多线、有单个圆圈、有多个圆圈;有的往圈里扔沙包,有的投小球,还有的在线上双脚跳。参与游戏的孩子逐渐增多,队伍后面的孩子开始不耐烦,有的小朋友嚷起来:"老师,我排队等了很久,怎么还没轮到?"有的小朋友说:"老师,我想单脚跳。"

分析:活动中,老师提供给孩子多样的低结构性材料,每种材料都有多种玩法,材料之间可以任意组合,具有多功能性。对于孩子来说,自主的空间很大,中班幼儿自主探究、独立做事的能力正在增强。在老师不做任何要求的情况下,能力强的孩子大胆尝试,在移动和组合材料中探索出新玩法;能力弱的幼儿通过同伴间相互的模仿,以及老师肯定性语言的鼓励,开始尝试,但玩法略显单一,孩子自己玩自己的,缺乏合作游戏。随着孩子的增多,出现等待时间长的现象。

二、调整与推进

1. 关注孩子们的活动情况,及时收集活动照片。通过视频回放,丰富毽绳玩法。活动中孩子们不断创新:中间长方形,两边分段摆;方形里双脚跳,分段单脚跳;拼成长方形和三角形组合,方形里面单脚跳,三角形里双脚跳;长方形摆前面,短线摆后面等。

2. 组织幼儿观察讨论,用多格子摆放的方式代替单线摆放,解决了"长时间等待"问题。实地操作中,孩子们学会及时调整队伍,由一队变两队或多队。

3. 加强对个别能力弱幼儿的动作指导,让其学会单手向前投掷、单脚连续向前跳。

4. 经验分享,同伴交流,积累运动经验,丰富游戏玩法。

三、调整前

 摆成圆圈练习投掷
 摆单线投掷
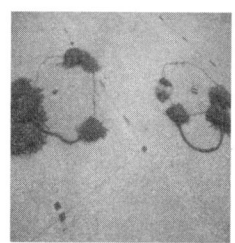 毽绳分段摆练习跳

四、调整后

 摆成格子状练习跳
 长方形和三角形组合
 毽绳分段和格子组合造型

游戏推进二

一、观察分析

观察：随着运动经验的丰富，孩子们更加喜欢尝试毽绳不同的摆法。有的孩子还能和同伴商量先摆左边还是右边，先摆圆形还是长方形。在合作中，子藤小朋友过来跟老师说："老师，涂亚乔要拿木棍跳。"我走到亚乔的身边，轻声地问："亚乔，你想怎么玩呢？"他很腼腆地笑着说："我想扔木棍跳。"我鼓励他说："好啊，你试试。"只见，他躬身往前一扔，木棍落在了线内，他单脚跳了过去，接着，又往前扔，碰到框格，他就双脚跳，玩起了"踢方格游戏"，由于是新鲜玩法，孩子们争先恐后地尝试，亚乔还很认真地教同伴玩。可刚玩了两轮，诺言和旭成小朋友的小棍扔在了一块，他们谁也不让。过来让我来评评理，我问其他幼儿："你们觉得让谁先过好呢？"有的说："男生让女生先过！"有的说："女生让男生先过！"

分析：孩子通过与材料的互动，对材料越来越熟悉，毽绳摆放的方法逐渐增多，摆放的图形也由简单到复杂。在探索中，孩子们的交流与合作也增多，促进了社会性的发展。游戏让幼儿变得聪明，在活动中，亚乔同样是投

掷练习，但他结合了跳的经验，探索出"踢方格"新的游戏玩法，并能与同伴分享经验。孩子们在相互模仿与尝试中不但促进了运动思维的发展，而且遇到问题还能学会思考，协商解决问题。但活动中孩子们只是进行单一、重复的动作技能的练习，活动缺乏趣味性。

二、调整与推进

1. 组织幼儿针对活动中出现的纠纷问题进行讨论，让幼儿学会协商，自己解决问题。如：两个人碰在一块，用"锤子、剪刀、布"的方式解决谁先过的问题，尝试制订游戏规则，探索"合作游戏"玩法，不断推动游戏开展。

2. 捕捉教育契机，通过榜样示范，激发幼儿积极主动探索游戏的趣味玩法。

3. 关注幼儿活动行为，针对活动中的危险行为，引发幼儿思考，提高幼儿自我防护的能力。

三、调整前

轮流跳出现的碰撞

学会用"锤子、剪刀、布"解决问题

四、调整后

"锤子、剪刀、布"扔沙包

"锤子、剪刀、布"扔小木棍

游戏推进三

一、观察分析

观察："合作游戏"吸引越来越多的小朋友加入，因此，我们把场地延伸到自助活动区。在一次活动中，诗皓和庆铃小朋友争执起来。"怎么了?"我蹲下身问他们。庆铃嘟着嘴巴说："诗皓一直玩，他都玩好几次了!"诗皓振振有词地说："那我赢了，当然可以玩。"我问："赢的小朋友可以一直玩，输的小朋友什么时候玩呢?"这下，旁边的小朋友炸开了锅。在大家的讨论中，佳铄小朋友提出建议："我跟妈妈下棋的时候，赢的可以多玩一次，我们也这样吧。"我欣喜地问："这个建议怎么样，你们接受吗?""可以!"大家都赞成。孩子们很激动，马上投入游戏。他们遵守自己的规定，两人比赛，胜的小朋友多玩一局。不一会儿，梓谦把小木棍伸到我面前说："老师，你帮我记一下。"原来，梓谦去趟卫生间，小朋友都不承认他赢过，觉得他口说无凭。于是，我在他的木棍上简单做了记号。没想到，梓谦拿着小木棍，高兴地向伙伴们炫耀去了。结果，赢的孩子都来找我要画线，许多小朋友拿着小木棍比谁画的线多。

分析："合作游戏"吸引了很多孩子的兴趣。"做标志"为游戏增加了规则，同时使游戏内容更加丰富。孩子们开始数标志、比较标志多少，在游戏中不但获得了科学领域的发展，而且萌发了竞争意识。活动中遇到纠纷问题，佳铄小朋友能迁移生活中已有的经验，帮助同伴解决了问题。活动开展过程中，孩子们不断地发现问题、解决问题，从而提高幼儿解决问题的能力。

二、调整与推进

1. 根据幼儿活动需要，及时拓展空间，积极调动更多的孩子参与。

2. 支持幼儿"合作游戏"，使活动更有趣味性，并引导幼儿讨论、交流，建立合作规则。

3. 组织幼儿认识、设计标志，引导幼儿用"标志记录"解决活动中谁赢得多的问题，制订竞赛规则，树立公平意识。

4. 提供小木棍等辅助材料，支持幼儿开展各种形式的竞赛，并学会用不同的方式记录，积累竞赛经验。

孩子们跃跃欲试

参与比赛的孩子越来越多

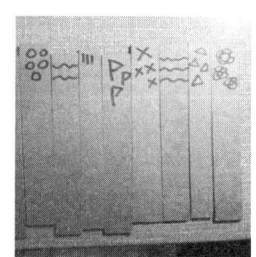
画上标志的小木棍

游戏推进四

一、观察分析

观察：提供新材料后，孩子们利用棍子之间的空隙，摆出了个"大迷宫"。我问："在迷宫里扔沙包吗？""我看到桶里面有小球！"子藤飞快地奔过去，拿起小球演示他的"迷宫滚球"。小朋友们好奇地关注着，不一会儿，就有许多小朋友加入到这个"迷宫滚球"游戏中。玩着玩着，子藤为迷宫设计了 3 个不同的出口。忽然，后面的徐浩喊："老师，婉晨把我的迷宫踩坏了。"婉晨委屈地辩解："小球拐弯的时候，不小心弄歪了竹棍。"我问："有什么办法可以让我们的小球拐弯得顺畅呢？"一旁的少轩马上说："老师，圆圈里小球可以拐弯！上次我把毽绳围成圆圈，往里面扔沙包！""太棒了，我们一起试试吧！"在我的鼓励下，孩子们一起动手尝试。

分析：《指南》中指出，"尝试性行为"是幼儿游戏的另一个常见表现。当重复的游戏让他们获得某种知识和能力后，孩子往往不满足于自己已达到的水平，他们总是以略高于日常的水平尝试新的游戏行为。新材料"小木棍"引发孩子们发现新的游戏契机，孩子们自发地拓展出新游戏"小球滚迷宫"。活动中，他们能根据自己的能力改造迷宫出入口。遇到问题时，能迁移已有的经验，尝试解决问题。在"毽绳"游戏的开展过程中，孩子的社会性能力不断提高。

二、调整与推进

1. 根据幼儿活动需要，材料上增添更多的小火棍、呼啦圈、毽绳满足幼儿组创新的需要。

2. 通过拍照、交流、视频回放、现场观摩等，以更开放的方式，鼓励幼儿创作形式更多样的组合。活动中孩子们大胆地创设出"小火棍与毽绳组合""呼啦圈与毽绳组合""小火棍、呼啦圈与毽绳组合"。

3. 扩大活动场地，鼓励幼儿合作设置迷宫，探索"迷宫设置多样性"。随着玩的次数增多，孩子们摆放的形式也更多样化了：有直线和圆圈组合，有圆和半圆组合，还有曲线和直线组合；设计迷宫的路线越来越清晰，不但学会设计多个出口，还设计了不同的入口，满足不同水平孩子的游戏的需要。

4. 继续开展"竞赛式合作游戏",满足幼儿挑战欲望,积累竞赛经验。
5. 邀请家长义工共同参与游戏,营造轻松、快乐的运动氛围。

木棍与呼啦圈组合

毽绳和木棍组合

【研究结果与反思】

在开发毽绳多样玩法的过程中,我对民间游戏开发有了几点小思考,归结如下:

一、材料广收集,旧玩创新法

1. 材料收集"广"。

我园座落于八闽首邑的闽侯县甘蔗街道,地处"昙石山文化"发源地,有着深厚的民间传统文化底蕴,乡镇盛行竹编、草编、藤编等工艺。因此,我园利用周边环境中的有效资源,收集大量本土化、生活化的材料,竹、藤、草、线、木、麻绳、斗笠、木条等开发多种民间游戏,麻绳可以打成结,在地上摆成不同的形状,玩"跳房子";藤编的小球里面装上铃铛可以玩"探地雷",用竹节摆成方格,玩游戏"占四角"等。这些材料取之方便,用之耐久,收拾方便,有效地促进了幼儿综合能力的提升。

2. 活动方法"新"。

在实践中我们从孩子的需要出发,关注游戏中孩子们的表现,对于一些幼儿感兴趣的民间游戏保留或创新玩法，对幼儿不感兴趣的游戏，就进行修改，使活动内容变得更有趣。比如"毽绳"，在孩子们熟悉玩法的基础上，通过孩子之间的探索、发现，老师给予有效支持，由原来单一的玩法转化为后来的多样有趣的玩法。这不但让幼儿体验到活动的快乐和有趣，还充分发展了幼儿的求异思维和创新精神，激发了幼儿的创造意识。

3. 活动内容"趣"。

在"毽绳"游戏的开展中，孩子们通过语言交流、协商规则、探索玩法，不但学会解决冲突、交流与合作、制订规则，还体验到旧游戏新玩法的乐趣。实践中我们还收集到"老虎进洞""跳房子""兵和贼""控竹""青梅竹马""三角包""挑花线"等有趣又富有挑战的民间游戏。内容"趣"，孩子们玩的兴致就高。

二、教师巧指导，策略多变化

1. 教师指导方式的灵活性。

我园每周一、三、五早晨是民间游戏的活动时间，每个活动点都有固定的教师指导活动。老师面对的是来自不同年龄段的孩子。在指导时，首先要定位自己的角色，学会和孩子们一起玩，相信每个孩子，尊重他们的个性差异。教师的指导更多趋向于隐性，让幼儿相互交往、模仿，协商合作，达到相互学习的目的。在活动中，教师要观察孩子处于什么水平，他们的兴趣点在哪，对材料的使用情况如何等。比如玩毽绳时，轮到中班的孩子来参与，我们在观察的基础上，鼓励他们探索多样玩法、尝试竞赛，如果轮到的是小班幼儿，毽绳就化身为道具"小河"，我们再投放木房子、篮子等辅助材料，创设游戏的情境，让小班幼儿学会近距离跳过小河，到草地上采摘蘑菇；轮到大班小朋友来玩时，则以竞赛或合作式游戏为主。

2. 教师指导语言的针对性。

指导过程中，对大班的孩子，老师应多用暗示性的材料或者理性的指导语，帮助他们分析思考和概括；中班的孩子应该是用带有启发性的语言或者建议性的话语；小班的孩子多用鼓励赞赏的语言，富有童趣的材料引导他们参加。比方说民间游戏"青梅竹马"，大班的幼儿注重指导他们游戏的合作性、创新性，可以引导幼儿通过小竹马，加入其他的活动元素，如娶新娘、鬼子兵来了等。中班的幼儿注重指导他们游戏的参与性和积极性，小组之间进行比赛等。小班的孩子主要是鼓励每个孩子都积极参与，骑着小竹马在操场上到处快乐地奔跑。

3. 教师指导对象的随机性。

民间游戏在户外开展，由于场地范围较大，我们多以分组活动、教师巡回指导的方式进行。如毽绳游戏，在分小组探索时，教师在巡回指导的过程中，是随机地观察孩子，抓住观察引导的契机，多询问幼儿有没有需要帮助的地方，支持幼儿的探索、尝试，鼓励幼儿相互学习，从而推进游戏的发展和创新。

三、角色试变换，支持促生成

作为老师常常注重环境的创设，材料提供是否丰富、适宜，游戏是否按计划开展等问题，而常常忽略了对幼儿的观察和活动过程的支持。有的教师对幼儿自主游戏理解得不够，忽视自发自主生成游戏；有的教师在游戏中已经观察到幼儿的行为却不知如何引导、支持幼儿的自主游戏。因此，我们最好的方式就是学会角色换位。在实践中，学会站在孩子的角度思考问题，多倾听孩子们的想法。提供材料支持，注意观察孩子们在行为上的变化，从而不断反思、不断调整。

从"毽绳"游戏多样玩法的开创到变化玩法的实践中，我领悟到：相信孩子，给孩子一个空间，孩子就会还我们一份惊喜！

运动性活动区的整改

宁德市机关幼儿园 吴柳菁

【问题的提出】

《幼儿园工作规程》明确指出,幼儿园要"积极开展适合幼儿的体育活动"。《3—6岁儿童学习与发展指南》中的健康领域明确提出"发育良好的身体、愉快的情绪、强健的体质、协调的动作、良好的生活习惯和基本的生活能力是幼儿身心健康的重要标志,也是其他领域学习与发展的基础"。这些文件希望幼儿园在开展幼儿体育活动时要关注质量。然而,在幼儿园的实际活动中,常常出现形式上热热闹闹,运动质量却不高的现象。人们对体育活动的重要性和意义存在认识上的差异,有的认为户外体育活动的场地大,教师不好组织;有的认为体育活动容易出事故,还是少开展为宜。由此,幼儿园户外体育活动常常流于形式,或停留在计划上,而实际活动的时间和活动质量得不到保障。针对这些现象,我以我园为例,分析问题存在的原因,并提出解决的对策。

【问题的分析】

户外体育活动要让孩子沐浴在大自然中,让孩子的身心在户外运动中得到更健康的发展。但我园在户外体育活动的开展中存在着一些问题。

一、教师心中无目标,户外体育活动缺乏有效性

我园上午户外体育锻炼时间安排是上午10:00—11:00(包含早操活动和户外自由体育活动),下午2:40—3:10(包含午操和户外自由体育活动)。教师对非正规的户外体育游戏的组织较随意,很多教师认为户外体育游戏不是体育课,只要到外面玩了,确保孩子安全就好,没有必要根据幼儿的发展水平来选择游戏、指导活动。教师心中无目标,不清楚本年龄段的孩子在平衡能力、动作协调、灵敏、力量和耐力等方面应该达到什么水平,因此户外体育活动教师只是走过场。

二、教师心中无教学内容，户外体育活动的环境、材料贫乏

"抢"运动器械、玩具在幼儿园似乎司空见惯，这一现象向我们传递了两个信息：一是教师开展户外活动的器械不能满足幼儿的需求；二是户外运动器械不足。但经过深入分析后得出，出现上述情况关键在于教师缺乏课程内容的意识，如：缺乏根据活动目标选择游戏的能力，缺乏挖掘利用器械、场地中的隐性资源的能力，缺乏对户外体育游戏有效策划的能力，从而导致器械随意投放。

基于上述原因，我着眼于幼儿的发展，立足于户外游戏、户外器械与本园户外场地资源的整合利用，积极寻求比较科学、规范、合理的户外体育游戏策划思路，进一步提高户外体育活动的质量。

【解决问题的策略】

我们对照了其他园所在户外体育活动方面比较好的经验，再结合我园自身存在的不足进行户外体育活动的整改。我们积极贯彻落实《幼儿园教育指导纲要（试行）》精神并解读《3—6岁儿童学习与发展指南》中有关健康领域的相关内容，因地制宜，不断优化幼儿园户外体育活动，以进一步提高对开展幼儿户外体育活动重要性的认识，真正促进幼儿身心的全面发展。

一、遵循的原则

1. 目标性原则。

以幼儿发展目标为核心，将幼儿园的各种教育因素有机地结合起来，紧紧围绕《3—6岁儿童学习与发展指南》中的相关内容，根据实现目标的需要，选择相应的教育内容、教育方法及手段，避免过去教育工作中重形式、轻教育目的的现象。

2. 发展性原则。

幼儿体育活动的出发点和归宿是促进幼儿的发展。发展不仅体现在知识、技能的增长，更体现在幼儿的生理机能和身体素质的提高。幼儿的发展既遵循一般的规律，又体现了个体差异。为此，教师对幼儿体育活动的指导要把着眼点放在促进幼儿身体素质的提高上。从观察幼儿入手，了解每个幼儿的发展需要，根据每个幼儿的发展特点，因人施教，促使每个幼儿在原有水平上得到充分的发展。

3. 教师主导与幼儿自主相结合的原则。

幼儿户外体育活动的指导是有目的、有计划地对幼儿施加教育影响，促进幼儿全面发展的过程。因此教师的作用应体现在根据幼儿的发展需要、计划，组织幼儿园的户外体育活动，为幼儿提供良好的教育环境，激发、引导幼儿主动与环境相互作用。在教育过程中观察、指导幼儿，在发挥教师主导作用的同时，也应充分认识到幼儿的发展是一个积极主动的过程，没有幼儿的主动参与，任何教育都难以取得良好效果。因此，要尊重幼儿的兴趣与需要，注意、激发幼儿的内部动机，调动幼儿的主动性和积极性，克服长期以来以教师为中心，忽视幼儿发展需要和幼儿主动性的倾向。

4. 活动性原则。

活动是幼儿与环境相互作用的桥梁，是幼儿发展的基本途径。因此，应根据幼儿的发展需要，创设适宜的教育环境，开展丰富多样、适合幼儿年龄特点的各种体育活动，促进幼儿主动参与活动。

5. 整体性原则。

不同形式、不同方面、不同途径的教育均对幼儿的发展起着重要作用。因此，应充分发挥教育的整体功能，使幼儿在体、智、德、美等方面和谐发展。多种形式的教育过程，使幼儿园与家庭的教育成为相互联系、相互渗透的有机整体。

二、具体实施方法

1. 对全园户外活动时间、人员进行调整。上午户外活动基本不变，放弃下午传统的午间操，把整块时间用于户外运动性活动区，由于班生数较多，户外运动需增加指导的教师，每班两位教师一个保育员同时进区指导。

2. 将户外场地划分成与班级数相等的区域，分别有：综合游戏区、合作挑战区、开心跑跳区、快乐骑行区、平衡投掷攀爬区、民间传统游戏区、趣味投掷区、接力跑跳区等。每个班分别负责不同区域中的器械，并在相应的阶段进行调整。下午分区体育活动时按区域进行，并根据孩子开展的情况及天气等综合因素进行轮换，确保幼儿能到不同的区域中进行活动，得到相关领域的发展，并结合具体要求两周进行一次户外活动评比，评比的目的是为了促进教师有目的、有计划地设置与指导。

三、活动组织

1. 组织原则。

注重手段的多样化与内容的丰富性。通过多方面重复性的经验促进每一个分解目标的实现，充分挖掘各级发展目标。

2. 基本形式。

（1）个体活动：教师根据当前目标的需要和幼儿的活动兴趣提供环境，投入玩具和材料引发幼儿主动活动。同时，教师也应注意在活动过程中观察、指导幼儿，对较长时间进行一种或几种练习的幼儿给予适当指导，以使幼儿通过个体的活动获得发展。

（2）小组活动：主要作用是满足幼儿不同的活动兴趣，照顾幼儿不同的发展水平，有利于教师因人施教、给予身体锻炼技能上的重点指导，培养幼儿的集体意识、合作精神及协调人际关系的能力。

（3）集体活动：集体活动以传授身体锻炼的新技能、新规则为主，这些方面的知识技能通过集体教育传授给幼儿。

以上三种活动形式是相互配合、相互渗透的，是可以相互转化的有机整体，不可分割。

【研究结果与反思】

一、幼儿多方位的发展

在我们开展的第一阶段，刚开始老师们还是和原有户外体育活动时一样组织，只是活动器械丰富了，在形式和指导上还是停留在自由活动和"放羊"式管理上，并没有太大的改变。我们及时召集老师就这个问题进行研讨，大家都来说一说，自己心中的运动性活动区是怎样开展的？怎样才对孩子动作发展和性格培养等方面真正有帮助。在研讨中老师们意识到了原有活动组织形式上的诸多弊端，通过反思认识到了不足，提出下阶段的整改措施。在第二阶段我们把每个区域中的材料进行整合，尽量变成组合游戏，减少孩子的等待时间并能让更多的孩子参与其中，这样孩子们运动时的目的性增强了，老师也不再是个保护者，更多时候是个参与者，在参与过程中观察和指导孩子，大家都很投入。

经过一个学期的整改，孩子们的动作得到很好的发展，从开始时笨拙、不协调、不灵敏到现在动作娴熟，敢于尝试各种动作。

1. 促进幼儿生长发育，增强体质。这学期我园幼儿出勤率较高，每个班均在93%以上，发病率在3%以下，幼儿对环境的适应能力及对疾病的抵抗能力明显提高。

2. 促进幼儿心理发展，丰富知识、经验。在体育活动中，幼儿通过自己的创造和想象发展活动，独立快速和机智灵活地处理活动中发生的各种问题，使观察和注意、思维和想象力得到较大发展。同时，随着户外体育活动的开展，幼儿有关自然和社会方面的知识经验也丰富起来了。

3. 培养幼儿的社会性，发展个性。在户外体育活动中，幼儿与同伴相互交往、共同活动，培养了规则意识、集体观念及交往能力，促进了幼儿社会性的发展。同时户外体育活动的内容生动、形式多样、富有趣味性和娱乐性，既丰富了幼儿的情感，又发展了幼儿的个性。

户外体育活动，不但对幼儿身体有着促进作用，对幼儿的心理发展也具有极大的价值。作为教师应做个有心人，使孩子从狭小的空间走出来，充分发挥户外体育活动的相对自由、自主、轻松愉快等作用，使孩子在积极主动的活动中，得到全面的发展。

二、反思与推进

风靡全国乃至全世界的安吉游戏有着很好的教育理念，今年四月份，在市政府的支持下我们联系了安吉当地政府，我园13位教师参观了安吉的部分代表园所。我们在学习他们理念的同时也对本园的户外运动区游戏做了反思，并结合本园实际情况提出建设性的意见，下一步我们将继续调整我园的运动性活动区游戏的时间与环境、材料，以游戏为基本活动，加强对教师参与活动指导的管理，希望在大家的共同努力下，真正培养出一个个健康、自信、富有个性的孩子！

角色游戏环境材料与幼儿游戏状态的研究
——以中班"娃娃家"为例

南平市实验幼儿园 蔡 超

【问题】

最近,我园研讨角色游戏的组织,重点研讨:角色游戏如何体现自主性。

自主游戏可从以下几个方面体现:自主选择游戏内容、自主选择游戏材料、自主选择游戏地点、自主选择游戏玩伴、自主选择游戏玩法。

【现状】

自主地选择游戏内容——难,因为每个区进去人数是有限制的,如果这个区人数满了,还想进去就不行了。

自主地选择游戏地点——难,因为我们的游戏场地是固定的,而像小司机想开到其他地方是不允许的。

自主地选择游戏玩法——难,因为老师在玩之前讲了很多的规则。

自主地选择游戏玩伴——可以。

自主地选择游戏材料——在教师创设的环境材料中可以自主选择,但这是真自主还是假自主呢?

在角色游戏中,影响游戏质量的关键因素是游戏材料,那么,就从环境材料适宜性这个角度先来观察分析孩子的游戏情况。

【第一阶段游戏观察】

观察班级1:中四班。

重点观察区域:娃娃家。

环境材料:教师精心布置游戏场地。合理划分区域,适当投放材料,并做好方便整理的标志。

角色:若曦扮演的奶奶(重点观察)。

幼儿游戏行为实录:

若曦（奶奶）先去"厨房"煮菜，她从保鲜柜里拿出三样东西放进锅里，翻炒了下，又拿走两样说："一次只能煮一样。"看见"爷爷"过来，她命令："你去拿碗。"若曦拿出2个辣椒，给每个盘子放一个，告诉"爸爸"这个会辣；接着又拿出铲子当刀切鱼，"爸爸"说用手也可以当刀，她说："这里没有刀，这个是刀，就用这个。"接着继续煮第三道菜——花菜，并拿出一根辣椒，装盘。这时娃娃家又进来一个女生，她扫了一眼说："你没有牌子。"若曦足足炒了15分钟菜，她把煮好的菜装盘都放在蘑菇椅上，直到"妈妈"买回相机给她照相后，她才出门"也去买个相机"。

接着她抱起"宝宝"去了理发店，自己和宝宝都洗了头，又回来拿吸尘器当熨斗熨了被子，转身又带宝宝去医院，说宝宝肚子疼。她拿出医院的一份流程单，指挥医院工作人员先打针，再挂瓶。

直到游戏结束，蘑菇椅上煮好的菜都没人吃。结束时，大家把物品很快归回原地，收拾速度挺快的。

分析："奶奶"是个很会"干活"的人，一会儿煮菜，一会儿带宝宝，中间几乎没有思考和停歇的时间，她与材料互动的时间很多，但她几乎不与"家人"交流，只有偶尔的几句"命令"。开学才一个多月，看得出她做这些事相当熟练，甚至不用怎么思考。她规则意识很强：进来一定是要有牌子的人，一次只能炒一样菜，一定要用铲子当刀，医生要按流程看病……

观察班级2：中三班。

重点观察区域：娃娃家。

角色：蔡方畅扮演的爷爷（重点观察）。

幼儿游戏行为实录：

蔡方畅进入娃娃家很干脆地选择了"爷爷"的牌子挂上。他守在门口，一会儿两个小朋友要进来，他把门关上，用力抵住门，不同意他们进来，他说："你们没有牌子，不能进来。"但他们还是推开门进去了，面对这样的情况，他没有什么策略和办法，只能无奈地接受现状。后来又有小朋友进进出出，他没有制止（偶尔他们有些交流但声音很小，我基本听不见）。

他偶尔会离开门边，去柜子看看。一次，他拿出里面的一个纸质药品盒，看了看里面的说明书，似乎无法看懂说明书的内容，他决定将说明书折叠好。在这个过程中，他似乎碰到了一些困难，无法按照说明书原来的轨迹将它折好，但他慢慢地边尝试边思考，几次后终于成功了，他将说明书装进了纸质药品盒，还打开了其他柜子，拿出里面的物品，看了看，又将它们放回原位。

他在小凳子上坐了一会儿，起身走出娃娃家，边走边说"出去散散步"，像自言自语，又像在告知我。他走到小吃店门口看了看，不一会儿就离开了，又走到医院，在医院挂号处看了看，又走了。他继续回到娃娃家，回到门边，现在他会为进进出出的小伙伴开门、关门，直到游戏结束。

分析：

他几乎很少和其他小伙伴交流，对娃娃家的物品有探索的欲望，会去动一动、看一看，但似乎怕弄乱了它们，总是比较小心翼翼，或干脆只看不动。

看门是他的一大兴趣，整个游戏过程中有一半的时间他都是呆在门边的，做着开门关门的工作。

以上两位幼儿都对摆弄已有的材料比较感兴趣，会与布置好的环境材料互动，比如煮菜、洗被子等，但很少用到替代物，甚至很少有想去寻找替代物的动作。如：妈妈洗好被子没有想过要去晒被子；娃娃家没有餐桌，孩子们就把菜直接摆放在椅子上。自发交流的情景很少，基本没有协商的过程，各忙各的。

思考：

1. 娃娃家的环境是以老师为主布置的，环境中包含了老师认为娃娃家可以玩的内容：布置了灶台、冷藏柜，孩子们可以煮；布置了小客厅，可以看电视、打电话；布置了宝宝区，可以照顾宝宝。如老师所愿，孩子们确实玩了这些，而且几乎凡是进娃娃家的孩子都会选择做这些事。

2. 教师为幼儿游戏周到地提供了"必备"的材料：如厨房提供了锅、铲、碗碟、仿真食物，好像在告诉孩子：你可以这样煮。而事实上，孩子们也确实是这样煮的，我观察过好些孩子，他们煮的过程都差不多。

3. 我们看似精心布置的环境中大部分游戏材料都是成品仿真材料，很少有半成品材料，更别说让幼儿自己创作的材料了，因此孩子们很少出现让老师"意外"的情节。如娃娃家没有餐桌，孩子们则将煮好的食物直接放在椅子上，也许因为椅子已用上，所以几乎没有看到"一家人"围坐着用餐的情景。

也就是说，目前的环境材料中包含了玩什么、怎么玩，没为拓展游戏提供适宜材料。所谓自主即自己作主，不受别人支配。自主选择游戏材料即不受游戏材料的支配，也就是所谓的不让材料控制幼儿。而我们的游戏看似很有序，仔细观察与分析后发现受环境材料的影响很大，几乎被环境材料控制了。孩子的创造力从何而来？孩子们很多时候只是在游戏中不停地摆弄这些材料。

【调整】

1. 将原来按老师意愿布置提供的材料收取，留出空间让孩子们自主选择。

2. 控制高结构材料的数量，提供内容丰富的、易于变化的低结构材料供孩子游戏时取用，幼儿可根据自己的需要、依据材料的可变性进行游戏，激发幼儿进行"以物代物""一物多用""一物多变"。

【第二阶段游戏观察】

观察班级1：中四班。

重点观察区域：娃娃家。

环境材料：

1. 将原来固定摆放着的成品材料收放在一大篮子中，保留划分好的功能区，如厨房、宝宝区。

2. 提供部分低结构材料：竹筒、竹圈、竹棒、地垫等。

角色：若曦扮演的妈妈　小云扮演的奶奶（重点观察）

幼儿游戏行为实录：

若曦（妈妈）第一个进入娃娃家，选到她向往的"妈妈"角色，特意把牌子给我看了看。她看到两大筐的材料惊呼："这个怎么不一样啦，这个怎么玩啊？"突然，她发现了一个大地垫，说道："这个不是这里的。"于是，她拿着地垫走出了娃娃家，把地垫拿到了摄影室，她觉得这个地垫是摄影室的。我说，这个就放在这里用吧。她坚持将地垫送到摄影室。一家四个人围着两大筐，商量着"这些东西要放到哪儿呢？"若曦翻动了一下，拿出了碟子、锅铲，将一些食物放到锅里开始煮菜了，她拿锅铲像模像样地翻动食物、装盘，然后放在蘑菇椅上。

菜炒好了，她想了想，走到篮子边把一个竹筒和一个竹圈拿出来，说道："可以这样搭。"不过才一会儿她走到了摇篮边，抱起宝宝，说道："宝宝生病了，我要带他去看病。"

小云（奶奶）将大框里的东西一一放到原来的地方，摆好。整了一会儿，说："这么多怎么整得完？我去找爷爷帮忙。"于是快速走出娃娃家……

过了一会儿她从篮子里找到一根竹棒，搅拌药品，要给宝贝喂药。她刚才去找爷爷时经过了医院，看到"妈妈"在医院带宝宝看病，于是她回来搅拌药准备送去给宝宝吃。

分析：

若曦特别喜欢娃娃家，喜欢扮演妈妈。原来的环境创设了一个月，给若曦留下了固有的印记，环境材料的改变好像打乱了她的秩序，她不太适应。但她比较快进入"妈妈"的角色，继续做着原来做过的事情，还是那么有秩序感，煮菜、带宝宝、哄宝宝，用心投入到角色中，甚至有一段时间也对改变的材料进行了探索。

小云一开始也没习惯材料摆放方式的改变，但很快，她懂得从篮子里寻找她想要的物品来为自己服务。小云愿意与同伴合作游戏，游戏水平较高。

思考：

所谓适宜的游戏材料应该是符合幼儿身心发展特点的，能为每一个孩子提供活动的条件和表现自己的机会，是决定幼儿主动活动的重要因素之一，这直接影响到幼儿的兴趣，使幼儿在游戏中情感需要得到满足，社会性得到发展。而想象创造是幼儿角色游戏的特征，我期待角色游戏在幼儿角色扮演很认真的状态下能根据需要选择替代物进行游戏，也许会出现更多的交流与合作。

【调整】

全面开放的环境——提供娃娃家的框架，桌子、橱子，其余所有物品均收放在大框中。另外在角色区中设一个低结构材料区域，满足幼儿游戏需要。

角色游戏是一个相当长的游戏过程，不可急功近利，我们将继续关注游戏环境的布置与材料的投放方式，让角色游戏真正成为幼儿自主的游戏。

幼儿园区域活动材料有效投放及指导策略的案例研究

厦门市同安区实验幼儿园 陈 舒

【问题的提出】

我园区域活动存在的问题：经过省级优质幼儿园评估后，我园的区域活动更加规范、有序了。但对照《3—6岁儿童学习与发展指南》的精神，仍然存在诸多问题，需要教师澄清观念，避免无效劳动。

1. 区域材料投放盲目

在材料投放的过程中，教师经常缺乏认真的分析，对于材料与幼儿的关系、材料与材料之间的关系缺乏研究，缺乏对材料投放时间的考察，缺乏对本土资源的挖掘意识，导致材料投放缺乏针对性、适时性、生态性、情境性、本土性。

2. 区域活动指导低效

由于对区域活动的认识和理解存在偏差，教师对如何利用区域环境和材料开展丰富的区域活动仍有很多疑问。

（1）活动开展形式化、表面化。

平时，教师们忙于杂事，区域活动流于表面，并未深究。一遇到有人来检查、参观，才埋头做足准备，使得区域活动形式化，积淀少。

（2）角色分工不明确。

教师对于自己在幼儿的区域活动中应该扮演什么角色、发挥什么作用、如何发挥作用等知之甚少。幼儿园内部未建立区域活动专项研讨模式。

（3）指导缺乏艺术性。

区域活动中的教师更多地应该通过材料实现"隐性"指导，即使教师介入，也应该讲究策略，不宜太多硬性干预。

（4）不善于观察和研究。

教师不重视对幼儿区域活动的观察，也不知道该如何通过观察开展有效的活动指导以及研究幼儿的发展。

（5）在干预过多和放任不管中举棋不定。

到区域活动时，教师要么干预过多，要么"放羊"，总是拿捏不好尺寸。

（6）交流分享过于简单。

区域活动结束时的交流分享时常被处理成简单化的总结与表扬会，未发挥应有的教育价值。

【问题的分析】

结合本园的实际情况和本研究的持续时间，我园将本课题"幼儿园区域活动材料有效投放及指导策略的案例研究"划分成两个子课题："区域活动材料的有效投放研究"和"区域活动指导策略的研究"。其中"区域活动材料的有效投放研究"包含"区域活动材料投放的开放性研究""区域活动材料投放的层次性研究""区域活动材料投放的本土性研究""区域活动材料投放的推进性研究""区域活动材料投放的主题性研究"等问题的实践与研究；而"区域活动指导策略的研究"包含"观察分析策略的研究""介入行为指导策略的研究""暗示性指导策略的研究""评价策略的研究"等问题的实践与探讨。

内容结构图：

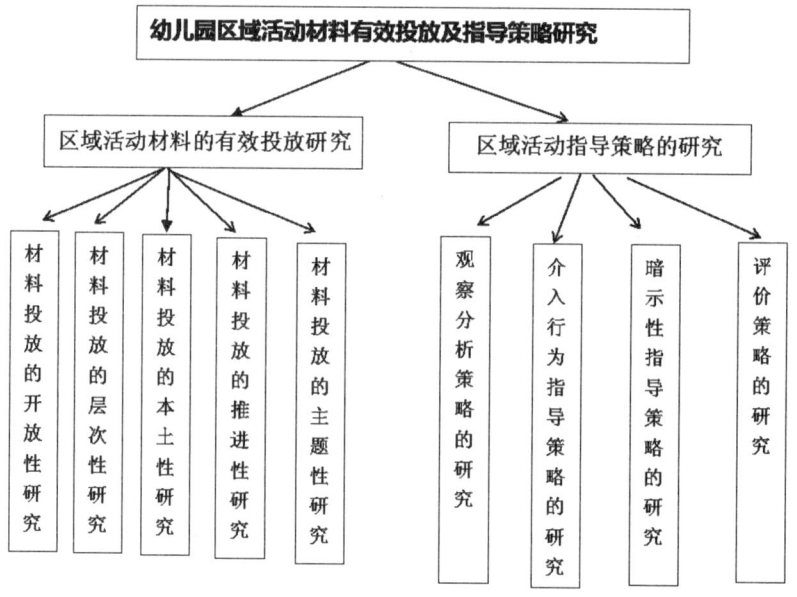

【解决问题的行动方案】

一、研究方法

1. 质的研究与量的研究相结合

（1）质的研究。

运用教育教学原则、规律及方法的知识，通过质性记录描绘出一幅幅幼儿区域材料投放和指导动态过程图，以发掘和揭示内隐于幼儿行为背后的思维特色、活动需要，或教师指导行为背后的教育思想、教育理论和教育理念，从而发现区域活动的价值和意义。

在定性研究过程中，具体使用观察法、总结法、文献法、追因法等研究方法进行研究。

（2）量的研究。

通过统计、记录幼儿进区人数，从面上对个别幼儿或全班幼儿参与区域的情况进行调查和预测，发现幼儿的兴趣点和关注点的转移趋势等，为教师调整区域活动材料提供参考数据。

2. 教育行动研究法

针对区域活动实践中的问题，在行动研究中不断地探索、改进并解决实际问题。

二、研究的实施

1. 准备阶段（2015年3月—2015年4月）

（1）确立研究内容，分年龄组成立3个研究小组，明确分工。

（2）查阅相关资料，了解和借鉴国内外有关区域活动的研究情况，进一步确立研究内容、目标和方法。

（3）对研究内容进行调研、分析论证，制订研究计划和实施方案。

2. 实施阶段（2015年4月—2016年3月）

（1）加强理论学习，深刻了解国内外有关区域材料有效投放和指导策略的研究，转变观念、提高认识。

（2）各年龄组根据不同年龄段，探索幼儿区域活动材料有效投放的指导方法，在行动中研究，在研究中反思，在反思中创造。

（3）定期召开研究工作会议，组织研究小组成员学习、研讨、总结，明确研究目标，理清研究思路，发现研究中存在的问题，找出解决问题的方法。

（4）协调幼儿园相关资源，创设各种条件，保证课题的顺利进行。

（5）总结研究经验，撰写研究的阶段性论文总结。

3. 总结阶段（2016年3月—2016年5月）

（1）撰写研究报告，接受专家评估、鉴定。

（2）收集相关影像资料，刻录光盘，整理有关课题研究论文、案例并进行汇编。

【研究过程】

一、区域活动材料有效投放的研究

1. 材料投放的开放性

活动区材料有两种投放方式，一种是开放式投放，对材料不做过多的玩法规定，幼儿可以根据自己的兴趣和需要创造玩法；另一种是封闭式投放，对材料规定了玩法，附加了任务，幼儿必须根据要求进行操作，达成教师预期的目标。我园以往的区域活动以材料封闭式的高结构化设计居多，老师付出大量的时间和精力准备，幼儿却玩一两次后就不感兴趣了，这种高投入低效能的方式无形中使区域活动流于形式。还有就是虽然一些教师投放了开放性的材料，却不自觉规定了规则和玩法，限制了孩子的自主和自由，扼杀了孩子的想象力和创造性。为解决这些问题我园做了以下尝试和改变：

（1）投放丰富的非结构化材料，鼓励幼儿大胆创造。

非结构化材料指的是教师在投放时没有设定目标，也没有设计玩法，幼儿可以根据自己的兴趣爱好选择材料，大胆设计和创造玩法。孩子们生活中随处可见的废旧材料都是非结构材料的主要来源，如盒子、瓶罐、光盘、报纸、环保袋、水管、衣服、筷子、棋牌、纽扣……它们简单、多变、可替代，能够引发幼儿无穷无尽的思考与探索。于是我们在班级活动室和幼儿园公共区域都增设了"材料加油站"或"百宝箱"，鼓励幼儿、家长、教师共同收集来自生活中的各种废旧材料，并将它们投放到"材料加油站"或"百宝箱"中，投放时不设定具体的目标和玩法，允许幼儿在不同的活动区域使用，让幼儿凭借自己的经验、能力、兴趣和需要，充分发挥想象，创造性地赋予这些材料新的生命。比如说牛奶盒，它可以玩多米诺骨牌游戏，可以搭建房子，可以玩纸盒拼图，可以制作人偶，可以作超市里的商品等。又比如扑克牌，它可玩比大小的游戏、接龙的游戏，可以将扑克牌用折、卷等方法改变形状玩"叠叠高",可以作为美工区的装饰材料,也可以作为角色游戏中的钱币等。我们还在"材料加油站"或"百宝箱"里面投放各种各样的自然物,像石头、贝壳、竹子、泥土、稻草、果壳、豆类等也为幼儿自主探索提供和创造了更多的可能性,更大的思考空间。比如石头,喜欢绘画的幼儿可以把它描绘成一幅生动质朴的石头画,喜欢音乐的幼儿可以把它当成乐器敲打出美妙原生态的自然之声,喜欢建构的幼儿可以把它当成积木搭建石头小屋和小路等。又比如贝壳,它可以变成美术区的装饰物,可以作为数学区里数数、排序的材料,可以变成棋类区的棋子,还可以变成小吃店里的海鲜等等。可见,这些开放性的非结构材料的投放,能使幼儿在自主作用于材料的过程中,生发出更多、更综合的目标,这些目标自然地与《指南》五大领域所提出的目标有效融合。

(2) 投放开放的低结构材料,鼓励幼儿自主探究。

低结构材料指的是,教师依据一定的教学目标对材料进行简单设计,但不限定玩法,由于目标比较隐蔽,对幼儿来说自主的空间仍然很大。以"斜坡滚物"的游戏为例,教师有意识地为幼儿投放了大小长度相同但光滑度不同的木板若干;球体、圆柱体、正方体、长方体的物品若干,笔和纸等,主要目的是让幼儿在操作中比较不同物体在不同的斜坡上滚动的速度有什么不同,并把操作观察的结果记录下来。但由于不限定玩法,会出现不同的探究结果,如有的幼儿探究的是不同的物体在相同坡度的斜坡上运动的不同现象,有的幼儿探究的是相同的物体在不同坡度的斜坡上运动的不同现象,有的幼儿探究的是相同物体在相同斜坡但光滑度不同的斜坡上运动的不同现象。在一段时间后,幼儿还可能不再满足单个斜坡的探究,出现加长形、V形、M形组合式斜坡的探究;会探究不同重量的物体在相同斜坡上运动的不同状态等。甚至有的幼儿会出现游离操作活动目标之外的现象,如有的幼儿将木板拼成大V字形,用圆柱罐玩起了左右滑动的游戏,有的幼儿用木板围成一个轨道,试着让球从轨道中通过……幼儿会不断进行各种低结构玩法的创新和探索。教师不做过多的介入和干扰,只需要为幼儿的探索和经验的累积提供必要的支持和帮助,让幼儿在自主探究玩法、创造性地使用材料中凸显他们自由、自主、自发的游戏本质。当然,除了教师设计的低结构材料以外,还可以投放一些购买来的低结构玩具,如"架桥滚珠"玩具,该玩具由长短不

一、有弯有直的"滚珠轨道"和高度不一的长方体支座组成，轨道和支座经过任意组合，可搭出各种滑道，组合方法极具开放性。又如"小熊穿衣"玩具，可在磁性底板上为小熊设计出多种服饰搭配，多变性强，这些玩具都符合低结构材料的特征，深受幼儿喜爱。

(3) 适时调整材料，实现低结构材料与高结构材料的互相转换。

高结构材料和低结构材料各有其利弊，我们应保持冷静的思考，因势利导，在大力提倡低结构材料的同时，不能因高结构材料的局限性，而全盘否定其存在的价值，两种材料可共存于幼儿园区域活动中，可以根据幼儿的兴趣和需要适时地进行调整，实现低结构材料与高结构材料的互相转换。比如操作区中的"切蔬果"游戏，老师为幼儿提供了各种蔬果、塑料小刀、刨刀、垫板，目的是让幼儿练习切、刨等技能。刚开始由于操作性强，幼儿颇感兴趣，还是比较受欢迎的，但一段时间后，可能是由于目标单一、结果固定，幼儿在简单重复的切、刨动作中逐渐感到厌倦，慢慢就无人问津了。后来教师调整了一下材料，在材料加油站中增加了牙签、盘子、纸、半成品装饰等低结构材料，并且不限定材料的使用方法。一段时间后，发现有的幼儿尝试把切下来的蔬果用牙签拼插起来，做成了小动物的造型，有的幼儿把刨下来的萝卜皮摆在盘子上变出花的造型……其他幼儿好像也受到了启发，纷纷选择不同的切割方法进行有创意的结合、拼接和摆放。在这个过程中，教师通过及时地调整和增加低结构材料，让幼儿的动手能力得到发展，同时审美创造能力也得到了一定提升。又比如美工区中结合主题"小司机"中的制作"各种各样的车"的活动，教师觉得孩子们喜欢车，熟悉车的造型，于是让幼儿自由地到材料加油站中选择自己喜欢的材料进行自主创作，结果发现许多幼儿在制作过程中出现了困难，拿着材料摆弄却不知道应该如何制作。也就是说，由于老师没注意到小班幼儿在制作经验上的不足，在提供低结构的材料时出现了问题，于是调整了方法，从高结构材料入手，提供一些车的成品供孩子欣赏、临摹，还提供一些半成品的轮子、车窗、车门等，让孩子们慢慢积累制作的经验，得到成功的体验后，再从高结构慢慢转化为低结构，让孩子自由选材创作出有新意的作品，这样更能促进幼儿有效的发展。所以材料的投放一定要从幼儿的兴趣和需要、能力及水平出发，可能是一个从高结构到低结构的过程，也可能是一个从低结构到高结构的过程。

（4）改变材料的性质，使其低结构化。

作业式的高结构材料由于玩法固定、结果固定，幼儿只能枯燥地摆弄，一旦完成任务，这个材料就没有用了，这就是教师们花了很大精力设计制作出来的材料幼儿们却总是不感兴趣的原因。带有情境性和游戏性的高结构材料能弱化材料的"作业"成分，让幼儿在生动有趣的情境之中完成操作。如"救救小动物"（垒高）的活动，教师们创设了一个有小动物在高处的情境，让幼儿通过救小动物的方式进行垒高活动，这样，既达到了目标，又激发了幼儿的游戏兴趣，更提高了幼儿克服困难、解决问题的积极性。因此，提供高结构材料时，应尽可能地让操作过程情境化。棋类游戏多数有竞赛性质，由于玩伴水平不同，所以每次产生的结果也不同，不同的结果会让幼儿对下一次的操作结果产生期待，高结构材料若能巧妙增加竞赛的性质，幼儿就能保持长时间的兴趣。如"认识整点"的游戏，教师改变了以往单个幼儿操作的玩法，由两个幼儿轮流抽取时间卡片，谁先在钟面上拨出准确的时间谁就得1分，等抽取完所有的时间卡片后，谁得分多谁就赢，由于输赢的结果具有不确定性，这就刺激幼儿为了赢而不断重复游戏。

2. 材料投放的层次性

维果斯基认为，幼儿的发展有两种水平：一种是幼儿的现有水平，另一种是幼儿可能的发展水平。两者之间的差距就是最近发展区。在投放区域活动材料时，教师要充分考虑不同年龄幼儿在发展水平上的差异以及同一年龄段幼儿之间的能力差异，在最大限度上符合最近发展区的要求，才能真正起到促进幼儿发展的作用。通过研究，我园教师在区域活动材料投放中已经表现出一定的层次性，不仅考虑到幼儿的年龄特点，满足一般幼儿的发展水平，还兼顾到了能力较强和较弱幼儿的发展需要，使他们都能在区域活动中选择和探索与自己能力、兴趣相适应的材料。

（1）适应不同年龄段幼儿的身心特点——纵向层次性。

幼儿的年龄特点决定了幼儿的身心发展水平，因此区域活动中应该根据不同阶段幼儿的身心特点投放不同层次的活动材料，做到有的放矢。根据幼儿的年龄特点和实际需要，区域材料投放的侧重点也各不相同。如小班幼儿以具体形象思维为主，注意力集中时间短且容易分散，要为他们提供一些生动形象、趣味性强、操作性强的实物或仿真实物，才能激发他们参与活动的积极性，持久地进行探索游戏。随着年龄的增长，中大班幼儿逐步过渡到抽象逻辑思维，理解力、自控力不断提高，可以提供更为复杂、更具探究价值的材料，或是对智力要求高、锻炼逻辑思维的活动材料，以充分调动幼儿的求知欲、主动性，使幼儿不断向高一层次发展。在材料投放的数量上，教师们的做法是，小班幼儿采取种类少但同种材料数量多的投放方式，以避免他们因互相模仿、争抢材料而产生纠纷，中大班则是逐渐增加材料的种类并减少同种材料的数量，以满足幼儿探究需要以及促进合作游戏的开展。此外，同类材料对于不同年龄段的幼儿的投放要求也不同，例如阅读区中的书，小班幼儿可以以图画为主，故事简单有趣、易理解，主要目的是培养幼儿的阅读兴趣和阅读习惯。随着年龄的增长，中大班则可依照幼儿的兴趣爱好投放相应的书，培养幼儿的兴趣爱好。又例如建构游戏材料的投放，从小班的"大号积木为主，结合块状插塑，有以玩具为主的辅助材料区"，到中班的"中号积木为主，结合片状插塑，不设辅助材料区"，再到大班的"保留积木，增加柱状插塑，提供以图纸、照片、符号等形式为主的辅助材料"，材料投放的层次不断提高，以满足幼儿发展的需要。

(2) 适应不同能力水平幼儿的需要——横向层次性。

《指南》中指出：要充分理解和尊重幼儿发展进程中的个别差异，支持和引导他们从原有水平向更高水平发展。因此在实践中，教师们在投放材料时按照由浅入深、由易到难的原则，分化出若干个和幼儿的能力发展相吻合、可能的、不同难度的操作层次，以供幼儿根据自己的最近发展区选择与操作材料，既让能力弱的孩子吃"饱"，又让能力强的孩子吃"好"，满足不同层次幼儿的发展需要。如在操作区开展"串项链（手链）"游戏时，主要目的是让幼儿练习"串"的动作，师幼共同收集"串"的多种工具，如粗细、软硬、长短、颜色、材质不同的绳线；收集"串"的多种物品，如大小、形状、材质、颜色不同的珠子、吸管、植物种子等。能力强的幼儿可以选择又细又软的彩线串孔小的植物种子，能力弱的幼儿可以选择又细又硬的绳子串吸管等，让幼儿在串的动作中练习小肌肉的协调性，同时感知不同工具和物品之间的关系，探索物品的不同排序方式，按自己能力和兴趣制作喜欢的作品。又如在美术区中投放各种层次不同的绘画材料，如白纸、卡纸、宣纸、刮蜡纸等各种材质的纸，铅笔、彩笔、毛笔、棉签、小棒等绘画工具，能力较强的幼儿可以尝试用毛笔在宣纸上作画或是用小棒在刮蜡纸上进行刮蜡画，能力弱的幼儿可用彩笔甚至铅笔在白纸上作画，让幼儿在原有水平上不断提升自己的绘画技能。

3. 材料投放的本土性

同安历史悠久，本土文化熠熠生辉，这正是幼儿园取之不尽用之不竭的教育资源，在本土文化已经悄然远离幼儿生活的今天，我园努力挖掘和利用蕴含着无限教育价值的本土文化资源，尝试将本土文化与区域活动有机融合，投放具有本土特色的材料，让本土文化走进幼儿园，在幼儿的心田里播下本土文化的种子并生根发芽。

（1）创设民间工艺特色区。

每个班级结合幼儿的兴趣爱好、教师的优势特长、家长教育资源等创设一个民间工艺特色区，如珠绣区、漆线雕区、剪纸区、捏面人区……让幼儿在富有特色的区域活动中感受民间工艺美，学习和传承民间工艺。以珠绣特色区为例：在活动室的一角，教师提供了一个展示架，摆放师幼、家长共同收集的生活中各式各样精美的珠绣工艺品，如珠绣提包、珠绣拖鞋、珠绣衣服等实物，张贴了图文结合的珠绣介绍和珠绣工艺品照让幼儿欣赏，在区角架上摆放了收集和购买来的形形色色的珠子和珠片、各种各样的布、不织布小鞋子（小帽子、小背包）、针线包、珠绣架等材料和工具。这些琳琅满目的材料立刻吸引了幼儿的兴趣，有趣的珠绣活动开始了，幼儿开始尝试把布固定在珠绣架上，在布上用笔描绘和创作出自己喜欢的图案，用针线把珠子和珠片慢慢地绣到图案上，蝴蝶、玫瑰花、小白兔、太阳……一幅幅生动的珠绣作品诞生了。

（2）创设民俗表演区。

教师和孩子们一起制作和收集车鼓弄、舞龙舞狮、歌仔戏等民俗表演的服装、道具，将其投放在幼儿园公共的小舞台和班级的表演区里，幼儿在观看了车鼓弄、舞龙舞狮、歌仔戏等民俗表演后产生了浓厚的兴趣，在积累和丰富了一定知识经验的基础上开始尝试创作和表演。有的教师还为幼儿准备了木偶小戏台，提供了布袋偶、手偶、杖偶、提线木偶等材料，让幼儿自主进行木偶表演。

（3）创设民俗文物展示和体验区。

我们利用家长收集来的民俗文物在一楼公共区布置了一间"农家乐"。用竹子和稻草做成古屋，用篱笆围成院子，悬挂和摆放辣椒、花生、蒜头、南瓜等农作物实物或仿真物，展架上放置各种农田生产的农具模型，如耕田用的犁、灌溉用的戽桶以及水车，收割用的打谷机、摔桶，磨稻谷用的土砻、风鼓、米筲等；灶房里放置磨豆子用的石磨、石臼，榨甘蔗汁用的碓，装食物的米筲、蒸笼，煮饭用的烘炉、笼床；大厅桌上摆放香炉，照明用的油灯；卧房里放置睡觉用的眠床，赶蚊子用的蚊摔，夜间的尿具夜壶，取暖用的火窗等；除此之外还有一些生活类用品的比如草鞋、柴屐、秤、椅轿、干落等。每个文物上面都贴上了名称，通过教师的介绍，幼儿的参观、摆弄，让文物贴近幼儿，让幼儿接触文物，直接感知、感受古同安人民的生活。孩子们还可以在特色区里亲身体验、动手操作，如用碓榨甘蔗汁、用石磨磨米浆、用秤给物体称重，玩娶亲、抓阄等游戏，亲身感受古同安的"生活"，体验文物的用途和有趣，从中领略丰富多彩的同安本地民俗文化。

（4）创设闽南童玩区。

我园在体育区里专门创设了一个闽南童玩区，投放了皮筋、毽子、滚铁环、陀螺、竹蜻蜓、高跷等民间玩具，让幼儿进行跳皮筋、踢毽子、踩高跷等民间体育游戏，体验民间游戏的快乐。

此外，我园还将本土文化特色材料有机投放并渗透到各个区域，如在语言区提供民间故事、童谣的图书图片或录影带供幼儿阅读欣赏；在操作区提供拣茶枝、翻绳、编织材料供幼儿操作；在棋类区里面投放龟壳棋、赶猪母等民间棋类玩具，让幼儿体验民间棋类游戏的乐趣；在美术区让幼儿尝试用各种材料制作民间玩具、民间表演道具等。

4. 材料投放的推进性

在区域活动中，幼儿更多的时候是在与材料的互动中不断发现问题，在解决问题的过程中不断获得发展的。以往教师在投放完材料后就觉得已经完成任务了，不会对材料去做太多的调整与改进。通过研究，教师们意识到在根据幼儿兴趣和需要投放材料后，还要以发展的眼光对幼儿与材料的互动情况进行分析与判断，在此基础上有针对性地补充、调整、更新区域材料，让活动材料不断给予幼儿新启示、暗示并引领幼儿创新玩法、拓展经验，巧妙地运用这些材料去解决不断生成的问题，层层递进地推动幼儿的区域活动向纵深方向发展。下面就以中班探索性活动区"铺彩砖"为例，具体描述师幼是如何自主地利用材料不断地尝试、调整，创新玩法，富有创造性地推进区域活动。

中班探索性活动区游戏"铺彩砖"

游戏来源：

随着"彩色世界"主题活动的开展，孩子们发现生活中到处都能找到彩色。有一天，我发现婉滢和镜洋正专心地将一块块彩色正方形积木铺在地板上，我好奇地问她们在干什么，她们说："我在给地板铺彩色的砖。老师，我们的教室的地砖为什么不铺成彩色的呢？"小家伙的话引起了我的思考：是啊，为什么教室的地砖不能是彩色的呢？既然孩子们对铺彩色地砖这么感兴趣，那么我为什么不抓住孩子的这个兴趣点，让他们自己动手给地板铺上彩砖？可地板毕竟比较脏也比较冰，怎么办呢？经过与幼儿讨论后我们决定在地板上铺上大地垫，用颜色鲜艳又耐用的不织布代替彩砖。于是，"铺彩砖"游戏便开始了。

材料投放：地垫两块、裁成正方形和三角形的彩色不织布若干、纸盒等。

游戏玩法：

1. 感知彩砖的颜色、形状。

2. 自由选择彩砖，尝试将其整齐地铺在地垫上，并与同伴协商如何将彩砖铺得更美观。

游戏推进一

观察分析：

观察：孩子们对铺彩砖的兴趣非常浓厚，但没多久游戏区便出现了矛盾，有三个小朋友同时参与游戏，由于互相影响，艺轩说："我要把黄色彩砖铺这边，你不要挡住我。"新尧说："可是我喜欢在这个位置上铺蓝色彩砖。"婉滢说："你们把我铺的砖都弄乱了，我不跟你们一块儿玩了！"还出现争抢自己喜欢的彩砖的现象。

分析：因为没有规定人数和具体玩法，孩子们觉得可以三个人一起玩，可是地垫虽然大，但是孩子们在地垫上已经占据了一定的空间，就没剩多少空间铺彩砖，而且彩砖的数量也不够三个人玩，游戏似乎不能顺利地进行。中班幼儿已经具有一定的规则意识，他们也能在游戏中自己发现和解决问题。游戏过程中发生的矛盾和问题正是孩子们自主参与游戏、自发解决问题的基点。

调整与推进：

第一次自由游戏后，我引导参与这个游戏的幼儿说一说在游戏中遇到了什么问题，并由幼儿自由发言大胆回答解决问题的方法。在与幼儿进行一番讨论之后，我们对活动区的材料进行了一些调整：（1）师幼共同制订游戏规则，如每块地垫只能一个人玩。（2）增加地垫和彩砖的数量。（3）整理彩砖，将正方形与三角形的彩砖分类放置好。

两人参与

整理后的彩砖

游戏推进二

观察分析：

观察：镜洋在铺彩砖的时候，先选好自己想要的彩砖，然后在地垫的一边慢慢铺。她铺的彩砖与其他幼儿不同，这具有特色的铺彩砖方法引起了其他孩子的注意，不少孩子都自发上前观察悦悦的铺彩砖方法。一旁原本自己铺彩砖的贝妮也跟着镜洋铺起具有特色的彩砖。但是问题也来了，他们铺出来的彩砖一模一样，失去了特色。此外，他们铺的彩砖边与边排列不整齐，导致彩砖不平整、不美观。

分析：在这次的观察中，我注意到了中班孩子相互模仿的能力比较强，他们会将同伴的一些做法作为榜样，进行模仿，特别是当有的孩子的做法得到其他孩子的认同和肯定时，他们便会盲目地跟着模仿。如果孩子仅仅只是沉迷于模仿中，那么将会失去创新的动力。我们应该对每个孩子的不同想法给予肯定,让他们对自己的做法有信心,同时鼓励他们在模仿的过程中创新,想出与其他人不同的方法。此外,我们还要帮助幼儿更好地掌握铺彩砖的技巧,让彩砖边与边对齐、铺平更美观。

调整与推进:

游戏后引导幼儿欣赏同伴的作品,发现规律美,鼓励幼儿大胆铺出与众不同的彩砖,并在游戏中能与同伴友好协商,共同探索铺砖技巧。师幼还共同商讨让彩砖平整、美观的方法。通过铺彩砖比赛增强趣味性,提高幼儿铺彩砖的专注力。

材料投放调整:(1)提供按一定颜色规律排列的彩砖提示图。(2)在地垫上用毛线隔出与彩砖大小一致的正方形格子。

游戏玩法调整:自由选择铺彩砖的同伴,选取自己所需彩砖的颜色进行铺彩砖比赛,尝试按一定的颜色规律来铺彩砖,铺得又整齐又漂亮的获胜。

幼儿铺砖方法示范　　　　隔出格子的地垫

游戏推进三

观察分析:

观察:中班孩子们有一定的竞争意识,他们对铺彩砖比赛的兴趣十分浓厚,今天我便听到英耿对若灵说:"你上次铺得不整齐,我铺得比较整齐,而且我利用两个三角形铺成一个正方形,颜色比你的多,大家都说我是铺砖高手。"美萍还用彩砖铺出了房子的造型,引来了一些孩子的围观。

分析:中班的孩子已经有一定的评价他人的能力,他们喜欢把自己的表现和别人的表现进行对比,并做客观评价。他们在铺彩砖的过程中不仅从颜色上进行规律排序,还懂得运用图形的组成与分割的经验来更好地铺砖,在游戏中让数学生活化。幼儿出现了用彩砖铺出房子造型的创意玩法,我们应该及时抓住幼儿的兴趣点,支持和鼓励幼儿的创意玩法。

调整与推进:

材料投放调整:拍下幼儿铺出来的不同造型的彩砖作品供大家欣赏,鼓励幼儿大胆创新。

游戏玩法调整：用彩砖根据自己的想象铺出各种不同造型。

展示幼儿作品

5. 材料投放的主题性

在实践与研究中，我们一直在思考一个问题：区域活动材料的投放与内容是否一定要与主题同步？是否必须完全纳入主题的范畴？一方面我们觉得，幼儿园主题课程模式能打破领域界限实现领域之间灵活重组，通过情景脉络呈现出生动性和趣味性，我们可以借助主题探究式区域活动带给幼儿充实的游戏体验。但另一方面主题活动不可能将所有的领域内容联系起来，必定会有所缺失，不能完全满足幼儿对不同领域方面的需求。因此在区域活动中，我们会结合主题的开展及幼儿的兴趣点投放一部分的主题性区域材料和内容，同时又根据材料内容的特点和幼儿实际需要投放一部分非主题的材料和内容，使二者相互补充，合二为一。如在小班主题"可爱的小动物"中，教师们根据幼儿的兴趣和需要投放了与主题相适宜的区域材料，如在操作区中投放各种动物造型的小篮子和自然物，不同材质、大小的勺子让幼儿练习给小动物喂食；在美工区投放各种废旧材料如纸筒、塑料瓶、光盘等让幼儿发挥想象力和创造力制作自己喜欢的小动物；在科学区投放贴有各种动物影子的背景图和动物图片，鼓励幼儿为小动物找影子，尝试将动物图片与影子配对，提高观察力；在语言区投放各种有关小动物的图书、图片，丰富幼儿的感性经验，使幼儿对动物的外形特征和生活习性有了初步的了解；在建构区投放积木和积塑，鼓励幼儿搭建小动物的家等。与此同时，区域里也设置了切蔬果、欢乐对对碰、娃娃家等各种非主题游戏，使区域游戏的内容互补融合，时间段上交叉灵活，从而使内容更丰富、自然，满足幼儿发展的多种需求。

二、区域活动指导策略研究

1. 观察分析指导策略的研究

区域活动中教师开展有效指导的前提首先就是观察分析，教师有细致的观察分析，才能提供正确的指导。然而，我们很多老师的观察仅仅停留在"观"，也就是看一看幼儿是否在游戏，看看幼儿常规做得好不好，有没有存在危险行为，而深入的"察"却缺失了，教师不善于观察，看不懂幼儿的游戏行为，不会运用《指南》或教育学、心理学等相关知识分析幼儿在游戏中的表现。因此，要提高区域活动的有效性，就必须先提高老师观察分析指导的能力。

（1）理清区域观察的基本思路。

我园具体的区域观察分析指导模式为：全面观察——重点观察——个别观察——情况分析——有效指导。这一模式强调老师对幼儿区域活动的观察应立足于面向全体幼儿的基础上展开重点观察和个别观察。一般在每次区域活动的开始后或结束前，教师应全面观察幼儿的游戏情况，以扫描的方式，观察全体幼儿都在游戏了吗，游戏得怎么样。了解全班幼儿的游戏选择和游戏状态，便于教师有针对性地提供支持和引导。首先保证游戏的有序开展，在此基础上，捕捉需要重点观察的游戏内容材料或幼儿的游戏行为，进行聚焦式的重点观察，如区域中新投放的材料、内容安排的必备经验材料、开放度大易出现多种玩法的材料，又如一些特定幼儿（能力较强或较弱和特殊需要的幼儿）在游戏中会遇到问题或困难。同时有针对性地跟踪个别幼儿进行观察、分析、解读，契合幼儿个体特质给予支持。观察后要认真思考分析幼儿行为背后的发展情况：幼儿为什么会有这样的游戏行为？他们运用了哪些经验？处于什么样的发展水平？什么经验他们没运用？为什么？教师应该怎么做才能真正促进幼儿的发展？最后，老师要根据分析结果采取适宜的指导方式促进幼儿的发展。为了更清晰地了解观察区域游戏的整体思路，我园将以上观察模式细化为下表。

教师行为	观察目的	关键词
全面观察	全体幼儿都在游戏了吗？游戏得怎么样？	扫描
重点观察	幼儿与区域中新投放的材料、内容安排的必备经验材料、开放度大易出现多种玩法的材料的互动情况怎么样？幼儿在游戏中是否遇到了问题或困难？	聚焦
个别观察	有针对性地跟踪个别幼儿进行观察、分析、解读，契合幼儿个体特质给予支持。	跟踪
情况分析	幼儿为什么会有这样的游戏行为？他们运用了哪些经验？处于什么样的发展水平？有什么经验他们没运用？为什么？教师应该怎么做，才能真正促进幼儿的发展？	识别
有效指导	以适宜的方式指导或帮助幼儿，适时促进幼儿发展。	行动

在理清了教师区域观察的基本思路后，教师在观察过程中还要注意做到以下几点：①教师应该充分相信幼儿、尊重幼儿，尽量多用眼睛观察，用耳朵倾听，少用言行干扰，避免阻碍幼儿游戏的行为发生，只要没有危险，请给幼儿足够的时间和宽容；②教师应认真观察幼儿在游戏中的表情、动作、行为、言语等情况，不随意加入个人的主观臆想，为保证观察的客观性，在观察时，教师可以用照像、录像、录音等手段辅助观察；③老师要有一双善于发现的"慧眼"，及时捕捉幼儿游戏中的"亮点"，如幼儿与平常不一样的游戏行为表现、游戏中出现的新主题或新玩法等。

（2）借助记录表提升观察的有效性。

①幼儿进区记录表。

同安区实验幼儿园幼儿进区记录表（幼儿记录）

班级教师：　　　　　保育员：　　　　　时间：　年　月　日

××区											
号数	姓名	周一	周二	周三	周四	周五	号数	姓名	周一	周二	周三	周四	周五
1	×××						×	×××					
2	×××						×	×××					
3	×××						×	×××					

备注：第一次进区请画○，第二次进区请画●。

这里介绍的幼儿进区记录表是由中大班幼儿在区域游戏时记录的，每个活动区都有一张，要求幼儿先记录再进区，通过进区记录表教师可以观察到各个区的参与人数，哪个区最受欢迎，分别是男孩还是女孩，哪些孩子多次进入等信息，方便教师对这些进行数据化的信息统计和分析，从而让教师获得某一个阶段班级里整体的活动区的情况，接下来有针对性地对这些区域材料进行调整、补充与更换，增强区域活动的有效性。

②区域活动观察记录表。

同安区实验幼儿园幼儿区域活动观察记录表（教师记录）

　　　　　　　　　　　　　　　　　日期：××××年××月××日

观察对象：	班级：
观察者：	观察内容：
照片记录 　　粘贴照片　　　　　粘贴照片	
过程描述：	
分析与指导：	

观察记录表（维度）

1	兴趣的	一般的	犹豫的
2	有计划的	一般的	随意的
3	自信的	一般的	试探性的
4	模仿的	一般的	创造性的
5	认真的	一般的	嬉戏的
6	专注的	一般的	易分散的
7	克服困难的	一般的	易受挫的
8	敏于观察的	一般的	不敏感的
9	遵守规则的	一般的	不受约束的
10	乐意与同伴互动	一般的	排斥的
11	乐意与成人互动	一般的	逃避的
12	对结果重视的	一般的	不在意的
……	……	……	……

这个区域活动观察记录表是由教师平时开展区域活动时记录的，这里罗列的一些指标其实是帮助教师通过不同的方面，以不同的视角，用不同的方法去了解孩子在游戏当中的表现。比如，孩子对选择游戏感兴趣吗，是有计划的还是随意的，是非常自信的还是试探性的，对比进行分析。孩子在游戏过程中是模仿的还是创造性的表达，是很认真、很专注的，还是非常嬉戏的、容易分散的，对这样一个活动过程进行分析。这个活动观察记录表，一方面可以帮助我们教师分析孩子，另一方面也可以帮助年轻教师学习从哪些视角去观察，从而获得一些观察的方法、观察的技巧，以尽快提高我们观察的能力。这个记录表的运用也是非常广泛的，可以记录活动区域内一个孩子在不同游戏当中的表现，或者在一个游戏中不同幼儿的表现，也可以记录不同的孩子在不同的游戏当中的表现。

2. 介入指导策略

区域活动是一种自由、自主、自愿、自选的活动，我们发现，以往教师们对幼儿的指导常常表现为两种极端态度，一种是放任不管，另一种是过度干预，为了使教师的指导不流于形式，不变成一种干扰或替代，真正成为幼儿发展的"助推器"，我们通过实践总结出把握好介入游戏的正确时机和方法。

(1) 教师介入区域活动的时机。

教师如何把握介入区域活动的正确时机，关系到指导的实际效果，而干预时机正确就能大大扩展和提高幼儿的活动内容和层次。其实，只有当幼儿因其本身经验与能力局限，致使探索活动难以继续的时候，教师才应当适时介入并给予支持，因此就要求教师要有敏锐的观察力和判断力。

当幼儿遇到困难、挫折，即将放弃游戏意愿时，教师应该及时介入指导。如在美术区，一幼儿在进行创意彩盘画，涂彩得很高兴也很有创意，但突然由于过于用力，彩笔在盘上画出了一条长长的线，就说："我画得不好看，我不画了。"这时教师及时介入，表扬幼儿的作品和表现并鼓励其在线上进行创意添画。

当游戏中出现不安全因素时，教师应该及时介入指导。如在科学区的两面镜游戏中，幼儿在组装两面镜时，没有注意观察镜子侧边上的插孔，而是将两面镜子相互碰撞并发出很大的噪音，虽然镜子边缘有塑料保护膜，但也经不起强力碰撞，因此，教师及时介入游戏指导幼儿观察两面镜子并找到插孔进行成功组装，最后顺利地过渡到探索两面镜秘密的内容。

在需要帮助幼儿提升经验时介入。如在科学区的"斜坡滚球"游戏中，一幼儿已经很长时间一直在重复探究小球在相同坡度但光滑度不同的斜坡上运动的不同现象，老师可适时引导幼儿："你发现了什么秘密？小球在哪种斜坡上滚得快？"以帮助幼儿提升经验，鼓励幼儿尝试新的玩法。

除此之外，当幼儿在与环境的互动中产生认知冲突时，当幼儿主动寻求帮助时，当游戏中出现不利于游戏开展的过激行为时，当游戏中出现消极内容时，当幼儿难以与别人沟通互动时，当幼儿一再重复自己原有的游戏行为、进一步延伸和扩展有困难时，当幼儿缺少材料，使游戏难以继续时……教师也应该及时介入指导。

(2) 教师介入指导的方法。

教师在介入区域活动进行指导时，也要注意方式方法，主要分为直接介入和间接介入。直接介入也称外在干预，指教师在指导时并不直接参与，而是以一个外在的角色，在自然状态下以不干预幼儿游戏为前提，引导、说明、建议、鼓励幼儿的游戏行为，帮助幼儿获得一定的知识和经验，主要方法有语言指示法和材料提供法。语言指示法是指教师在游戏中运用"建议式""鼓励式""澄清式""邀请式""角色式""指令式"等不同形式的语言，达到指导游戏的目的。材料提供法是指通过提供材料来促进游戏情节的发展。教师可视游戏的需要分别提供"替代材料"或"辅助材料"。间接介入指教师以游戏中的角色身份参与幼儿的游戏，以情节需要的角色动作和语言来引导幼儿的游戏行为，其方法主要是与幼儿平行游戏或共同游戏，无形中就是对幼儿游戏的支持和认同，以引起幼儿的更大兴趣和持久性，同时也潜移默化地塑造了幼儿的游戏行为，提高了游戏水平。

3. 暗示性指导策略的研究

"不教的教育"可以说是在区域活动组织与指导中的经典语言，也是蒙台梭利教育的重要理念之一。"不教"不等于放任，而是教育的"隐身"；"不教"不等于撤离，而是教育的"跟随"，这种"如影随形"的教育旨在把活动的自主权还给孩子，通过暗示性指导更好地辅助幼儿达到自我学习的目的。

（1）通过情境暗示来教。如区角材料盘与区角玩具柜上一一对应的标志；语言区一本本摆放好的图书、入口区摆放小鞋子的爱心标志、活动架上的提醒孩子活动后要物归原处的小标记、规范使用材料的提示符号标记、图文结合的进区规则等就是不说话的"老师"。又比如在一组拼图的背面做上相同颜色的标记，目的是引导孩子在众多的拼图中自行找到同一组的拼图组件；在两种或多种有内在联系的图片后面做同样的记号，可以帮助孩子在活动后验证自己操作的结果。

（2）通过图谱、记录表暗示来"教"。如提供从短到长排序的示意图、折纸的步骤图、操作方法的分解图等，不需要老师教就可以让幼儿明白材料的主要玩法。提供的记录表也能启发幼儿按照教师隐藏的目标进行探索学习。

（3）通过言行暗示来"教"。当孩子在区域活动过程中遇到困难或不知所措时，教师不直接告诉和帮助幼儿，而是通过自己的行为暗示或简单的语言提示，帮助幼儿明确想法、解决问题，促进活动的顺利开展。不着痕迹的教育最容易被幼儿接纳。当幼儿沉浸在创造活动中时，其身心呈现一种高度投入的思考状态，如果此时，幼儿遇到无法解决的问题，教师能及时激发出幼儿还未意识到的发展需求,就能给幼儿带来深刻的"高峰"体验。如纸杯区里有几个幼儿用纸杯建构"长城",由于不会事先规划整体布局,两个幼儿搭建的"烽火台"靠得太近了,影响了下步的建构活动,幼儿想把两座"烽火台"分开些,可"烽火台"的底座是由许多纸杯组成的,整体移动十分困难。这时老师看到后没有直接介入,而是在放纸杯的筐中投放了一些彩色卡纸,幼儿发现了筐中的卡纸说:"老师,卡纸放错地方了。"教师回答:"没放错,卡纸想帮纸杯建长城。"幼儿对教师的话若有所思。起初,他们发现卡纸可架在纸杯上做成平台,平台上可继续叠杯子将烽火台垒高。后来,幼儿把卡纸平铺在地板上,发现在卡纸上建构的烽火台拖动起来很方便。最后,幼儿先将卡纸在地上摆成长蛇状或其他形状后,再在卡纸上建构,长城越建越壮观,调整布局也越来越方便。整个活动过程,教师没有任何说教行为,仅增添了卡纸,这样的隐性指导策略,极易让幼儿享受到挑战自我的乐趣。

(4)通过音乐暗示来"教"。如区域游戏结束时用播放音乐的方式告诉幼儿应该收拾玩具,把区角材料送回"家",坐回自己的位置准备进行交流分享等。

4. 评价共享策略

区域分享活动阶段,是梳理经验、共享成果、体验成功的过程,高质量的评价共享,可以实现幼儿经验的有效提升,激发幼儿再次活动的愿望,有效推动区域活动的发展。在实践中,我们尝试了以下几种做法:

(1)情感体验法:当幼儿在群体面前表演或介绍作品时,会产生愉快的心理体验,因此教师着重让幼儿进行成功的情感体验,使幼儿充分领会活动带来的快乐、克服困难的自豪与合作的愉悦。如让小班幼儿戴上亲手串的五彩项链,在全体幼儿面前走一走,会极大地增加幼儿的成功感,激发起再次参与区域活动的兴趣。教师可以把部分区域的作品拍摄下来,让幼儿通过屏幕共同欣赏。在这个过程中,鼓励幼儿大胆表达,相互交流,学习分享。

(2)讨论延伸法:在区域活动过程中会产生许多问题,如新材料的使用、遇到的困难等,进行讨论的目的主要是让幼儿通过主动思考,充分、大胆地表述想法和见解,探寻解决方法;了解别人与自己的不同想法与行为,互相借鉴、学习。如教师在引导幼儿进行分享时提问:"大家讨论一下,谁还有和他不一样的想法?""大家对她的作品有什么建议?"等等,激发幼儿积极地讨论，引发幼儿间的生生互动。

（3）经验分享法：教师通过对幼儿区域活动情况的观察，抓取一些有价值的内容在集体中提升、推广，使其他幼儿共享新经验、创造新做法或合作经验，同时调动其他幼儿参与此活动的积极性。如在进行泥工"快乐的运动"活动讲评时，教师发现孩子用吸管来辅助表现人物运动四肢的动态的做法很有创造性，马上给予肯定："你的做法真是太巧妙了，能把这种方法介绍给大家吗？"请幼儿向大家讲解做法，体验分享的快乐，然后引发进一步的思考："谁还能有和他不一样的方法？"以一个孩子的创新行为带动大家的思考。

【行动研究成效与反思】

1. 明确了区域活动对幼儿学习与发展的独特价值

区域活动并非幼儿园一种新的活动形式，实践《指南》的过程，促使我们重新反思：儿童身心发展的规律是什么？研究区域活动的过程，促使我们思考：如何通过区域游戏来实施《指南》，促进幼儿发展？通过研究，使我们更清晰地认识到学龄前儿童因其具体、形象、直接的思维特征决定了其学习与认知的特殊性。幼儿是在自己的经验背景下，通过感官的充分感受，如眼睛的观察、耳朵的倾听，双手的摆弄、触摸，逐渐产生对事物的感知，逐渐理解内化而形成自己的认知结构。幼儿的学习与环境密切相关，并依赖于自己的操作。因此，幼儿园课程应该充分尊重儿童经验建构的特征，尊重幼儿特有的学习方式创设条件让幼儿有充分的体验操作内化的过程。幼儿之间存在着个体差异，不仅表现在兴趣和能力倾向上，还表现在发展速度和学习风格上。幼儿的成长具有个性化需求。幼儿各方面的差异体现出对课程内容、时间过程、组织形式具有多元化的要求。幼儿区域活动恰恰吻合了幼儿的生命特征和发展需求，让幼儿有探索和试错的经历，让幼儿有自主选择和自主建构的机会。区域活动对幼儿学习与发展具有独特价值。教师通过丰富的投放材料满足幼儿的兴趣，以适宜的指导方法让不同认知特点的幼儿拥有不同的体验，用不同步伐的活动进度来适应不同幼儿的发展速度，甚至用不同的交流方式来支持幼儿的理解感悟、行为跟进。让幼儿的活动意义、自主意识、综合能力有了全方位的提升，让幼儿个体需求得到充分的尊重。

2. 尝试、归纳、总结有效投放区域活动材料的方式和原则

随着幼儿区域活动的推进，幼儿产生的新问题、新需求是层出不穷的，

什么样的材料更能满足幼儿多元的需求?投放多少材料才适宜?什么时候最适宜对材料进行调整?当材料不能满足幼儿时,如何做调整?针对以上问题,我们进行实践研究:

(1)关于班级材料投放的数量和类别。认为不同年龄段班级投放材料的总量应有所区别、不同内容类别功能材料要均衡,确保幼儿身心和谐发展。

(2)关于材料投放的原则。尽量挖掘本土资源,满足幼儿多元化需求。材料投放时,注重多层次性、开放性、递进性、低结构性、本土性。高结构的材料尽量与幼儿喜闻乐见的游戏和竞赛相结合。

(3)关于材料投放时机的改变。剔除一周投放相对固定数量新材料的统一做法,归整为以主题活动为主线、集中投放与动态投放相结合的投放方式。同时投放支持幼儿自主生成新玩法的无结构材料和空间,支持幼儿自主生成游戏材料。

(4)关于材料的调整与推进。根据幼儿与材料互动的实际情况,做出分析与判断,幼儿对材料的兴趣是否持续?幼儿对材料投放的目标是否基本达成?如何让材料发挥新的价值?我们认为对材料进行每一次有效推进和调整都是一次创新,是教师运用逆向思维、发散思维、递进思维、变量思维、变性思维等多种思维的结果,同时也是师幼互动、师师互动的结果。

3. 实践了观察、记录、分析幼儿的明确而简便的方法

观察记录不仅仅是为解读幼儿,对幼儿进行理解评价,更是为准确了解幼儿的经验、能力、个性,把握幼儿的个体差异,寻找适合的对策做好准备。同时,也为教师反思自身,调整活动的材料做分析依据。然而,面对班级生源众多的情况,教师如何做观察记录?通过实践,我们认为,观察记录要客观真实、简便有效。以此为基点,我们研讨了观察的不同层面、不同范围和不同方法,如浏览性观察和聚焦性观察,全班性观察和个别或小组性观察,横向对比观察和时间推移性观察等多种方式的结合。在记录技术上,灵活运用照片、视频等多媒体手段,运用随手表格式标记与有道云、WPS等软件相结合,简便高效地对素材进行整理和分析。帮助教师去繁就简地进行持久有效的观察。

4. 提升了教师推进幼儿区域活动的专业技能与素质

在研究过程中,教师解读幼儿的意识和能力逐步提升。区域活动为教师

提供更多观察解读幼儿的时机与条件，使教师能够客观真实地观察幼儿，并为教师观察分析幼儿提供了大量素材，从而解读幼儿、捕捉幼儿的发展，了解幼儿的不同差异，为支持幼儿、指导方案提供客观依据。让教师深刻感受到观察的意义。

"创造适合幼儿的教育"理念逐渐形成。教师通过更多地了解幼儿的特点和需求，以尊重幼儿生命特征为前提，以追求区域活动的适应性为原则，通过区域材料投放启发幼儿的自主活动和经验达成，关注幼儿的探究精神、学习品质。教师在"内隐"的同时，学会等待、学会包容、学会理解。当发现区域活动中的问题时，教师不断反思自身在材料投放、指导方式中是否有问题，如何根据幼儿当下的情况作调整，让"创造适合幼儿的教育"理念渗透到区域活动的每一个过程与环节。

5. 教师专业化学习意识不断增强

《指南》背景下的区域活动宽松而开放，预设性少，呈现的问题多样而复杂。教师们时常感到困难重重，专业能力备受挑战。幼儿行为的背后隐藏着哪些思维因素？幼儿的知识经验的建构是如何形成的？什么时候介入？该不该介入？专业水准的介入要做到哪些要求？一系列问题推动教师的再学习、再实践、再思考、再分析、再梳理、再提炼。从中获得源源不断的专业领悟，逐渐提升专业化水平。教师个人存在困惑时，也不再是单枪匹马，而是通过教师教研小组及专业理论学习，与同伴对话、与专家对话，寻找解决问题的方法，实现个人专业素养和教师学习共同体的整体提高。

大班科学活动中培养幼儿观察记录能力的行动研究

福建省军区机关幼儿园　林　咏

【问题的提出】

幼儿园科学教育是科学启蒙教育，重在培养幼儿对周围世界科学现象的好奇心和求知欲，丰富幼儿的科学认知，培养幼儿科学观察记录、猜想验证、动手操作等探究能力。科学观察与记录能力是幼儿园科学教育活动中要重点予以培养的基本能力。记录是收集信息的有效工具，是幼儿探索历程与认知发展的真实客观的呈现，是幼儿自我调整建构知识经验的见证，也是幼儿表达个人发现与意见的依据。记录能培养幼儿对事物的客观描述能力、对事实的尊重态度。

大班幼儿的抽象思维已经开始萌芽，观察、质疑、合作等能力开始了稳步的发展，他们在科学活动中开始经历比较完整的探究过程：观察探索→思考猜测→调整验证→收集信息→得出结论→合作交流。在这一系列的过程中，幼儿会用简单的图画、数字、图表或其他表征符号来记录。但是受年龄特征和认知水平的制约，大班幼儿的观察能力还存在着盲目性或浅层性、记录内容缺乏目的性、记录形式比较单一、交流和分享的意识比较薄弱的现象。要想充分发挥记录的作用，教师就要明确记录的目的，明确为什么记录、记些什么，以及怎样记等等。由于幼儿的思维具有具体形象性的特点，因而记录的方式要形象化、多样化。记录的方式以绘画为主，此外还可以采用实物或图片粘贴等方式，配以简单的文字、符号、表格等。总之，教师要依据幼儿的年龄特点灵活确定记录的形式和方法，引导幼儿记录探究过程中最关键、最有意义的环节，否则就会使记录失去意义。

在对教师的访谈中，我们发现有些老师对记录在科学探究活动中功能的认识不够，对于该记些什么、什么时候记、怎样记等技术性的问题把握不好，影响了记录作用的发挥。如:有的记录很随意,在幼儿探究后,教师给幼儿一张白纸,告诉他们:"把你们刚才做的实验画下来,画完后告诉别的小朋友你是怎么做的。"至于记些什么、怎样记等等,都没有明确的要求,这种随意的记录是达不到培养幼儿尊重科学事实的态度的目的的。有的活动记录方法比较抽象,不符合幼儿的年龄特点。教师对幼儿的探究活动缺乏有效的支持,影响了科学观察活动的实效性,不利于幼儿科学探究能力与水平的进一步发展。为此,我计划根据在大班幼儿在科学探究中开展观察记录的现状与水平,通过行动研究,探索有效支持幼儿观察记录能力发展的策略。

【观察记录】

镜头一:每天放学,苏苏总是最后一个走,她对我们说:"老师,我要去做观察记录了。"然后就从书包里拿出自己的观察记录本开始做记录了。她为哪棵植物做记录呢?她是怎么做的呢?带着这些问题,我跟着她到了自然角的观赏区,她笑着说:"林老师,这是我带来的茉莉花,瞧,它又多长了几片叶子,我来数一数。1、2、3……23,它有23片叶子了。嗯,土有点干,今天我还要喂它喝点水呢!"说完,就在本子上画上有23片叶子的茉莉花。每天小姑娘都是如此,从不落下一天的记录。她的观察记录本是爸爸做的,上面的字是爸爸为她写上的,她还在封面上画上一盆茉莉花。

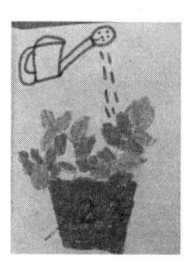

分析:苏苏每天都在放学前进行观察,并用绘画写生的方式对植物的生长情况进行记录,显示了她具有开展持续观察的能力,并能用自己喜欢的方式开展记录。《指南》科学领域中关于幼儿初步探究能力的典型表现中,提出5—6岁幼儿"能通过观察、比较、分析,发现并描述不同种类物体的特征或某个事物前后的变化""在探究中能与他们合作与交流"。案例中,苏苏只对自己的那棵茉莉花进行照顾,那么,如何引导她关注到茉莉花生长的前后变化,并与其他植物进行比较观察,与其他幼儿进行合作并分享呢?

推进:在保持幼儿学习兴趣的基础上,老师要明确自然角观察记录的意义,是为了加强幼儿的对比验证、探索能力的思维,既要将照顾植物的一系列动作呈现出来,又要将植物的变化展现出来,我试着将"开心农场"的记录表也应用到自然角。

镜头二:"今天是周三,轮到我们照顾莴笋宝宝了。"章章兴奋地拿着自己组的观察记录板开始做记录。她先看看莴笋这几天长到多高了,长了几片叶子,然后在记录纸上为它画上画像;再观察莴笋的土壤干湿程度,有没有杂草;最后在记录纸上画上想为莴笋做的事。做好记录后,还为莴笋浇水拔草。照顾蔬菜宝宝跟小小值日生一样,已成为了孩子们轮流的工作,轮到自己时,小朋友们都会早早来到幼儿园,照顾自己那组的蔬菜宝宝,并进行记录,还会看看自己组照顾的蔬菜宝宝是否长大、长高了。

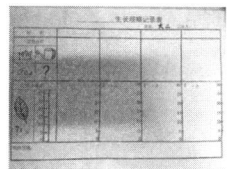
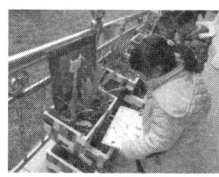

分析:自然角的泡沫箱是在孩子们欣赏了蒙德里安的作品后自己设计的。她们经过讨论挑选了自己喜欢的植物进行种植,对自然角就多了关注,幼儿亲自管理自然角中的植物,记录它们的生长过程。本次观察中,章章在值日生工作中选择了照顾自然角,记录自己组种植的蔬菜宝宝的生长情况及照顾蔬菜宝宝的过程。观察中,我们看到章章能够按照一定的流程照顾蔬菜宝宝,并有序地进行记录。

开展支持幼儿这一活动时,教师需要思考记录表要如何设计才能既让别的同伴幼儿看得明白,又便于幼儿将前后记录进行比较,思考数据、信息向证据转化的方式,使幼儿从记录单上就能"读出""观察到"结果、规律和结论。因此,对幼儿来说,"记录、处理信息和数据,并把它们转换成证据的过程"是在教师的支持和引导下一次完成的,这也使得这个过程变得简单和容易。通过表格的呈现,能引发幼儿之间的讨论式互动。教师并不需要语言的指点,幼儿观看记录的表格即可知道结果。其他幼儿对于活动的操作过程和操作方法都能在与同伴的讨论式互动中得出,并最终得以完成活动,达到教师预期的结果。

【行动探索】

一、开展各类能培养大班幼儿观察记录能力的活动

1. 自主创设班级和区域中的科学观察的环境氛围

教师不能让记录成为幼儿的负担，重要的是要激发幼儿的记录兴趣。随着幼儿年龄的不断增长，大班幼儿能主动与环境相互作用，并能自发地生成问题，因此科学观察的环境应该立足在幼儿的发现、关注点上。多问一问幼儿，了解幼儿的记录，在此基础上抓住契机启发引导幼儿观察、记录一些有价值的现象。

在科学区域设置上，我们保留了幼儿自发形成的观察区，把幼儿觉得有趣、奇怪的物品都放置在这个区域中进行观察。例如在"看谁吸的多"科学活动区，教师和幼儿一起收集各种各样的吸水材料并贴上编号，放在材料架上，幼儿可随时取放与观察，并将观察到的现象记录下来。让幼儿在自主、轻松、愉快的氛围中真正体验到科学观察的乐趣。

2. 开展自然角、种植区、饲养区的种植活动

利用幼儿园的自然环境，在班级外设立自然角，投放观察记录表或观察记录本，如："植物生长记录本""蚕宝宝成长记"等，这样幼儿一旦有了发现，就能够立刻进行记录。在我们的"开心小农场"中，幼儿们自己种下蔬菜种子，并亲自为它们浇水、拔草，然后每天在记录表里记录为蔬菜宝宝所做的工作，还记录蔬菜宝宝的高度。通过孩子们记录纸上的展示，让他们对蔬菜生长的过程有一个直观的了解。在幼儿园的饲养区中，小兔子、鸡、小鱼、乌龟都成为孩子们的观察对象，他们结合网上查到的资料，为小动物们准备食物，并为它们打扫卫生，这些都激发了他们关爱大自然、亲近大自然的热情，更喜欢科学观察带来的乐趣，并在兴趣中记录植物或动物的生长过程，这进一步激发了幼儿认识大自然的好奇心和求知欲。

3. 天气预报的观察记录活动

"天气预报"是幼儿园常见的墙饰。大班幼儿已经学会通过观察、测量记录每一天的天气情况，感受天气变化；自己学着并提醒同伴根据天气的变化选择适当的衣着进行适宜的户外活动。我们班将"天气预报"设立在班级门口，由值日生轮流负责记录。科学活动中还围绕这些基本的知识点和学习内容，培养他们观察天气的兴趣，引导他们了解天气变化及常见的自然现象，

培养了幼儿爱科学、学科学的积极态度。

4. 开展季节性特征的观察活动

我园是一个自然生态美好的园所，宽广的空间、丰富的物种给予幼儿观察一年四季自然环境特征良好的自然条件。观察的对象就在身边，幼儿可以随时随地观察探究并进行记录。如春天来了，娃娃城的桃树开花了，到了夏天，桃树上结满了桃子。在季节更替中了解桃树开花、结果的过程。自由活动时间，孩子们将自己的观察通过绘画表现出来，并与大家分享。秋天到了，幼儿园里纷纷飘落的树叶，引起了小朋友们极大的兴趣。有的在捡树叶，有的拿着树叶奔来跑去欢呼。看到孩子们边捡树叶边互相比较，因此生成了科学活动"叶子"，引导幼儿观察各种叶子的外形与色彩特征，触摸叶子的表面，闻闻叶子的味道，然后用自己的方式记录各种叶子的不同，从而让幼儿喜欢探索叶子的秘密，并学习运用语言大胆讲述自己观察到的科学现象。这一活动激发了幼儿探索的积极性，不但激活了孩子在探索活动中的思维，激发了孩子们的好奇心和探究欲，充实了幼儿原有的认知结构，还让孩子们学习到观察记录的方法，拓展了学习的立体空间。

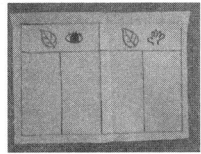

二、拓展幼儿观察记录方法的多样性

大班幼儿的记录可以采用各类粘贴纸、照片及实物呈现、绘画、符号等方式进行表征，还可以配上简单的文字及表格。但具体用哪种形式，还应根据本班幼儿的动手能力和记录的内容来确定。我们尝试根据幼儿的年龄特点、水平及观察内容，从幼儿熟悉的方式入手，遵循由浅入深的原则，设计、投放记录素材，采用多种形式，帮助幼儿习得记录方法。

1. 图画记录

图画是孩子们非常喜欢和熟悉的形式，每个孩子的图画都表现了他们不同的内心感受。因而我们可以选择运用简单的图画进行记录，鼓励幼儿大胆地用图画来记录自己所观察到的事物与现象，让孩子在感知和了解什么是记录的基础上，初步了解记录了些什么、怎么记录。如在科学活动"各种各样的树"中，孩子们可以选择自己喜欢的形状、线条、色彩记录不同树的外形、触感以及高度等。这些都可以根据孩子们自己的感觉进行观察记录，然后介绍给身边的同伴。教师将幼儿的观察结果整理后与其他幼儿分享，让幼儿了解更多的自己不熟悉的树木。

2. 表格记录

表格记录是教师经常使用到的记录方法，在对两种或三种物体进行观察比较时，表格更为直观，幼儿一项一项进行动手操作，然后将每一次的操作结果记录在表格中，进行整体的比较，最后归纳出结论。这种记录方法能帮助幼儿梳理思路、提升经验，使得幼儿在交流记录中的新发现成为促进幼儿持续观察活动的新"动力"。

3. 设置观察记录本开展连续记录

这在班级的自然角观察活动中最为常见，以小组或值日生的形式轮流进行记录，每个记录的幼儿将自己今天为蔬菜宝宝所做的工作（如浇水、除草、捡石子）用自己会画的图形、色彩画出来，然后测量蔬菜宝宝的高度以及多长了几片叶子，这可以用数字的方式写出来，别的小朋友想知道自己这组的蔬菜宝宝的生长情况时，只需打开观察记录本就能一目了然了。

另外还可以进行亲子观察记录，引导家长与孩子共同记录，家长了解幼儿记录的同时，也让幼儿了解成人的简单记录方法，增进了家长与幼儿之间的亲子交流，也学习了更多的记录方式。

三、提供幼儿观察记录分享的多种平台

1. 幼幼互动

幼儿间常常出现与众不同的记录方法，教师要善于捕捉幼儿出现的新的记录方式，并将有价值的记录方式及时与其他幼儿进行分享，引发幼儿与幼儿之间的交流与互动，有助于幼儿理解同伴的记录内容，使幼儿的记录方式成为他们共同的语言,在相互理解中不断丰富自己的记录方式。

2. 师幼互动

在培养幼儿观察记录的过程中,针对不同的活动内容,教师要选择运用不同的记录方式,及时组织幼儿讨论记录的内容与方式,分享参与科学探索的快乐。引导幼儿用准确、连贯的话语讲述自己记录的成果,提高他们总结、概括科学现象的能力。同时要求其他幼儿认真倾听,分享同伴的不同发现。随后,教师要将他们零散的发现进行梳理小结,帮助幼儿提升经验,进一步激发幼儿记录的兴趣。如幼儿用数字表示观察的次数,用箭头表示事物发展的步骤,同样的符号可以代表不同的意思,同样都是记录声音,可以用不同的符号。在读懂、理解他人的记录方式的同时,为自己的记录活动积累更多的经验。

在自主探究中获得数学经验
——以大班数学活动"有趣的几何体"为例

福州市仓山区实验幼儿园　张　婕

【发现的问题】

在以往的数学教学活动中,我们一般采取教师主动传授、幼儿被动接受的方式,因此孩子们接受的信息很多都是在强化训练下形成的,而不是在自己真正理解的基础上学会的。那么如何在数学活动中通过幼儿自身的探究和实践获得相关的数学经验,让以机械记忆为主的学习转变为以主动建构为主的学习呢?我们开展了"有趣的几何体"数学活动,改变以往的教学模式,引导幼儿在自由探索、操作、比较中认识几种常见的立体几何图形,知道它们的名称和主要特征,并用其解决生活和游戏中某些简单的问题。

【研究准备】

1. 问题的分析

大班幼儿对几何形体的感知受空间知觉能力的影响。一方面,几何概念的学习有赖于幼儿空间概念的发展;另一方面,几何概念的学习又对幼儿空间能力的改善起促进作用。由于幼儿空间知觉能力的发展比较缓慢,因此,幼儿对几何形体概念的感知和认识也有一个过程,是一个需要先内化再外化的过程。

在以往传授式的科学教育中,幼儿的学习以听和看为主,他们的操作也大多是为了验证老师传授的知识。在孩子的意识中,"教师是知识的来源",新的科学教育观强调让孩子面对真实,向真实发问,与真实接触;孩子们自己动手动脑探究解决问题,逐渐懂得真理独立于我们而存在,而不是存在于老师的头脑中。只有与客观事物真实地接触,才能真正地获得知识。

2. 研究的目标

如何引导幼儿在探究中建构对几何形体的数学经验。

【行动的实施与效果】

一、第一次行动

计划：我们引导幼儿通过自身各种感官，动手动脑，感知几何形体的特性，认识它们的名称、特征等等。以幼儿为学习的主体，投放相应的操作材料，引导幼儿自己探索，发现问题、解决问题。

行动：在第一次的活动中，幼儿通过动手操作比较了圆形和球体的不同，他们利用滚动、扔、触摸等方式发现了圆形的纸片不会滚动，或是只滚动了一下就倒下了，而球体会向四面八方滚动，有的孩子还说圆片可以当飞盘飞，球体可以当球拍。

效果：他们在总结的时候，基本上都能说出球体的主要特征，在最后寻找环节中所有幼儿都区分出了圆形和球体。幼儿通过轻松地与玩具材料的互动、玩耍，自然地认识了球体的特性，懂得了球体与圆形的本质区别。

问题：对于"球体"这个比较陌生的名称，孩子们依然不能够顺口就说上来，往往都要想一想，可能是与我们平时很少用到这个词有关系。另外，孩子对圆柱体特征的感知不够。

分析：数学反映的是事物之间的空间形式和数量关系，它是在对物质世界的研究中发展起来的。幼儿对数量关系的认识是以对具体事物的认识为基础的，因此，幼儿应更多地通过真实的问题情境，亲身实验，在探索中发现数学和学习数学。

与数概念相比较，几何形体更容易被大班幼儿所接受。幼儿每天就生活在各种各样的有形的物体之中，他们在正式学习几何形体之前，早就与各种事物的"形"或"体"打交道了，幼儿就是在对各种物体形状的辨认中认识了周围的世界。

二、第二次行动

计划：从生活中的观察与学习入手，帮助幼儿丰富对圆柱体的认识与感知。

行动：可以在日常随机教育活动中提醒孩子们，如：拍球的时候就可以引导幼儿说出球是球体，户外活动时可以到操场上寻找是球体的东西等等。

第一次的活动，孩子们对球体的感受很深，因为球体在幼儿的自由玩中很明显就显露出其自身的特性，如：可以四面八方滚动，从四面八方看都是圆形等。而圆柱体单凭幼儿简单的玩耍是显示不出它的特点的，于是我们决定先让幼儿在生活中寻找与小罐子（圆柱体）一样形状的物品，从生活入手，借助相关的小游戏以达到认识圆柱体的目的。

效果：在寻找活动中，孩子们的积极性很高，他们在教室里、走廊上、操场边找到了许多与圆柱体相似的物品，比如：水杯、柱子、笔筒等等，从他们找到的物品可以看出孩子们对圆柱体的特性已经有了一定的认识，知道圆柱体的两头一定是圆形的。

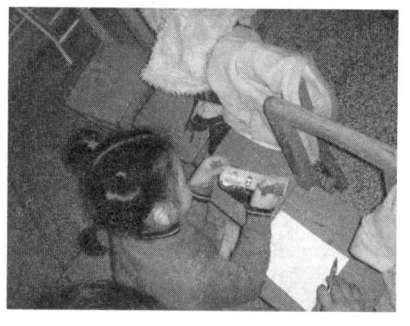

问题：有个别孩子找到了水桶，他们认为水桶也是圆柱体，这引起了孩子们的争议，为了解决这个问题，我们进行了讨论和实验。

三、第三次行动

计划：大班幼儿已经有了很强的探究欲望，他们对于自己发现的有争议的问题会积极地讨论和探索，因此，我们给孩子们提供了探究的平台，投放各种圆柱状、圆台状的生活材料，以及尺子、毛线、纸、笔等工具，引导幼儿通过借助各种工具证明自己的猜想，知道圆柱体两头的圆形面积是一样大的特性,培养幼儿探索能力和解决问题的能力。

效果:每个幼儿都很投入地游戏,他们都能充分利用老师提供的材料验证自己的猜想。利用画圈比较的人数比较多,结果也很明显。利用毛线和纸条的幼儿由于受测量能力水平和方法的限制,他们得出的结果并不精确。个别幼儿利用尺子测量圆的直径,但受知识经验的限制,得出的结果不够精确,这也与老师投放的物品的精确性有很大关系。最后的小结中,孩子们演示了各种不同的验证方法。

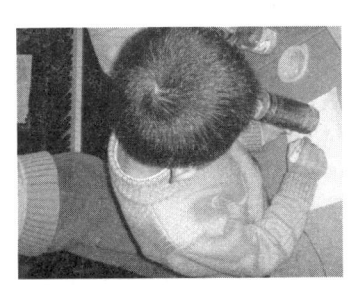
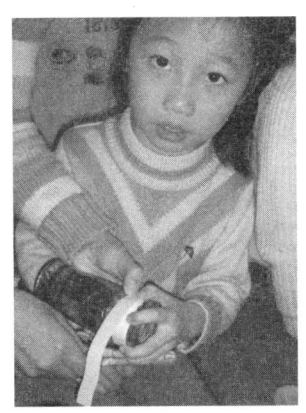

通过这个活动,孩子们对圆柱体两头的圆形是一样大的特性有了较深刻的认识,这样的认识是在丰富的生活经验与主动的探究思考上获得的。

在区域活动中,我们继续投放这些材料,以及各种大小不同的圆柱体,引导那些得出不一样结果的幼儿继续实践。

科学与数学是相互交融的一个整体,数学可以成为科学探究的工具,科学也可以为幼儿的数学学习提供探究的方式与方法。在整个活动中,孩子们是在与材料的一步步互动、探索中认识了几何形体,其特性都是通过幼儿自身猜想、验证得出结论的，是他们主动学习的结果。有了这样的基础，在解决问题时，他们才能运用自如。数学与科学的整合，使幼儿的学习方式得到了较好的转变，从以机械记忆为主的学习转化为以主动建构为主的学习，从以符号为主的学习转变到实际意义的学习，而不是跟随老师去寻找一个固定的答案。同时培养了幼儿独立思考的能力，形成了可贵的敢于探索的科学精神和尊重客观事实、以事实作为判断依据的科学态度，更重要的是还发展了数学概念。

大带小看图讲述活动指导的行动研究

莆田市儿童活动中心幼儿园　江　阳

【研究问题的提出】

幼儿期是人的一生中语言发展的重要时期，看图讲述活动对于培养幼儿的独白语言、锻炼幼儿的表达能力和倾听能力有着重要的作用，对幼儿的思维、记忆、想象等方面也有很好的促进作用。但是受幼儿认知特点和语言水平的限制，加之讲述活动的正式语境本身给幼儿造成种种压力，他们在讲述过程中常常出现前言不搭后语、有头无尾、脱离讲述重点、忘记讲述内容等现象。那么是否有更为有效的策略来帮助幼儿提高看图讲述的水平呢？我们基于深入思考与研究提出了"以大带小"的策略。

我们经常发现，孩子在自由活动中能自如放松地拿着图片大胆地讲述，而当教师介入后，他们反而结结巴巴。可见，当幼儿面对威严的教师时，他们的大脑皮层处于抑制的状态，不能激发他们讲述的欲望，更无从提高他们的讲述能力。

《3—6岁儿童学习发展指南》中语言领域说明部分指出：应为幼儿创设自由、宽松的语言交往环境，鼓励和支持幼儿与成人、同伴交流，让幼儿想说、敢说、喜欢说，并能得到积极回应。同时喜欢模仿是学前儿童的心理特点，也是他们一种重要的学习方式。蒙台梭利认为：儿童向儿童学习比向成人学习更自然而有效，模仿起来更容易，而且不会感到受压抑。不同年龄之间的孩子在轻松的交往中能互相帮助、共同分享乐趣。在大带小的活动中，每个孩子都是这个大家庭里的一分子，避免了语言活动参与对象单一、幼儿交往对象单一的弊端，扩大幼儿的接触面，通过大、小幼儿彼此间的相互作用，使幼儿的语言能力得到加强。在自由、轻松而随意的氛围中，孩子在语言上更能明显地表现出想说、愿说、敢说，并喜欢共同感受说的快乐。

为此，我们尝试在大带小语言讲述区中，让幼儿以小组的形式进行讲述活动，大大减少了幼儿独自在集体面前表述的困难，减少挫败感，更易于幼儿在宽松的心理环境中发展语言。然而小组的讲述活动又有别于集体的看图讲述教学活动。因此，我们将对大小幼儿组合讲述的实录进行分析，提炼有价值的信息，采取相应的策略，从而提升幼儿的讲述水平。

【行动方案的实施与分析】

第一阶段　利用同伴互助，形成能力互补

在大带小讲述区中，孩子们自由结伴进行讲述活动，这当中，有能力强的孩子，也有能力弱的孩子，他们的结对既有强强组合，又有强弱组合等，不同组合的互动效果不尽相同。

案例一：强强组合

雨菲（大班）和瑾仪（中班）她们一拿到图片，就开始你一言我一语，很自然地交谈着。

瑾仪：这应该是第一张。

雨菲：对。这是第二张。（边排边讲）一天，小猫和小兔在路上玩球，然后把球掉到水里……（接着找图片）

瑾仪：应该排好了再讲。

雨菲：我们再想想……应该是这样。（接着排，然后讲）

瑾仪：呀，我有办法啦！

雨菲：我也想到了。

瑾仪：让我讲完了你再讲。

雨菲：我先讲好不好？

瑾仪：那好吧。

案例二：弱中组合

冠希（大班）和陈煊（中班）来到讲述区，他们选择了一套《小熊的天空》的图片。冠希和陈煊对着图片发愣，"思考"了半天，还是不知道从何说起。虽然他们也会翻摆着图片，但似乎一直没看明白。过了一会儿，陈煊开口了：小熊在桌底下睡觉，小熊在草地上睡觉……而一旁的冠希却只是当着"听众"，一言不发。

由此可以看出，在强强组合中，幼儿的能力相当，她们之间能够积极地互动，互相启发、互相问答，不断地碰撞出火花，提高了讲述的水平。而作为中弱组合对子，由于幼儿本身受能力水平及性格特点的限制，相互间不能进行适当的启发、提醒，那么他们就很难进行有效的互动，更不用说提高讲述水平了。因此，在大、小对子的组合上，除了让强强组合达到融洽积极的互动效果外，在"儿童教育儿童"的观念下，我们还有意识地从性别、能力、学习风格、个性等方面存在的差异考虑，组成异质小组，引导幼儿进行强带弱的组合，或让弱的加入强的对子中，让其通过对子小组内成员间的互补、互动产生认知冲突，在潜移默化中获得语言的发展。

第二阶段 提供多层材料，适宜幼儿发展

在大带小讲述区中，幼儿的能力差异体现得更明显，既有大班幼儿的强弱差异，也有中班幼儿的能力差异，因此对于讲述材料的投放更应具有层次性，以满足不同层次幼儿的发展需要。为此，我们预设了分层目标，提供相应的讲述材料：

层级目标	投放材料
能较好地说出讲述内容的主要事件	画面主题突出的单幅图
能基本理解图片内容，准确地说出讲述内容的主要特征	较为复杂的单幅图
学习按照一定的顺序讲述图片内容，突出讲述的重点	情节简单的多幅图
通过观察，理解图片中蕴含的主要人物关系，并有自己的思想感情倾向	带有较大想象空间、推理性强的多幅图
能根据画面内容的关联排列顺序并清楚而连贯地表述自己的意思	不按情节发展顺序排列的多幅图

我们给每一层级的材料分别贴上红、黄、蓝、绿、紫五种颜色的圆点，并绘制相应的"小巧嘴"评星表，增进幼儿讲述的积极性，重点鼓励讲述能力较差、缺乏讲述自信的幼儿积极参与讲述活动，让他们直观地看到自己的进步。但随着讲述活动的深入，由于不同孩子的讲述水平有差异，孩子们并不会按照教师的预期进行讲述，而是出现了随意组合不同图片进行讲述，每

一次的活动都给他们带来惊喜。可见幼儿的讲述水平已经向纵深发展，达到了一个质的提升。

第三阶段　突破定势模式，提高指导水平

在以往的看图讲述中，教师的指导往往形成一定的"模式化"，即逐幅有顺序地引导幼儿观察图片及具体细节→请幼儿用简短的语句讲述观察到的某一情境→请幼儿用连贯的语言讲述多幅图片内容→了解图片的教育意义。"模式化"忽略了幼儿的主动观察和自发关注点，缺少趣味性和幽默感，忽略过程的评价。在小组化的大带小看图讲述中，教师能在高频率的互动中发现幼儿之间的差异，进行因材施教、因人设问，更好地做到个别指导。

案例三：

师：陈煊，你来看看这三张小图片上说的是什么。

陈煊：小老鼠吃了五颜六色的东西。小鸡在唱歌。小熊在打鼓。

（该幼儿虽用上了"五颜六色"一词，但对图片的描述只停留在极简单的短句上）

师：说得真不错。瑾仪你来看看这三张小图片，能不能把它编成一个故事？

瑾仪：小老鼠在偷吃东西。小鸟在树上唱歌。小熊在树下敲锣打鼓。

（该幼儿进行了简单的扩句）

师：雨菲，你能不能把这三张小图片编成一个好听的故事呢？

雨菲：有一天小鸟在树上唱歌，小熊在树下敲锣打鼓，它们两个玩得可开心了。小老鼠看见它们在玩，就想去它们家找点东西吃，于是跑到它们家里去把东西都搬出来自己吃了。

（该幼儿能将三张毫无关联的图片加以想象，以"老鼠去偷吃东西"为线索将之联系在一起）

师：你们觉得谁的故事编得好呢？

幼：雨菲。

师：陈煊用上了好听的词"五颜六色"，很不错。小动物的地点虽然图上没有画出来，但瑾仪把它猜出来编进故事里，真棒。雨菲把三张图片联系起

来，想出小老鼠趁小动物不在家时跑去偷东西吃的情节，真是太精彩了。我们以后看到图片时都应该先想想每张图片说了什么，可能发生了什么事，要把图片里没有画出来可能发生的事、可能说的话都编进故事里，这样你的故事就会十分精彩了。

从三个不同层次孩子的讲述中我们不难看出孩子间的差异，除了语言表达水平的差异外，其思维的推理能力、想象能力均存在着很大的差异。而我们在肯定幼儿进步的同时，更应该给幼儿提出"跳一跳，够得着"的要求，使他们在"最近发展区"能获得更好的发展。教师在指导幼儿讲述时，不但要给幼儿提出针对性的问题，作为讲述活动的评价同样具有"指挥棒"的作用，是幼儿下次讲述的"指南针"。

【研究结果与反思】

经过对大带小看图讲述活动的观察和研究，幼儿在宽松、自由、融洽的氛围中进行合作学习，在与不同层次材料的互动中，大、小幼儿的讲述能力都获得了质的提高。然而在指导大带小看图讲述时除了考虑小组对子的异质组合及材料投放的层次性外，教师在指导时还应做到针对不同幼儿的发展水平拟定相应的预期目标，采取不同的提问策略，为其"量身定做"，培养幼儿独立讲述所需的各方面能力。在指导的过程中还应该将互相启发、互相提示、互相质疑的合作讲述的方法潜移默化地教给孩子，以促进对子间合作讲述能力的提高。

关于大班区域活动分享交流环节的行动研究

龙岩市新罗区区直机关幼儿园　李晓玲

我园把幼儿园区域活动作为实施《3—6岁儿童学习与发展指南》（以下简称《指南》）的切入点，用课题研究的形式引领着教师们不断深入学习和领会《指南》的精神。随着课题研究的不断推进，教师们对区域活动的独特价值有了更为深刻的认识，从行为的调整到观念的内化，我们欣喜地看到教师们的儿童观、学习观和教育观正在一点一点地改变。在区域活动指导中，教师们充分认识到区域活动分享交流环节具有很高的教育价值与功能，它能够引发幼儿兴趣，激发进一步探索的欲望；能引发幼儿思考，解决幼儿游戏中的困惑；能使幼儿感受不同观点的碰撞，互相启发；还能共享情感，使幼儿感受成功的喜悦等，但在实践过程中教师们却纷纷反映区域活动中的分享交流环节很难组织，导致分享交流环节原有的价值和功能很难得到较好的发挥。

基于此，我们通过审视目前我园大班区域活动分享交流的现状，围绕"基于《指南》精神的大班区域分享交流"进行探讨与研究，通过教师的访问调查，发现大班区域活动分享交流存在的问题基本上可以归纳为：

1. 幼儿分享、交流的兴趣不高，普遍冷场，愿意主动在集体中分享的总是那几个孩子。

2. 幼儿游戏过程中有很多闪光点，但上来分享时却没有说到，要老师提醒。

3. 分享的时间比较长，倾听的幼儿注意力不集中，不感兴趣或茫然不知。

从上面教师们反馈的几个问题以及日常区域活动的观察，我们发现在幼儿区域游戏过程中教师们明确了幼儿是活动的主体，不再高控指导了，学会了在指导前仔细观察、耐心倾听和认真思考，而到了组织区域分享交流环节却从教师的角度出发去考虑：分享交流时应该讲什么？怎么组织更有效？没有从幼儿的需要和兴趣出发去思考,幼儿喜不喜欢分享交流?他们喜欢分享什么?他们喜欢和谁分享,喜欢用什么方式交流?他们喜欢听关于哪些方面的分享?教师组织分享交流的形式比较单一,交流单向,缺乏多方互动,幼儿被动听的多,主动参与的少,分享交流无法深入。

结合以上状况,我们决定围绕大班区域分享交流中的现有突出问题,借鉴学习故事,基于发现儿童优点与长处,欣赏、接纳儿童的评价方式,以儿童为中心,倡导教师与儿童一起活动的思维和方式的新理念,进行有针对性的调查、观察区域分享交流中互动的情况和相关实践研究,尝试分析原因,找到"症结"所在,创设支持幼儿自主交流的区域分享氛围,促进幼儿在区域活动分享交流中的积极互动,进而促进幼儿的自主学习。

一、关注幼儿的需求,选择分享内容

1. 调查访问,了解幼儿的需求和兴趣

《指南》的实施原则集中体现了"以幼儿为本"的精神,倡导幼儿园的教育必须立足于幼儿,教师的目光要追随幼儿的身影,一切从幼儿出发,了解幼儿的学习特点,努力创造适合幼儿的教育。著名的 High/Scope 活动课程的实施也包括了分享交流环节(回忆环节):"通过回忆他们做过的事,幼儿能开始看到他们的计划和活动之间的联系,能对他们自己的行为和思想有更清楚的意识""回忆时间给幼儿提供了分享和学习别人经验的机会"。幼儿通过谈论他们在操作活动时间的活动,展示他们在活动中用过的材料,分享他们已经完成或尚未完成的作品,从中得到进一步的学习与提高。那么,幼儿在区域分享交流中想和同伴分享哪些内容?他们喜欢听同伴关于哪些内容的分享呢?我们从调查入手,对大班四个班152名幼儿发放调查表,目的在于了解幼儿对区域活动分享交流内心的感受和需要,为我们组织区域分享交流提供依据,避免教师单方面地从成人的角度出发思考问题。

2. 结果与分析

通过对大班年段四个班152名幼儿的调查访问表结果的统计与分析,结合日常区域分享交流情况,我们发现幼儿最需要的是满足自己成功的需要,希望展示自己的作品和自己做得好的一面;其次是分享交流和同伴玩的过程;最后才是自己遇到的困难。幼儿在分享交流中最想听到分享的内容主要有这三方面:一是听到同伴游戏中有趣的事,二是看到同伴漂亮的作品,三是听伙伴说遇到的困难和问题。

当我们把关注点放到幼儿的主动学习上，我们就会重新审视之前的做法：从分享交流的内容、时间到分享交流的结构和形式能不能支持幼儿主动学习？于是，我们根据对幼儿的调查访问结果和日常区域分享交流中教师"目标意识"过强问题进行实践研讨，一是把分享交流的主动权交给幼儿；二是将问题聚焦于幼儿感兴趣的内容；三是把握分享交流时间，控制在10分钟以内，最长不超过12分钟。通过调整，我们发现幼儿表现得特别积极、主动，有得意地跟伙伴介绍自己作品的，有介绍自己新发现的，有意犹未尽还在讨论游戏玩法的……没有老师在场的自由分享，幼儿没有任何心理压力，想说、敢说、喜欢说；集中交流的问题能引发幼儿的兴趣，幼儿参与交流互动的积极性明显增强。

二、关注幼儿的表达，选择交流方式

《指南》突出强调了幼儿是积极主动的学习者，强调尊重幼儿的学习方式和学习特点。区域活动分享交流要以幼儿为本，聚焦发展，体现多元性、灵活性。对于大班幼儿而言，他们已有较强的语言沟通、交流能力，区域游戏内容丰富而且水平比较高，应注重分享交流主体的多元性，除了教师提出话题，还应该注重幼儿自己的回顾，和同伴之间的互相交流，灵活运用多种分享交流形式，才能促进幼儿主动、积极地参与。

1. 图文引导，促表达

在区域游戏中，有丰富的材料，每个幼儿都能自发游戏，但是在分享交流环节，并不是每位幼儿都愿意在集体中交流表达；受到时间的限制，也不是每位幼儿都有时间和机会来分享，班级中一些有表现欲望的幼儿每次都积极主动地要求讲他们在游戏中的各种状况和感受，而一些不爱表现的幼儿总是坐着被动听，注意力不集中或茫然不知。大班的幼儿每天要自己签到，区域游戏也有一些记录，他们已经会用简单的图画和标记进行记录。于是我们启发幼儿运用图标的方式记录本次游戏中最想和伙伴分享的话题，结合自己的记录和伙伴进行两两分享交流。幼儿对自己讨论设计的图标加文字的记录表非常喜欢，运用起来轻松自如。他们在记录中选择回顾的内容，有利于他们建构自己的经验；同时在记录的提示和导向下更清楚、流畅地表达，有利于他们进一步思考与讨论，有效地促进幼儿主动学习的积极性。

 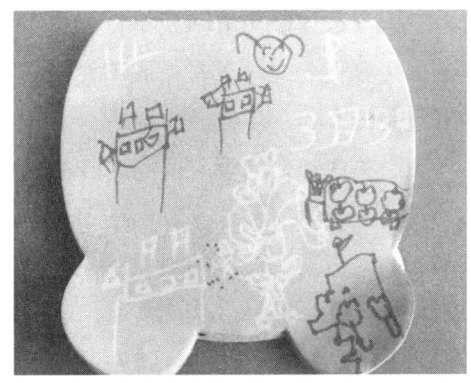

2. 多种形式，促交流

一是两两交流。大班幼儿与同伴交往更加密切，他们经常一起自由谈话、协商等，每个幼儿都有自己的想法，有的幼儿想法具体、有主见，有的幼儿愿意听取他人的意见，还有的喜欢互相商量。两两交流氛围最为宽松，孩子间能充分交流，吸纳别人的经验，扩展自己的思维方式，共享经验的同时，情感上也得到了充分的表达和体验。

二是小组交流。区域活动中，因问题发生的不确定性、多样性，幼儿经历和体验的多类型造成幼儿参与同一个问题讨论所需要的感受和经验欠缺、共鸣少，影响分享交流的有效性。针对这一问题，有时我们会根据活动情况按所玩区域分组。同一区域玩的幼儿有共同的经历和体验，幼儿之间的共鸣度相对会比较高，加上这样的小组组合人数少，幼儿可以畅所欲言，充分发表自己的看法，讨论的气氛比较热烈、融洽，讨论的问题更深入细致，能促进经验的提升和问题的解决。如果组内讨论解决不了问题，老师再引导有参与过这类游戏的幼儿一起来交流讨论。

三是集体交流。集体交流省时、省力，效率高，有利于将个体或部分幼儿的体验在同伴间传递，推动游戏的扩展和深化。一方面教师往往根据近期区域活动观察到的情况进行预设，另一方面根据本次游戏中观察到的情况进行生成。如果教师根据预设引导幼儿分享交流的话，将有利于帮助幼儿整理、提升游戏经验和水平，但又限制了幼儿的自主性；如果从现场幼儿分享交流中提取有价值的内容，将有利于幼儿的自主性与表达，但又限制了教师的预设，对教师的随机反馈能力给予了很高的挑战。

为了解决集体交流幼儿参与度不高的问题，我们采用集体交流、幼儿自由分享、小组分享交流随机搭配组合的方式，构建多种形式的分享交流，但无论采用哪种方式，都非一成不变，只有选择当下场景中最有利于幼儿分享游戏经验的方式，才是最适合的。

三、关注幼儿的疑问，促进自主学习

英国关于学前教育有效性的追踪研究发现，最有利于幼儿学习和发展的教师行为是：关注幼儿的自发活动，帮助幼儿保持活动的连续性，并与幼儿一起谈论他们所投入的活动以及在活动中的感受和想法，研究者把这称为"保持共同思考"。幼儿的区域游戏是不断产生问题、解决问题的过程，并在问题解决过程中推动和丰富游戏的情节，促进幼儿的主动学习。区域游戏分享交流环节应该具有让幼儿自主地进行探索学习的特征，既是部分幼儿能发现、尝试、感受到的，也是能引起大家疑问、产生思考的。

1. 聚焦问题时教师心中要有数，引导语要与幼儿的年龄特点、学习特点、兴趣需求、原有经验相符，灵活调整问题的开放和封闭程度，帮助幼儿更好地进行表达，提高分享交流的效率。区域游戏分享交流看似平常，对幼儿来说却有不平凡的意义，丰富的区域游戏中幼儿获得的经验往往是多元的、无序的，很多教师在分享交流时喜欢问"你今天在游戏的时候有什么问题？""你发现了什么？"这一类很开放的问题，结果幼儿的答案五花八门，教师常常难以应对，造成分享交流时间长、拖沓。教师可以在提出这类问题时，加上一定的空间、情境的限定语，例如"你刚才在绣坊找你丢的针找了好长时间都没找到，后来为什么突然就找出来了？""你说你今天下棋总是赢小宇，明天换一个朋友跟你下结果会和今天一样吗？"……这样，幼儿注意力就更容易聚焦到需要关注的内容上，增强分享交流互动的实效，促进幼儿不断梳理自己的想法和经验，掌握一定的自主探索和合作互助的学习方法。

2. 根据聚焦的问题是个别还是多数幼儿感兴趣和急待解决的，是否能引起其他幼儿的共鸣，灵活采用个别、小组或集体分享交流的形式。促进问题解决的讨论分享实际上是一种基于经验的对话活动。例如：小勇在玩轨道滚珠和多米诺骨牌组合游戏时，在第一和第二张多米诺骨牌上横放了一张骨牌作"屋顶"，当他把珠子从轨道上滚下来的时候，珠子被挡在第一张多米诺骨牌处，没能碰倒，造成游戏失败。他多次调整，直到游戏结束还没有调整成功。老师在游戏中观察到这个情况，考虑到班上大部分孩子都玩过轨道滚珠游戏，有类似的经验，于是将小勇的轨道滚珠与多米诺骨牌组合拍了照片，并建议小勇在集体交流时把这个问题提出来和小朋友一起讨论。果然，在集体交流时班上幼儿参与交流讨论的积极性特别高。有的说："多米诺骨牌上加了屋顶太重了，不要加屋顶就可以了。"还有的说："可以把轨道搭得更高，坡更斜些，珠子冲下来的力气更大，就能撞倒多米诺骨牌了。"还有的说："轨道改成没有那么多弯道的，珠子冲下来力气更大，就能撞倒多米诺骨牌了。"……而同样是轨道滚珠游戏的分享交流，在另一个班级，教师将游戏中小诺碰到的前后两条轨道是高低错开、滚珠总是无法准确地从上一条轨道掉到下一条轨道的问题让幼儿交流讨论，却因为这个班开展轨道游戏时间不长，大部分幼儿还没有玩过这个游戏，造成分享交流时无人响应，幼儿听得茫然。因此，只有当多数幼儿都有类似的经历或体验，或者日常也有丰富的相关经验来支撑问题的解决时，采用集体分享交流幼儿的共鸣度较高，幼儿参与交流讨论的积极性较高，互动性也较好；而只有个别或小部分幼儿感兴趣和急待解决的问题若不能激起其他幼儿的交流讨论则可个别交流或小组讨论。

四、小结

在一次次的实践和研讨中，我们深深地感受到"教师的希望未必是孩子的愿望"，作为教师的我们，在学习和运用《指南》时最重要的是融会贯通地理解所倡导的理念，用正确的态度和行为不断探索，反复研析，教师的目光要追随孩子的身影，倾听他们的想法，关注他们的需要，遵循孩子的发展规律，不可急于求成，真正地顺应幼儿的兴趣、学习特点与发展需要，促进他们自主学习。

小班幼儿阅读区活动情况的分析与指导

三明市妇联幼儿园　杨　慧

学前期是幼儿语言发展的关键期，而阅读是提高幼儿语言能力的重要手段和途径。小班幼儿由于年龄较小，语言发展处于较低水平，在阅读过程中会存在一定的困难和问题。于是，我对本班幼儿阅读区活动情况进行了深入的观察、分析并进行有效的指导。

实录一：师幼共读，以温馨的陪伴激发阅读兴趣

活动观察：新学年伊始，我们班迎来了一位位活泼可爱的孩子，半个月后幼儿情绪基本稳定，我设立了阅读区，让每位家长为幼儿准备一些色彩鲜艳、形象可爱、画面简单的图画书放到阅读区。一天午餐后，我让进完餐的孩子到阅读区每人拿一本书，混乱的情况发生了：几个孩子争抢同一本书，拿到书的孩子有的紧紧抱着，如抓到救命稻草，谁碰都不行；有的孩子把书本当道具，舞来舞去；有的书本在孩子的争抢中，"以身殉职"。那一刻，我无奈，只好立马收书。

分析与反思：刚入园不久的孩子还有分离焦虑情绪，午饭后表现得尤为明显，他们需要自己熟悉的物品来寻求心灵慰藉。让幼儿自由选择书本时有的要拿自己的书寻求安全感，有的已适应幼儿园生活的孩子想拿自己喜欢的书，导致发生抢书的现象。小班孩子身心发育尚不完善，关于自然和社会的知识经验有限，他们的注意力不稳定，有意注意水平低下，观察的目的性较差。他们的集中注意时间最多为5—10分钟，因此不能长时间保持静态的阅读，喜欢色彩鲜艳，形象逼真，有重复语言、重复情节，单一单幅的且内容熟悉的图书。

指导策略：针对幼儿刚入园时表现出的焦虑情绪及年龄特点，我准备了

一些色彩鲜艳、形象可爱、故事有趣的大图画书，并采用"师幼共读"的方式——五六个幼儿围坐在老师身旁，每人一本和老师相同的小图书，老师边翻看图书边讲故事，老师讲一页，幼儿翻一页，让幼儿直接感受画面与老师讲的故事之间的联系，养成倾听他人讲述的习惯，并知道图书要有序翻看才能看懂内容。教师通过绘声绘色地讲述故事吸引孩子，以激发幼儿的阅读兴趣。持续一段时间，孩子们形成了饭后到阅读区听故事的习惯后，再采用"师生共读"的方式。

实录二：深入观察，以有效的指导传授阅读方法

活动观察：师生共读持续了一段时间后，我开始认真观察孩子阅读的情况，却发现林晖、睿遥把书拿反了，再认真观察发现还有许多幼儿是倒拿着书阅读的，孩子们却还看得津津有味、摇头晃脑。

分析与反思：倒拿图书是孩子刚接触阅读活动时发生的普遍现象，3岁左右的幼儿大脑皮层的发育还未成熟，缺乏完善的综合分析能力，当他们拿起书本观看时，在视网膜上所成的印象反而是正立的，有的幼儿缺乏观察技巧，所以这些孩子往往都是不由自主地倒着看书。

指导策略：我尝试将一张大大的人像图片挂在教室中间，让孩子们自己去观察、发现。结果大多数孩子都发现了图片的方位有错误，七嘴八舌地说："图片挂倒了。"我故意奇怪地问："倒了吗？你怎么知道是倒的?""头碰在地上，摔跤了。""他的脚在上面。"于是，我请经常把书拿倒的林晖、睿遥小朋友帮我把图片挂正，并告诉他们图片上的人和小朋友脸对脸、脚对脚看起来舒服多了。另外，我在阅读区墙上粘贴倒放的图片，让孩子们自己发现。一段时间后，倒拿图书的孩子少了。

实录三：巧用妙招，以有趣的游戏培养阅读习惯

活动观察：又是饭后时间，孩子们围坐在阅读区拿着自己喜欢的书看，我发现有的孩子打开一本书以后，忽的一下翻到中间，又忽的一下翻到前面，有时中间还跳过几页。这时林言硕小朋友把书拿到我面前，指着书上的图说：

"小鸟,小鸟。""对,坐到位子上去看吧。"才刚回到椅子前还没坐下,他又跑过来告诉我他的"新发现"。我担心班上孩子好不容易养成的阅读习惯会被他破坏,就严厉地对他说:"回到位子上去看!"他沮丧地坐了下来,然后"唰唰唰"把书翻完了,接着又"唰唰唰"把书倒翻了一次,短短3分钟,就看了4本书。我很诧异,忙上前问他:"书好不好看?""好看。""那你怎么老换书?""看完了。"我指着他手上翻的那页书:"这是什么?""香蕉。""什么颜色的?""黄色。""它像什么?""小船。"他很高兴地把一只手搭在我手上,认真回答完我的每个提问。我用同样的方法和他一块又阅读了几页。果然,林言硕小朋友不再那么快翻书了,翻一页、看一会,翻一页、看一会,有时还能见到他皱眉思考的样子。

分析与反思:小班初期班幼儿阅读缺乏有序性,在幼儿园经常会看到这样的一幕:孩子们打开一本书以后,忽的一下翻到中间,又忽的一下翻到前面,有时中间还跳过几页。这是由于幼儿的思维具有跳跃性的特点,常常呈现出一种无序化状态。他们在阅读过程中,不懂得图书的页码数字是从小到大排列的,也不知道图书中的故事情节是按开头、发展、结尾的顺序进行的。这种思维的紊乱性,对小班托班幼儿阅读图书是一个不小的障碍。林言硕虽然会按顺序从前向后一页一页地翻书,但尚未能独立阅读图文并茂、色彩鲜艳的图书,因而容易觉得枯燥乏味。我先前对林言硕的"新发现"总是置之不理,忽视他的求知心理,导致其看书变"翻书",对"新发现"失去原有的兴趣。之后的陪同阅读,帮助他观察画面内容,发挥想象力,将失去的兴趣拾回。可见教师在幼儿阅读活动中的引导力是必需和至关重要的。

指导策略:采用"我说你找"的游戏。这一方式是由教师说出某一画面的故事内容,幼儿找出相应画面,让幼儿知道看书时应看懂前一页,再看后一页,边看边想,理解每幅画面的含义。如:图画故事书《小黄鸡和小黑鸡》,教师说:"轰隆隆,打雷了,哇——小黄鸡吓哭了。请大家找出这一幅图片。"幼儿找到后,教师追问:"从哪里看出打雷了?"帮助幼儿仔细观察画面,久而久之,幼儿就学会了仔细观察符号,积累阅读的经验。接着,再慢慢过渡到让孩子听着录音看书。在阅读区中,事先将图书里的故事录音录在磁带中(速度放慢),让幼儿边听边翻,并配以简单的提示语,如:请找找"滴答滴答下雨了,快快躲到树叶下"是哪幅图片?这样,让幼儿体验语言与画面之间的对应关系，巩固有序翻书的经验。最后，就放手让孩子自己独立阅读图书。

实录四：及时引导，培养幼儿爱护图书

活动观察：今天老师又和小朋友玩"我说你找"的游戏，小朋友都非常投入地找画面，可林帅小朋友却不停地把书翻来覆去，没有投入到找画面游戏中。我走到他面前问："你不喜欢玩这个游戏吗？"答案很意外，林帅说书本破了。听了这样无厘头的回答，我先是觉得荒唐，再认真观察了一下他的书，发现书的封面有些卷，书里面的画页有的已经破了。

分析与反思：长期以来，在阅读活动中我只关心孩子的注意力是否集中，是否安静阅读，是否把看完的书收好，而忽略了孩子对书本的情感，林帅小朋友的行为正是这个问题的典型表现，恰恰需要教师给予及时、恰当的引导，孩子爱书之情应当得到肯定和赞扬。如何爱护书本呢？可以从培养幼儿爱护书本的情感和帮助幼儿养成良好的阅读习惯两方面入手。

指导策略：一是在兴趣的基础上给予情感教育，书本需要大家的爱惜。幼儿对于阅读的兴趣来自于书本的吸引力，为幼儿选择大量图文并茂的图书，引导幼儿观察理解图书内容，可以增长他们对阅读活动的兴趣。比如选择多种内容让幼儿学习，每看完一页，都应提示说："接下去发生了什么事？我们来看下一页。"在培养幼儿阅读兴趣的基础上，引导幼儿要爱护图书、保护图书。二是培养阅读习惯。幼儿对书本的爱惜之情不只是单纯地激发其对书本的兴趣，更重要的在于培养良好的阅读习惯。比如按照顺序从前往后一页页地翻书，在翻这个过程中应着重引导幼儿观察阅读的顺序，先看左边的画面，再看右边的画面，如此幼儿在有序的阅读中不会急于翻阅而给书本造成破损。三是尽量为幼儿创造良好的阅读氛围及条件。

小结

阅读区活动能够满足幼儿个性化阅读的需求，在小班阅读区活动的指导中，老师应该要基于幼儿的身心发展的年龄特征，对幼儿阅读活动进行观察、

分析，了解幼儿的需求，进行有效的指导。这样才能够激发幼儿的阅读兴趣，帮助幼儿养成良好的阅读习惯，掌握基本的阅读方法和技巧，提高幼儿自主阅读的能力。

幼儿区域活动回顾表达能力培养的行动研究

福州市温泉幼儿园 郑 瑶

【研究背景】

今年我插班到一个大班担任教师,发现每次区域活动回顾环节,愿意举手发言的孩子寥寥无几,乐意起来发言的孩子通常是这样表述的:"我今天玩了美工区,很开心。""我今天玩了多米诺,很开心。"如果我追问:"在活动中有没有遇到困难?是怎么解决的?"孩子们就面面相觑……是什么原因导致孩子不乐意参与回顾表达、无从表达?经过几次区域活动的观察和反思,以及与前任教师的访谈,我总结出原因如下:

1. 环境材料方面:区域环境创设以及材料投放难以激发孩子的自主学习,引发孩子共鸣,从而产生深刻的体验,乐于用语言来描述自己的感受和遇到的问题。

2. 教师方面:原任教师在区域活动回顾环节对幼儿的语言表达缺乏行之有效的回应与引导,导致幼儿回顾环节的语言表达停留在浅表水平,仅能简短阐述"玩了什么内容,心情怎样"。

3. 幼儿方面:此班孩子没有区域活动回顾表达的经验积累,孩子对区域活动回顾的目的性不明确,不知道要回顾什么内容、可以和同伴分享哪些体验。

在以上分析基础上,我尝试绘制出"幼儿区域活动回顾表达能力培养策略图",并在此图基础上开展行动研究。

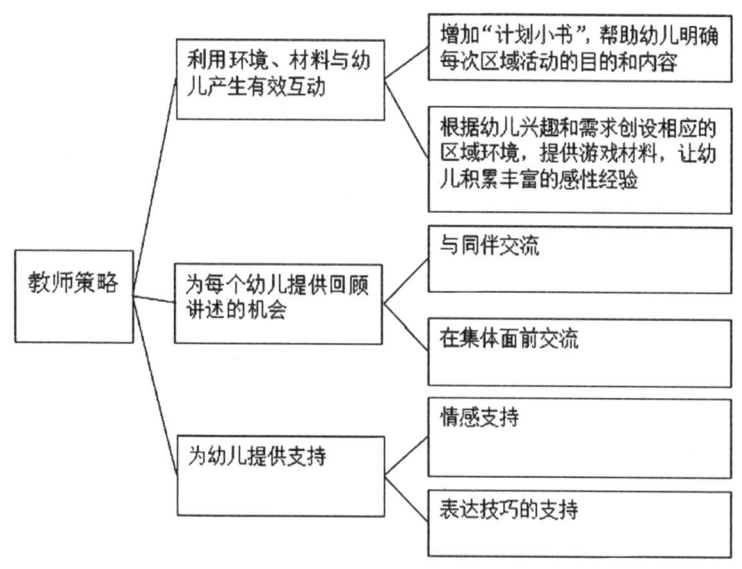

幼儿区域活动回顾表达能力培养策略图

【研究过程】

第一阶段：利用环境、材料与幼儿互动，激发幼儿热情

这阶段我采取了两项措施，第一项是增加了"计划小书"。目的是增加孩子参与区域活动的任务意识，鼓励孩子有计划地安排自己的一周工作内容，并在每一天的区域活动后记录下自己的工作情况和收获、问题，便于孩子直观地回顾讲述。

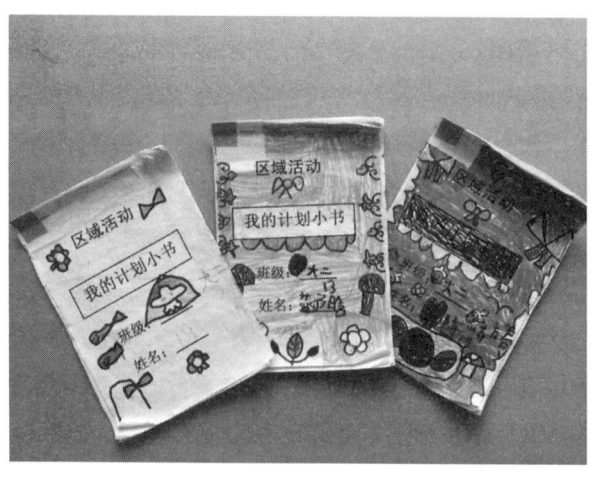

计划小书

第二项措施是根据幼儿兴趣和需求创设相应的区域环境，提供游戏材料，让幼儿积累丰富的感性经验，激发他们回顾交流的兴趣。每周我都会根据孩子的兴趣与水平更新三项区域游戏内容，不断给孩子新的挑战。例如每周的美工区都投放一项新的手工内容（等分拼贴、蛋壳拼贴画、纸板水粉画、纸杯创意手

工等等），并提供相应的参考书（小台历制成的），让孩子与环境、材料、同伴、老师互动，自主学习。

根据孩子的兴趣，我还先后开辟了扑克牌区、陀螺区等，鼓励孩子发现和尝试扑克牌的各种玩法，启发孩子发现陀螺旋转的秘密，尝试自制能转得久、转得稳的陀螺。提供记录纸，鼓励孩子记录下自己探索过程中发现的秘密、遇到的问题以及解决的办法。将孩子的各种表征展示出来，供他们互相交流、学习。

随着这两个措施的实施，参与回顾讨论的孩子数量开始增加，从最初的三四个幼儿爱发言，发展到有十几个幼儿踊跃发言，但是其他的二十多名幼儿的交流情况老师并不了解。他们是否喜欢交流？交流时遇到什么问题？需要什么帮助？这有待教师进一步观察。

第二阶段：为每个幼儿提供交流的机会，了解幼儿的回顾、交流存在的共性问题

在这个阶段中，我找了两首轻音乐，一首是《小星星》，一首是《心语心愿》。每次区域活动结束时，孩子听到《小星星》音乐响起，就陆续收好游戏材料，到计划书存放区取出自己的计划书，填写当日的工作反馈。《心语心愿》音乐响起后，孩子开始跟旁边的小伙伴交流分享自己的工作感受，老师走到小朋友中间聆听。音乐停止，孩子们也停止两两交流，由老师主持集体交流。

通过观察，孩子的表达分成两大类：一类是流水帐式，如"我今天先是玩了扑克牌区的分解组成牌，又去观察角看了豆宝宝。""我今天做了一张刮画，然后音乐响了，我就收了。""我今天到棋区下了棋，我赢了睿杰一盘棋，

输了两盘棋,这时候音乐就响了,只好收了。"另一类是告状式:"我今天在玩搭扑克牌游戏时,刘曜凯老是碰到我的扑克牌,我很不开心。""我今天下棋的时候,蔡子俊老是来抢我的骰子。"

我认为在新阶段应有针对性地采取措施,在满足孩子发言需求的同时,要给予孩子表达技巧的支持与引导,让孩子将回顾讲述的重心放在有益经验的分享上。

第三阶段:为幼儿提供支持,使幼儿的分享与交流聚焦于有益经验方面

每一次的区域活动回顾环节,我都积极鼓励幼儿发言,肯定他们的点滴进步。在给予情感支持的同时,也为幼儿提供表达技巧上的引导。

我常采用提问式的语言来启发幼儿表达与分享,例如:"今天你最大的收获是什么?""你遇到了什么问题?解决了吗?是用什么办法解决的?"

当孩子采用流水账方式讲述时,我就继续追问、引导其梳理讲述内容。

案例一:

罗梓旖:我今天在美工区用纸杯制作了篮子,很快乐。

师:是什么令你感到快乐?

罗梓旖:我用纸杯做了篮子,并且用三种材料装饰篮子!

师:你大胆地使用了三种新材料进行手工创作,这是你以前没有体验过的,你成功了,所以很快乐!真棒!

案例二:

杨宇翔:我今天在观察角做了豆宝宝生长记录!然后去了陀螺区玩陀螺。

师:你作为观察员,在观察角发现了什么新现象呢?如果你能把新的发现跟大家分享,大家就能增长见识。

杨宇翔:我发现黑豆结出了19个豆荚!其中有两个豆荚是新长出来的,上边有绒毛!

师:哇,杨宇翔小朋友真是个细心的观察员!他分享的内容是我们都没听说过的,能让我们一起长见识。你们喜欢听他说自己的新发现,还是喜欢听他介绍工作名称?

众幼儿:喜欢听新发现!

当孩子出现告状式的回顾的,我也给予相应的引导。

案例三:

叶鸿睿：今天我不开心，因为我搭扑克牌楼房时总是被郑博文碰到，楼房老搭不成功。我觉得他不对！

师：是这样吗？郑博文你影响到他了吗？

郑博文：我也要搭纸牌，可是桌子就那么大！

师：看来搭纸牌的地方太小了，郑博文也不是故意的。其他小朋友有办法解决这个问题吗？

林华俊：可以到另一张桌子上搭！不要挤在一起玩！

蓝予涵：带块毯子到走廊上玩，那里没人！

师：大家同意他们的建议吗？

众幼儿：同意！

师：你们很会动脑筋！当我们遇到一个问题的时候，可以想想这个问题能怎么解决，把问题和解决办法分享给大家，以后当别人遇到同样问题时，就不会苦恼啦！这样的分享能让小朋友变聪明，谢谢你们！

【研究反思】

经过这三个阶段的尝试，孩子在回顾分享时语言逐渐地丰富起来，分享的内容"含金量"也提高了。流水账和告状式的现象少了，幼儿更多地聚焦于游戏中发现问题、解决问题方面。由于幼儿间也存在能力差异，有的孩子回顾、表达水平发展得较快，有的孩子还处于聆听、模仿的层次。我想，我会有足够的耐心等待这些孩子，以自己的节奏前进，在与环境、同伴、老师的有效互动中，实现纵向成长。

大班幼儿种植兴趣的培养

漳州市芗城区实验幼儿园　陈　玫

【问题发现与问题分析】

班级种植角活动总是开展不了，无法坚持下去，植物养不活，容易枯萎死亡。通过观察及与班级老师沟通，得知幼儿对种植角的活动不感兴趣，参与的积极性不高，很被动。针对这种情况，在园本教研活动中，我们提出如下问题进行思考、讨论：

1. 班级采用了哪些形式来开展种植角的活动？

2. 每次都种植了哪些植物？

3. 在种植过程中幼儿是否有过浓厚的兴趣？什么样的情况下，幼儿的种植兴趣最浓厚？

4. 幼儿不感兴趣的原因由哪几方面造成？

在老师们激烈的讨论和交流中，我们归纳出了种植角无法坚持开展，幼儿对种植角活动不感兴趣的几点原因：

1. 老师们布置开设种植角的任务，要求幼儿和家长共同种植一盆蔬菜或植物，但多数是家长代劳，幼儿没有动手参与，对于这个小植物以后的生长状况并不关心。

2. 有的班级从小班到大班每次开设种植角的活动都是相同的，比如种植豆子、花生等种子，幼儿已经熟视无睹，不感兴趣了。

3. 有的植物角摆放的是绿化观赏植物，幼儿看不到植物的生长变化过程，兴趣也就不高了。

4. 植物的发芽都需要一个过程，孩子的兴趣无法坚持太久。

5. 班级事务繁杂，老师们有时无法及时顾及种植角的管理，无法及时引导幼儿观察发现每一株植物的变化。管理种植角的任务大都交给值日生，而值日生每日一轮，无法培养幼儿的坚持性和责任感。

6. 有时候种植的植物或种子不是当季的，无法很好地生长，也无法养活。

为此，植树节前夕，我们在大班年段组织开展了关于种植的系列活动。

【解决问题——开展种植活动】

本次活动旨在让幼儿在种植、照料、采摘等直接体验过程中，学习观察并记录植物的生长过程，让幼儿体验在种植、探索与发现的过程中所带来的乐趣，从而逐步培养他们对种植的兴趣，同时也是对幼儿做事坚持性和责任感的一种初步养成。

首先，我们确定了这次种植活动的一个大致框架：

1. 家园互动。做好家长工作，发动家长积极关注、共同参与本次的种植活动。

2. 分组活动，以小组为单位开展蔬菜的种植活动。让幼儿自由组合，共同种植、照料观察。

3. 开展种植竞赛。比一比哪组幼儿最负责、最尽心，种出来的植物最壮实。

4. 分享果实。在植物成熟阶段，把每组的劳动成果进行分享，或让小组幼儿带回家，或在班级直接烹饪分享。

第一阶段——种植阶段

一、活动安排

开展种植活动之前，老师将这次开展种植活动的目的、形式以及需要准备的、收集的有关种植的资料等等，用家园联系栏和班级 QQ 群等方式告诉家长，获得家长们的支持、帮助和配合。然后组织幼儿开展谈话活动"适合在春天种植的植物"→家园互动：寻找容易种植、结果的植物→告诉幼儿本次种植活动的要求：小朋友分成几个小组来种植，比赛看看哪组小朋友最负责、最尽心，种出来的植物最壮实，植物成熟后，我们要一起分享大家的劳动成果→幼儿自由组合（6~7人一组），讨论本组要种植的植物，并给自己的种植小组起名字→老师组织幼儿讨论种植所需的材料和工具（泥土、花盆、种子、铲子、花洒、肥料和养料等）→以组为单位，每人画出自己负责的材料→家园互动：和家长一起了解本组要种植的植物、种植步骤及生长过程→各自将自己负责的种植材料带来班级，并以组为单位开展种植活动。

二、活动分析

《幼儿园教育指导纲要（试行）》提出：家庭是幼儿重要的合作伙伴，应本着尊重、平等、合作的原则，争取家长的理解、支持和主动参与，并积极支持、帮助家长提高教育能力。家园合作并非空洞的说辞，一定要让家长参与到幼儿园的各项活动中来，具体到种植兴趣的培养，可以让家长帮助准备材料，可以让家长一起学习如何种植，可以请有种植经验的家长分享经验，可以请没有种植经验的家庭一起在家尝试种植小植物等等。

种植前的沟通是十分必要的。每个季节都有适合时令的植物，这种沟通不仅能使后面的种植活动有结果，而且能使孩子们意识到四季的变化、生命的不同。种植活动的要求和自由分组体现的是一种规则意识的确立，也是对分工协作精神的培养和责任心的养成，更是对孩童自主性的鼓励，让他们可以自主选择、自由结伴开展活动，不再用"单打独斗"的方式在种植角开展种植活动，植物太多，容易分散幼儿的关注点，不能发挥其教育价值。《3－6岁儿童学习与发展指南》中的社会领域要求幼儿在活动中出主意、想办法，能主动承担任务，每个种植环节幼儿都直接参与，组内和同伴有分工、有合作，动脑筋给自己的种植小组取名字；组外有竞赛，通过比赛增强集体荣誉感、责任感和上进心。幼儿认真将本组的植物照料好，有细微的变化都第一时间告诉老师或者家长，主动回家和爸爸妈妈交流关于种植的经验。

在幼儿自由分组、自选种植任务、分配材料、落地种植的过程中，我们看到他们的主动性和创造性，种植不仅仅是把种子埋到地里，通过这个阶段的各个环节，比如讨论、选择、分组、家园互动、画画、任务分配等，孩子们的动手能力、沟通能力、选择能力、社会性等都得到了锻炼和发展。

第二阶段——照料阶段

一、活动观察

老师引导各组幼儿商讨每日负责照料植物的人员及工作安排，提出问题：周末放假，没有小朋友照料植物，没人浇水，种下的植物不能发芽，长不大，可能会干死、渴死，怎么办？

幼儿1：让轮到周五浇水的小朋友带回家照料。

幼儿2：不行，以后南瓜太大了，不好带。

幼儿3：要不把它们像蛋糕一样分成好几块，每个小朋友带一块回去照料。

老师：分成几块，周一带回来还能拼回去吗？

幼儿4：不行，要不请几个小朋友周末来幼儿园浇水吧！

幼儿5：可是门关着，我们没有钥匙。

幼儿6：洪园长应该有钥匙，要不放假让洪园长来浇水。

老师：洪园长要出差开会，周末经常不在漳州，没办法来帮忙，想想谁还有钥匙，方便帮忙照料？

幼儿7：门卫伯伯住在幼儿园，请他帮忙吧。

问题解决了，幼儿设计制作帮忙卡和感谢卡送给门卫伯伯，设计观察记录表，请家长在接送幼儿之际和他们一起观察种植的植物，并和幼儿一起拍一拍、听一听、记一记。

在幼儿认真的照料下，各组的种子陆续发芽了，幼儿异常地开心和兴奋，每天来园都先蹲下观察本组小苗苗有没有长高、长大，认真地做好观察记录。这时，他们发现了问题。

问题一：其他组的种子都发芽了，草莓组播下的种子却一直没动静，为什么？

幼儿1：可能草莓种子埋得太深，芽还在土里冒不出来。

幼儿2：没有营养，所以长不出来。

幼儿3：把种子挖出来，种浅一些吧，这样就能很快发芽。

家园互动：回家把这个问题告诉爸爸妈妈，听听他们是怎么说的。

互动后的答案：①这个季节不适合种草莓。

②水浇得太多，种子烂在土里，不会发芽了。

认知谈话：种子发芽需要的条件（充足的水分、适宜的温度和足够的空气及阳光）→怎么办？

幼儿：重新种其他蔬菜。（幼儿说出了各种蔬菜瓜果，如大蒜、豆子、西瓜、空心菜）

老师：这么多想要种的植物，到底哪一种适合春天种植，又容易养活、容易成熟呢？（幼儿经过一番探讨比较，最后草莓组的幼儿决定重新种上空心菜。理由是大蒜和豆子中班时就已经种植过了，空心菜成熟采摘后，还会再长第二茬）

问题二：南瓜组和白菜组的芽长大了，很密地挤在一块儿了，为什么会这样？

幼儿1：我们撒太多种子了。

幼儿2：我们把种子都撒在一起了，没有撒均匀。

幼儿3：它们这样挤在一起会不会不舒服呀？

家园互动：这种情况该怎么办？不处理会发生什么事情？

这次家园互动后，幼儿来园后没有说出答案，似乎约好了一样，没人来说解决的办法。老师也纳闷了，在家长群上和家长反映这次互动后的现象，向家长了解情况，原来，孩子们都从家长那里知道：植物长太密会长不大；框里的土不够多，没有足够的营养，植物也长不大；要松掉一部分，这样剩下的菜苗才有营养，才能长得好、结果实。但是，他们舍不得把自己种植出来的菜苗松掉，即使知道这样长不大，不会有成熟的果实，也不愿意松掉。最后，家长在接幼儿离园的时候，和他们一起动手松掉一部分的菜苗，并把松掉的菜苗带回家移植。

家长们在接幼儿离园时发现种植筐的土壤一直都是湿漉漉的，水分过多，影响了植物的生长，便主动和老师交流情况。老师向幼儿询问他们每天的浇水量，孩子们都说："爸爸妈妈告诉我们，土很湿，可以不用每天浇水，我们已经很多天没浇水了。"

问题三：很多天没浇水，土壤还是湿漉漉的，这是为什么？

孩子们在观察思考的过程中发现一个现象：有两组小朋友都种白菜，一组已经发芽好多天了，另一组的却一直没有发芽。幼儿经过反复观察、比较，发现没发芽的那组土壤一直很潮湿，他们猜测："可能是水太多，种子烂掉了。"最后，孩子们在老师的帮助下找到了原因：种植筐四周裹着塑料膜，没有戳孔，每天浇下去的水都不能流出去，土壤就一直湿漉漉的，浇的水太多了，种子都泡发霉、泡烂了。于是，离园时孩子们和爸爸妈妈一起动手给自己组的种植筐戳孔、扎洞。这一发现，把两个问题一起解决了。

问题四：什么时候要松土、施肥？松土、施肥要怎么做？

种子陆陆续续地发芽了，长大了，由一片叶子慢慢地长成两片、三片……但是有的杆细细的，有的叶子开始发黄，孩子们着急了，议论开来："我们这儿太阳照不到，所以叶子会变黄。""我妈妈说要给它们施点肥料。""要不要给它们松土呀？"

由于受场地的限制，针对植物晒不到太阳的问题，孩子们想出了一个办法，每次到操场户外活动的时候，各组成员就小心翼翼地把自己组的植物抬下去晒太阳，老师建议他们不要马上抬回来，让植物多晒会儿太阳，可是孩子们担心小班的弟弟妹妹们不懂爱护，会伤害他们的植物，都不愿意采纳老师的建议，户外活动结束后又抬回活动室门口。

对于松土和施肥，孩子们感到茫然无措，为此，老师和孩子们商量，决定请幼儿园外聘的花匠奶奶来帮忙解答植物生长过程中出现的问题和他们的困惑。由于花匠奶奶一周才来一次，老师组织孩子们将自己的问题画出来，然后指导他们将相同的问题汇总、归纳，等花匠奶奶下周来园时请她帮助解答问题。

二、活动分析

培养种植兴趣至关重要的一条就是尽量让孩子们参与到植物生长的各个环节中来，浇水施肥、破土而出、开枝散叶、开花结果等。每个环节都以问题为导向，培养孩子解决问题的能力。在解决周末谁来照顾问题的过程中，通过教师引导讨论，孩子们最终探索出了最好的解决方式，并且在这个过程中学会了感恩和合作。在解决用什么植物来替代草莓的过程中，通过家园合作发现空心菜是个不错的选择。在解决南瓜和白菜种植过密的问题过程中，既促进了家园合作，也使家长们由最初的被动参与发展为主动关注。种植活动的开展，不仅培养了幼儿的兴趣，同时也带动了家长们的兴趣，使得种植活动中的亲子互动和家园互动更加密切，更激发了幼儿对种植活动的兴趣和热情，进入良性互动阶段，也培养出一种责任和对生命的关怀与热爱。在解决土壤过于潮湿的问题过程中，幼儿逐步学会了发现问题、大胆推测、动手寻求答案、解决问题等一系列的探究技能，养成了较好的学习品质。在解决植物光照问题的过程中，充分体现了幼儿的责任心和坚持性。在解决施肥问题的过程中，充分利用各种教育资源，形成幼儿园、家庭和社会资源的充分整合，为幼儿创设了一个多样化的学习氛围。

幼儿能发现问题，说明他们对种植活动的兴趣及植物角的关注和责任感已经慢慢地形成了。在老师、家长的帮助引领下，一步步地解决问题，也让幼儿各领域的能力得到学习和发展，同时也逐步养成了好奇、主动、坚持和探究等良好的学习品质。

第三阶段——成熟阶段

黄豆苗、韭菜和空心菜陆续成熟了，当孩子们采摘下来送到食堂做成美味的菜肴时，他们内心充满了兴奋和自豪，那天的午餐与点心吃得特别的香甜和快乐。

【活动总结与反思】

通过这一阶段种植活动的开展，不仅仅是老师，连家长们都用自己的好奇心和探究积极性感染、带动幼儿，和幼儿一起发现、分享种植的乐趣与秘密，一起寻找问题的答案。孩子们学会了用拍照、语言讲述和画图等方式来记录他们对植物的探索与发现。在探索过程中，即使幼儿将泥土弄得满地都是，老师也不追究和制止，而是真诚地接纳、支持和鼓励幼儿对植物种植的探索行为，并适时地引导他们活动后收拾、整理现场和种植工具。

孩子们在种植过程中通过动手操作、亲身体验、直接感知获取了不同领域的各种知识经验，学会了与小伙伴一起讨论和分享自己的问题与发现，一起想办法收集资料并验证猜想，会用数字、图画、图表等符号表述自己的想法，并做好植物生长的观察记录，在种植、观察、探索发现中感受兴奋和满足。

幼儿自主选择、自由结伴开展种植活动，活动中进行良好、有效的家园互动，也建立了亲密的亲子关系、师幼关系和幼幼关系。同时孩子们在活动中也学会了感恩，懂得珍惜劳动成果，他们的责任心和坚持性得到了很好的发展。

种植活动是一项需要长期坚持开展的工作，其教育效果也不是一两次活动就能够完全呈现出来的。老师必须把对种植区活动的关注作为一种习惯，抓住这一良好的教育契机，引导孩子们学在其中、乐在其中，并获得一些有益的生活经验。因为这些生活经验的获得，远比孩子们枯燥单调地学习一种知识重要，它必将在孩子们美丽的人生画卷中留下最为新鲜靓丽的一笔。

支持幼儿自主探索的区域活动材料投放研究

泉州市泉港区实验幼儿园 王淑芳

【案例背景】

《纲要》在科学领域"内容与要求"中指出"要为幼儿的探索活动创造宽松的环境，提供丰富的可操作的材料，为每个幼儿都能运用多种感官、多种方式进行探索提供活动的条件"。实际工作中，老师对如何投放材料才是适宜的、对幼儿的探索怎样才是有效的存在困惑。在我园开展的省级课题《利用本土资源实施新课程的研究》的研讨中，我们针对"沙"这一本土资源进行了挖掘，以下是一次科学活动"沙的秘密"中教师们针对活动中"如何有效地投放材料，促进幼儿自主探索"这一主题进行了研讨。

活动的主要目标是"能自主选择操作材料，探索并感知沙子的基本特征"。主要教学意图是：教师提供丰富、有效的材料，幼儿带着"看一看、摸一摸、玩一玩、想一想，发现沙的秘密"这一问题操作材料，通过与材料的积极有效的互动感知并发现沙的基本特征。教师在活动中观察、记录幼儿的发现，适时帮助幼儿提炼探索得出的经验并鼓励幼儿用多种方式表述自己的发现。活动由一位老师组织活动并进行全程录像，其他老师参与观摩、研讨，通过"研讨—实践—再研讨—再实践"的方式围绕主题进行积极的思维碰撞，使教师们在多次的实践与反思中获得专业的成长。

【活动实录】

一、第一次活动情景

投放的材料	材料指向性（沙的特征）	幼儿与材料的互动
铲子20个（不同形状）、筛子20个、小桶20个、沙漏一个、吸管一包、耙子15个	细细的、颗粒状的、松散的（沙粒）、轻轻的（干沙）、流动性	孩子们一进入沙地，看见那么多玩沙的工具，非常高兴，马上拿起工具就开始铲沙、装沙、推沙，把吸管插在沙堆上、挖沙洞。他们有的独自玩，有的几个人一起玩，玩得热火朝天。他们把这次的活动当成一次平常的自由玩沙活动，教师走过去问："你发现了湿沙的什么秘密？"幼儿忙得头也不抬："我们在装沙子。"老师又问："沙子装在沙漏里会发生什么事？"幼儿边玩边说："沙会掉下来。"在经验分享时，老师请他们说说刚才的发现，可是他们一脸茫然，什么也想不起来。
小动物沙模若干（30个）	（湿沙）能造型	在湿沙组，幼儿拿着沙模当作铲子来铲沙，玩了一会儿觉得湿沙不好铲，就跑到干沙区去玩了，湿沙区最后没剩下一个孩子，不少沙模都被幼儿拿到干沙区当铲子使。
一次性纸杯20个、筷子10根、盐一包、小勺子5把	不溶于水	在实验组，有的幼儿把盐装进一次性纸杯里观察，有的把盐和沙一起放进一次性纸杯里，因为盐比较粗，有的幼儿一次放得比较多，搅了好一会儿，盐还没有溶解。

二、案例反思

第一，幼儿有和材料进行积极的互动（幼儿带着极大的兴趣使用材料玩沙），但互动是无效的（玩沙时是无目的的、随意的），并不朝着老师预设的活动目标进行，材料在数量、目的性、幼儿对其使用方法不熟悉等方面的不适宜性客观上影响了幼儿与材料的互动。

第二，材料数量过多、过杂。如铲子，老师提供了二三十个不同形状、颜色的铲子，还有一大包吸管。老师只注意到提供"丰富的材料"，但没有考虑材料的有效性，这些材料在活动中不仅无助于幼儿去自主探索发现沙的特征，反而分散了幼儿的注意力，使幼儿热衷于玩玩具。

第三，材料所指向的目的性不明确。如铲子、耙子，幼儿更多关注的是它们的使用方法（能铲沙），而不是通过操作发现"沙子很松散，轻轻一插就能把铲子插进去"的沙的这一特征。在幼儿进行自主探索活动中，教师所提供的材料应该要能体现很明确的目的，使幼儿在活动中通过自主操作材料和观察，直观地发现其中的科学道理或现象。

第四，幼儿对材料的使用方法不熟悉。如沙模，本班幼儿缺乏玩湿沙和沙模的经验，因此在教师的作用较隐性而幼儿的主体作用突显的自主探索活动中，幼儿很难在湿沙区通过玩沙模发现湿沙的特征。

第五，材料的操作方法不清楚。如实验的材料（一次性纸杯、水、盐、筷子），幼儿的操作需要老师事先说明、活动中进行引导，而且盐稍粗一些不易溶解就会影响实验效果，不适合通过幼儿自主探索发现沙的秘密。

三、活动策略调整

1. 调整材料的数量：投放材料总数应略多于幼儿总人数。

2. 调整材料的种类：提供指向性明确的材料，对于幼儿不熟悉的沙模事先让幼儿在沙地上玩一玩。

3. 调整区域的划分和各区域材料的投放：只划分干沙区和湿沙区，在干沙区也投放几个沙模（便于幼儿比较干沙不能成型、湿沙能成型的特征）。在干沙区和湿沙区之间投放装有水的脸盆，供幼儿探索沙不溶于水的特征。

4. 提供奖票作为激励措施，增强幼儿探索的目的性和积极性。

四、第二次活动情景

材料投放	材料指向性（特征）	幼儿与材料的互动
筛子7个	细小的、颗粒状的、有粗有细	老师操作前的要求："请小朋友看一看、玩一玩、想一想，去发现沙的秘密。老师这里有很多'小博士贴'（出示奖票），谁发现了沙的秘密老师就把'小博士贴'送给谁。"老师刚说完，幼儿就马上开始玩起来，陈曦把沙装在沙漏上，沙马上就流下来，他大声说："老师，我发现了沙的秘密，沙子放在漏斗里会流下来。"老师及时肯定并给他贴了一张"小博士"贴。其他小朋友也纷纷说自己发现了沙的秘密。大大和几个小朋友看见有一盆水，很高兴地铲了一把沙放进去，雅媛用小
颜色、形状统一的铲子30把（足够一个班幼儿使用），小树枝	松散的	
沙漏10个，自制矿泉水瓶	流动性（干沙）	
沙模10个	能造型（湿沙）	

装有水的脸盆1个	不溶于水	树枝搅了起来,旁边几个小朋友觉得有趣,也来一起玩,老师问:"沙子放在水里你们发现了什么?"幼儿说:"变成沙水了。""沙子还在。""沙子不会溶化。"博松和几个小朋友看见桌子上有一把扇子,就拿起来扇,庄毅一看惊叫:"老师,风一吹沙子就会走动。"小小说:"老师,你看,我把沙模按下去可以变成鸭子和螃蟹。"得到奖票的孩子兴致勃勃地告诉同伴并努力去发现沙子更多的秘密,没有得到奖票的幼儿很热切地把自己的发现告诉老师。
在沙地角落的一张桌子上撒一层薄薄的细沙、扇子3把	轻轻的(沙粒)	
小博士贴(奖票)	加强幼儿探索的目的性	

【思考与总结】

两次活动投放材料的比较:

材料指向性(特征)	第一次投放材料	第二次投放材料
细小的、颗粒状的、有粗有细、松散的	铲子20把(不同形状)、小桶20个、耙子15个、筛子20个	筛子7个,颜色、形状统一的铲子30把(足够一个班幼儿使用)、小树枝
流动性(干沙)	沙漏1个	沙漏10个、自制矿泉水瓶
能造型(湿沙)	小动物沙模若干(30个)	沙模10个
不溶于水	一次性纸杯20个、筷子10根、盐1包、小勺子5把	装有水的脸盆1个
轻轻的(沙粒)	吸管一包(30—50根)	在沙地角落的一张桌子上撒一层薄薄的细沙、扇子3把

通过前后两次活动的对比,我们对探究"如何有效地投放材料,促进幼儿自主探索"这一主题有了一定的体会,具体来说分为以下五点。

一、材料数量的适宜性

纲要指出"提供丰富的可操作的材料,为每个幼儿都能运用多种感官、多种方式进行探索提供活动的条件"。丰富的材料并不是越多越好,而要考虑材料数量的适宜性。只要能使每个幼儿都有探索的条件和可能,能满足他们在探索活动中对揭示物体的相互作用和关系起到关键作用的材料的需要即为有效的。在第一次活动中,每种材料的数量都接近幼儿人数,结果幼儿的注意力被大量的材料吸引,减弱了对探究目的的关注。而且操作不同目标指向性材料的幼儿人数不均衡,如很多幼儿都去玩铲子和小桶,而玩沙漏的只有一个人,无法使沙的不同特征都让相当数量的幼儿关注到。而在调整后的第二次活动中,教师所投放的材料总数略多于幼儿总人数——保证全班幼儿都有一份玩具又适当留有余地;揭示沙的不同特征的材料数量基本相同——使沙的每一种特征都有相当数量的幼儿操作材料去探索、发现,从而较好地通过材料支持幼儿的自主探索活动。

二、材料目标的明确性

材料应暗含着幼儿通过操作和使用能够达到相应的教育目标和内容,应该能够揭示许多有关的现象和事物间的关系,而这些现象和关系正是我们在活动中期望幼儿获得的。如第二次活动中提供的沙漏(揭示沙流动性特征)、沙模(揭示湿沙能造型的特征)、撒有沙子的桌子和扇子(揭示沙粒很轻的特征),每种材料的目标指向性都很明确,幼儿通过操作很快就能发现沙子在不同材料中所体现出来的特征。

三、材料的针对性

在提供材料时应考虑材料的大小、重量、颜色、形状等因素,材料应符合幼儿的年龄特点,能引起幼儿的探究兴趣。符合幼儿年龄特点的材料能引发幼儿产生想摸一摸、探索一下的愿望,想看看它到底能做什么。当幼儿发现了所不知道的现象后,他们会很激动,并产生一种要与他人交流和分享的愿望,尤其是当对方也在进行同样的事情时。

材料应暗含着幼儿通过操作和使用能够达到的适宜的教育目标和内容,材料应能够提示许多有关的现象和事物间的关系,而这些现象和关系正是我们期望幼儿获得的,也是这个年龄段的幼儿所能够获得的。

四、材料使用方法的简明性

材料的使用方法应简单易懂,便于幼儿通过自主探索、发现材料使用后揭示事物的特征。如第一次活动中对沙子"不溶于水"的特征我们所投放的材料是一组实验材料(一次性纸杯、水、盐、筷子),幼儿的操作需要老师事先进行说明,活动中进行引导,而且盐稍粗一些不易溶解就会影响实验效果,不适合通过幼儿自主探索发现沙的秘密。而第二次活动时只提供一盆水和几把铲子，幼儿看到脸盆里有水，很自然地就往水里铲沙子，通过搅动，"沙不溶于水"的特征就很明显地表现出来了。

提供的材料应该能使幼儿通过操作，明显地看到事物间的联系，从自然结果中得到反馈。如在探索"沙粒轻轻的"这一特征时，开始我们尝试用扇子扇地上的沙子，但是效果不明显，后来经过实验，采取在一张桌上撒上薄薄的一层细沙，然后用扇子扇，就能看到沙粒很明显地往一边移动。

五、材料空间的有效性

材料的放置应有利于幼儿自由选择和使用，要放在方便幼儿取放的地方，有的还需要进行分类摆放以便于他们按自己的想法和做法进行选择。有的材料通过老师有目的的组合搭配投放，能明显地暗示玩法并体现教师的意图，真正让材料会"说话"。如第二次活动中教师在撒有细沙的桌子上放扇子，幼儿就会很自然地拿起扇子去扇沙。

培养幼儿问题意识的行动研究

厦门市集美区实验幼儿园　王锦荣

【问题的提出】

好奇好问是幼儿共同的特点，幼儿的好奇不仅表现在对事物表面的兴趣上，如：无论看见什么事物都会上去摸一摸，并会问"这是什么""那是什么"，他们还会进一步追问"为什么"等问题。提问对于儿童的主动学习、深度学习具有很大的教育价值，它可以使儿童从他人那里获得信息而不用完全依赖教师或父母的指导，Mary（1979）认为，儿童自己提问、自己找寻答案可以激发其参与自我指导学习的兴趣，提高自己的思维能力，以及在条理清楚和条理不清的水平上表达思想的能力。埃里森·金（1991）发现，提问的策略能促进成功地解决问题。但在带班过程中发现，无论在生活还是学习中，班级孩子经常产生质疑和爱提问的情况占的比例很小，而没有疑问和从不主动提问的却占大多数。对此，我们不得不反思教育：孩子好提问，我们保护了他们的积极性了吗？我们给孩子们提供了积极提问的环境了吗？我们意识到孩子提不出问题是有什么困难了吗？因此如何根据孩子的特点培养他们提出问题的能力，是一个值得我们关注的问题。那么，孩子的提问和质疑能力与什么有关呢？怎样才能提高孩子的提问题的意识呢？

【关于幼儿提问的相关研究】

一、影响幼儿提问的因素

1. 幼儿的已有知识经验。知识是人类对客观世界的认识成果，是架在已知和未知之间的桥梁。幼儿的生活经验越丰富，接触的新鲜的事物越多，知识面越广，就越有利于问题的提出；反之若幼儿生活范围狭小，知识面太窄，则会阻碍问题的提出。

2. 幼儿的个体差异。一个经常对周围事物具有兴趣和好奇心的、活泼大胆的幼儿会产生各种问题并将自己的疑问向周围的大人或教师进行提问，而一个对周围事物漠视、习以为常的幼儿则不具备经常提问的特质。

3. 家庭教养方式。家庭教养方式影响了幼儿的个性，进而影响他们的提问意识和能力，在专制型家庭中，家长过分要求儿童服从，儿童提出问题的能力就差；而在民主型家庭中，家长注重发展儿童的自主性和创造性，情况则会好得多。

4. 幼儿园教育氛围。中国传统的教育方式比较注重权威，并不鼓励批判性思维，然而幼儿的主动提问恰恰和批判性思维有密切的关系。在传统教育观的影响下，教师重结果轻过程，在一日生活和课程设置中，教师留给幼儿自由自主活动的机会很少，经常冷漠地对待幼儿的自发活动，导致幼儿丧失了主动活动、主动学习的意识和能力，压制幼儿提问的兴趣和欲望；在教学和活动指导时，为了把幼儿尽快导向自己预设的目标，经常会提一些封闭性的问题，造成孩子的思维依赖于老师的暗示，喜欢做出简单的判断，思维活动逐渐缺乏主动性，懒于思考。

二、优质问题的评价标准

关于儿童提问的价值，已有研究表明不是问的问题越多就越好，问的问题究竟好不好取决于提问是否有必要。Mary（1979）认为好问题应该是：涉及当前正在思考的问题，以前没有问过的、言辞清楚的，陈述的方式服务于提问目的的，提出当前正在思考的问题的特殊方面。Sachen（1999）认为，好问题应该具备三个特点：简短、直接、直奔主题。

【行动研究目标】

第一阶段：丰富幼儿在家、在园的生活，激发幼儿的问题意识。

第二阶段：优化幼儿园提问的环境，让幼儿愿意、敢于主动提问。

第三阶段：优化教师提问、指导的策略，帮助幼儿通过提问聚焦、梳理自己的思维。

【行动方案实施】

第一阶段：丰富幼儿在家、在园的生活，激发幼儿的问题意识

1. 途径一：利用社区资源，丰富幼儿的生活，开阔其视野，激发幼儿的问题意识。

借助丰富的社区资源开展多样化的活动，并让孩子在各种活动中发现问题、探寻答案。选派节目参加社区的防诈骗宣传晚会，让幼儿进一步了解防诈骗的知识；到集美园博园、集美大学春游，让孩子们尽情享受户外大自然的美丽景色；到嘉庚纪念馆参观，萌发热爱家乡的情感；参观消防教育基地，让孩子从小树立安全第一的意识，掌握基本的自我保护措施等。

案例1：桃花引发的问题

集美大学有一片桃花林，三、四月份正是桃花盛开的季节，几百棵桃树一同怒放蔚为壮观，于是我们组织幼儿到集美大学参观桃花林，在与桃花近距离接触一段时间后，开始慢慢有部分幼儿问问题了：在桃花中间的是什么？桃花有几片花瓣？为什么有的桃花已经掉了，有的桃花还盛开着？什么时候会长出桃子来？等等。在桃花林旁边有个小池塘，幼儿们发现了池塘中有小蝌蚪，于是他们又开始围在池塘边边观察小蝌蚪边热烈地聊起来："我知道小蝌蚪的妈妈是青蛙。""它妈妈青蛙到哪里去了？池塘里没看到它妈妈呀？""可能给小蝌蚪找吃的去了。""小蝌蚪吃什么呀？"……最后在孩子们的请求下，我们用矿泉水瓶装了一些蝌蚪回幼儿园并将它们养在自然角让幼儿继续观察。

2. 途径二：开展丰富多彩的生活课程。

幼儿的生活是一个需要幼儿付出多种努力的过程，这是一个需要幼儿多种感官参与的过程。这个过程是幼儿在教师指导下真正的自我构建的过程，是一个引发幼儿动手、动身及动脑的过程，是一个不断发现问题、解决问题的过程。生活是丰富多彩的：路边的小水坑、草地上的蟋蟀、窗外的雨滴、雨后天空美丽的彩虹、街上来往匆忙的行人……无一不是孩子们好奇的焦点、兴奋的来源。这里，有孩子们数不清的奇思妙想，脱下鞋袜，光脚跳进泥坑，体验一下皮肤触水、触泥的感觉；穿上雨衣，聆听雨的声音，体验雨打在身上的感觉，观察雨落地时所造成的奇特效果……因此，只要与幼儿生活有关，是幼儿需要的、感兴趣的、急于想知道或解决的，有助于拓展幼儿经验和视野的内容我们都尽量及时地纳入到课程中来，让幼儿去尝试、去探索，从而发现更多的问题。

案例2：下雨引发的问题

淅沥沥，哗啦啦，下雨了！最近这段时间总是在下雨，下雨时幼儿喜欢观察窗外的雨，喜欢用手接雨水，在来幼儿园的路上，穿着雨鞋踩水坑等，顺应幼儿的兴趣我们开展了关于雨的一系列主题活动，让幼儿充分体验、感受雨天带来的乐趣。与此同时也让幼儿了解了雨，了解了天气的变化，培养了他们乐于观察、乐于发现的科学品质。如：我们让幼儿用手接雨滴，当幼儿们用手接雨滴时，感觉到雨滴在手上冰冰凉凉的，大小不同的雨落在手上的触感不同，小小的雨落在手上轻轻的、痒痒的，大雨打在手上时会有一点痛。同时幼儿们也发现了一个问题：手抓不住雨水，雨水总是从手上滑落。听雨时，幼儿们发现了雨落在不同地方发出的声音不一样，为了进一步支持幼儿的发现，我们从班级找来了各种不同材质的瓶瓶罐罐并将它们放在雨中形成水滴交响乐，让幼儿听听雨滴落在不同物品上发出的不同的声音；幼儿在活动中对雨从哪里来产生了疑问，于是我们开展了实验"雨从哪里来""雨水不见了"；在自然角中，将幼儿收集的雨水与自来水分别接在透明的杯子里，引导幼儿观察比较雨水和自来水有什么不同等，"下雨的日子"也会使幼儿在快乐的童年生活中获得有益于身心发展的经验。

3. 途径三：家园合作，营造有利于幼儿提问的大教育环境。

由教师组织的各种外出活动因为安全等各种因素的限制，次数和外出的范围还是有限的，于是我们利用班级的QQ群、周计划，或致家长的一封信，鼓励家长平时多让幼儿参与到生活实践中或利用周末、节假日带幼儿外出参观、旅游，让幼儿有更多的机会接触丰富多彩的世界，有更多的机会外出，并到更远更广阔的空间去开阔眼界，同时在开展各种生活化的活动中也争取家长的配合。

如：在开展"雨"的主题活动中，我们在家园联系栏中发出一封信，让家长了解当前活动的主题，并请家长配合：1. 在下雨的日子里，让小朋友穿上雨鞋、带好雨伞。2. 到雨中玩一玩，感受踩水的快乐。3. 收集一些雨水，做"雨水不见了"的实验，知道水会蒸发。4. 雨天里，带孩子去拍摄与雨天有关的照片，让孩子感受雨天给我们带来的乐趣。5. 耐心倾听孩子讲述雨是怎么样的，共同讨论雨天。活动中的许多问题，都是在家长与幼儿的互动中产生的。

第二阶段：优化幼儿园提问的环境，让幼儿愿意、敢于主动提问

1. 途径一：建立平等的师生关系，创设宽松、和谐的交往氛围，使幼儿勇于表达。

教师要善于观察，更多地关注幼儿的实际情况和主体发展，关注幼儿的情感需要，而不是局限于约束纪律和简单的知识传授。教师还要善于分析孩子的心理活动。在幼儿的一日生活中，教师要抓住时机多与其谈话，要参与幼儿的活动，形成合作的师幼互动，满足幼儿的生存、发展、游戏、学习和受教育的需要。在活动中，有意识地培养和保护孩子的参与意识，使孩子的自信心得到培植和强化，消除其恐惧、畏缩的心理障碍。有的孩子有与老师交往的热情，但是因找不到恰当的表达方式，而做出一些反常的举动。此时，教师要理解孩子的心理，不要指责、挫伤孩子的自尊心，要给孩子主动交往的机会，或是教师主动与幼儿交往，这样就为融洽的师幼关系的建立做了铺垫，使幼儿敢于接近教师，与教师进行交往，并说出自己的真实感受。

案例3：关于"鱼"的问题中的师幼对话

中午吃完饭散步，应孩子们的要求带他们到鱼池边观察鱼，到了鱼池边时，有一幼儿捡起旁边的树叶，将树叶扔到鱼池里。

师：你为什么要将树叶放到鱼塘里呀？

幼：我想知道鱼会吃树叶吗？

师：哦！原来是这样的，这个想法很有趣，那我们大家一起仔细观察看看吧！

于是全班的幼儿一起观察，他们发现：开始时鱼会用嘴巴动树叶，但发现不是食物后鱼就会游走，鱼不吃树叶。

2. 途径二：在一日生活中划定"提问时间"，创造机会让幼儿提问、交流。

为了鼓励幼儿勇于提问，培养提问的自信心，我在班级开设每周一问，即在前一周的周五让幼儿提出问题，教师鼓励幼儿根据问题有目的地关注、观察事物，通过观察、动手实验或与父母一起查找有关资料寻找答案，然后在下周五组织幼儿讨论，最后再提出问题。

第三阶段：优化教师提问、指导的策略，帮助幼儿通过提问聚焦、梳理自己的思维

1. 途径一：利用主题网络作为儿童提问的"思维导图"。

教师善于用主题网络来呈现主题课程，实践中常常在活动前设计好主题网络，然后按照设计好的主题网络组织活动。这种习惯性的做法，忽视了主题的生成性，其实主题网络就相当于儿童的"思维导图"。为此，我采用问题模式开展主题活动，把以往主题中教师预设的内容，转变为师幼共同提出问题、共同解决问题，把主题网络图变成了一棵"问题树"。

案例4："大树和小花主题活动"中幼儿提问与生成的活动

幼儿提问	生成的活动
怎么知道这是什么树？	树朋友的"身份证"
有的树发芽很快，有的树发芽很慢，有的树怎么总不发芽？有的树去年发芽了，今年还会发芽，有的树却再也不会发芽了。	不高兴发芽的树 去年的树
树是怎样发芽并长出新叶子的？	绿芽的舞蹈
越高的树就越老吗？越粗的树就越老吗？	给树编号
两个粗细相近的树，怎样才能准确地比较？	测量树
怎样知道树几岁了？树的年龄都一样吗？	树的年轮

2. 途径二：以开放性提问策略，支持幼儿对自发问题的探究。

教师在发问时，尽量提开放性的有助于幼儿思索的问题，有意识地引导幼儿了解客观事物之间的相互关系，使幼儿学会通过观察比较进行学习，并使幼儿在活动中激发相应的情感，产生源源不断的学习兴趣与好奇心。

案例5："给磁铁找朋友"集体教学活动中教师支持幼儿提问的做法

在以往"给磁铁找朋友"的活动中，教师习惯于提问"谁能来帮助磁铁找到它的好友？""谢谢你，你还能找到哪些东西是磁铁的好朋友？""你真棒，你都给磁铁找到了哪些好朋友？"这类问题，这些问题的目的十分明确，但关于指向知识经验本身——磁铁能吸引哪些物体却不足。因此，教师除了应该不吝惜自己表扬的话语，对孩子出现的"闪光点"给予及时的肯定外，还要及时提出开放性的问题，倾听幼儿的观点。

幼：磁铁可以跟磁铁当好朋友吗？

师：你为什么这么想？

幼：我就想用磁铁去吸磁铁看一看。

师：那你猜猜会不会吸上呢？去试一试。

幼：我觉得会。

幼儿自主探究，过了一会，他过来找我，问：为什么不是两面都可以吸？

师：你怎么发现的？

幼：用一边可以吸，然后把磁铁翻一面就不能吸了。

师：有什么好办法可以知道哪一面和哪一面可以吸在一起？

幼：我可以做个记号。

师：对，我们的材料里，有些磁铁就是做了记号的，你去找找它们，再来试试看。

3. 途径三：优化教师回应，根据具体问题采用有针对性的回应方式。

幼儿在活动中随时都可能生成各种各样奇怪的问题，有的问题需要老师即时回应，有的问题需要教师鼓励幼儿继续探索，有的问题需要激发幼儿的创造性思维。这时教师的回应就很重要，它需要老师及时判断什么样的问题需采用什么样的策略，才能既满足幼儿的好奇心，又保护了幼儿的问题意识，还要引发幼儿的进一步讨论。所以只有教师有意识地提高自己回答幼儿问题的能力，才能更好地激发幼儿的问题意识。

已有研究表明，对于幼儿提出的常识性问题，教师可以直接给出答案，但是要避免采用灌输式的回应。如幼儿问"这是什么树的叶子"，教师在告知"这是银杏树的叶子"的同时也反要问幼儿"你看看它是什么颜色什么形状的"。对于幼儿提出的值得进一步探究的问题，教师的回应就应该给幼儿提供继续探究的线索。如幼儿提问："为什么秋天别的叶子都会枯黄掉，但松树的叶子还是绿色的呢？"教师若回答："你自己去看一看，想一想。"这样的回答看似开放，但其实没有给幼儿任何进一步探究的线索，不如说："你看看松树的叶子和那些会枯掉的叶子有什么不同？"这就给了幼儿一个进行比较观察的支架。

案例6："草地的好朋友"中教师对不同幼儿问题的回应

在开展"草地的好朋友"中，幼儿在草地上发现了毛毛虫，幼儿提出了各种问题，教师是怎样回应的呢？

问题1：老师，我能用手捉毛毛虫吗？

回应：不行，有些毛毛虫上的皮肤有毒，用手抓可能会引起皮肤过敏哦！

（因为用手抓毛毛虫，幼儿的皮肤容易过敏，关系到安全问题，所以教师就必须及时回应）

问题2：老师，毛毛虫是不是草地的好朋友？

回应：那你觉得是还是不是呢？你再仔细观察观察。（这是值得继续探究的问题，如果老师这时再直接给出答案，就相当于用"填鸭式"的方式告诉幼儿关于毛毛虫的知识，老师这时应采用反问的策略，能鼓励幼儿继续探索）

问题3：我们想要养毛毛虫，带回班上观察可以吗？

回应：可以啊，那你们要给它在班上建一个新家，它才能住得舒舒服服的。

幼：新家是什么样子的呢？

师：你们都在哪里找到毛毛虫的？那些地方都是什么样子的？或许毛毛虫的家就是那些地方的样子。

幼：怎样安全地抓毛毛虫？用什么容器装毛毛虫？

师：你们看看毛毛虫的身体有什么特点，有什么好办法来抓住它？（这是值得进一步探究的问题，也是创造性的问题，教师调动了幼儿寻找毛毛虫的经验，引发幼儿探究其生活的环境，思考如何在班级中模拟一个适合其生存又便于大家观察的毛毛虫的"新家"）

【行动研究成效与反思】

一、行动研究成效

经过一段时间对幼儿问题意识的培养，班上的大多数幼儿提问的次数明显多于研究之前，同时幼儿提问的内容更广，问题质量更高，一些肤浅表面的问题减少了，幼儿更能关注到事物之间的联系性上。

我们发现：

1. 缤纷多彩的社区活动不仅让孩子们增长了见识，锻炼了身体，而且获得了无限探索的乐趣，有利于多维度树立幼儿的问题意识，全方位激发幼儿的探究兴趣，充分发展幼儿的形象思维，并让他们在初步尝试判断与推理的过程中逐步发展逻辑思维的能力。

2. 生活化的课程积极支持和维护幼儿的探究，注重为幼儿提供有利于探究的生活场景，让幼儿真实面对现实中的情境和问题。儿童通过与环境的作用、与他人的对话和大脑的思考反应，最终找到真实的世界、完整的生活与探求的满足感。

3. 只要教师能够为幼儿创设出安全的心理环境，能够为幼儿预留出提问的时间和空间，幼儿就能够大胆提问。

二、反思与下一步计划

1. 如何使班级里少部分的比较胆小或语言表达能力差的幼儿大胆提问？

2. 教师能更好地帮助幼儿养成提问的技巧和策略具体有哪些？

3. 如何让家长具备培养幼儿好奇好问的技巧，使家园联系更进一步？

倾听与支持，促进幼儿在生活活动中自主性的发展

——以大班"自助早点"为例

福建幼儿师范高等专科学校附属第一幼儿园　杨凌燕

"幼儿园一日生活皆教育"，然而在实践中，教师往往更关注游戏活动、区域活动中幼儿自主性的培养，忽视生活活动中培养幼儿自主性的教育契机，导致生活活动较为高控。以吃点心为例，传统的做法多是以围在桌前集体进餐为主，教师和保育员较少倾听和满足不同幼儿对点心种类、进餐时的交流、进餐时间和环境等方面的想法和需求，幼儿为了能少吃或不吃，常会寻找各种借口慢吞吞吃点心，因而常出现保育员不断催促、提醒的情况。

自《指南》颁布后，许多幼儿园在吃点心环节上做了许多的探索和尝试，"自助点心"作为一种新形势应运而生：一方面，适当增加了点心的品种；另一方面，给幼儿创设温馨的点心环境。但细细反思不难发现，这样的"自助点心"，通常是教师思考得多，如安排合适的场地、创设温馨的环境、选择适宜的餐具、思考适宜的进餐和操作规则等等，幼儿多是被动参与，如果不能调动幼儿的自主性，仅仅在形式上进行创新，那么吃点心这一生活环节的教育价值就不能被充分挖掘。

幼儿进入大班以后，随着自理能力的提高和认知的发展，他们的理解能力较强，能够客观地分析判断相关情境，而且对周围生活环境也比较熟悉，能够对熟悉的事物进行简单的抽象逻辑思维，因此在独立能力、主动能力和创造能力方面，能胜任"自助点心"环节的整个筹备与开展工作，因此在大班上学期，我们对点心环节进行了改革，挖掘其中所蕴含的教育契机，通过倾听和支持幼儿的真实想法与需求，给幼儿更多的选择权，支持幼儿自主地参与创设环境、整理准备、设定规则、进餐等过程，让他们真正成为点心活动的小主人。

一、倾听幼儿兴趣，协助幼儿自主创设温馨进餐环境

一次日常早点后的讨论，幼儿提出希望有一个专门的点心区，环境舒适，能选择喜欢吃的糕点，能和自己的好朋友一起进餐，并在想吃的时候再进餐。教师在了解了幼儿想法后，肯定了他们的想法，鼓励对此事件感兴趣的幼儿成立点心组，让他们大胆尝试。

1. 倾听幼儿需求，组织幼儿讨论点心区的选址

首先教师抛出问题："温馨、舒适的进餐环境应该是什么样的？"关于这个问题，幼儿们有不同的意见，有的幼儿选择了区域活动桌，说："这里靠近洗手间，吃点心我们拿杯子很方便。"有人反驳道："这里做早点屋，那我们要下棋怎么办？"旁边的幼儿又接着说："在这里吃点心如果讲话会影响别人的活动，一点都不好！"听了幼儿的争论，教师再次引导："最合适的地点要满足哪些条件？"由此幼儿发现问题并达成共识：要靠近洗手间，方便取放杯子和洗手；场地不会打扰别人或被别人打扰。根据幼儿选出的三个场地——洗手间桌台面、靠近洗手间的班级外长廊和室内长廊，组织了一次小型投票，幼儿举手表决选出最佳的地点——室内长廊。

地址确定后，幼儿齐心协力移开大柜，分工合作清理场地和墙面，并将班上所有空余的桌子全部收集到点心屋。当发现点心屋桌椅不够时，共同努力将闲置在楼下的桌椅搬回班级，多次尝试合理的摆放方式。最后，细心的幼儿还取来放牛奶的托盘，确定了桌子的大小。经过一番努力，最初的"小学课桌式"的点心屋诞生了！

点心屋1.0——小学课桌式

2. 倾听幼儿已有经验，支持幼儿美化点心区环境

一段时间过去了，幼儿热衷于给点心屋取名、设计标志。有一天，彤彤在讨论中说到了自己和妈妈经常去的咖啡屋："我和妈妈上次去的＊＊咖啡屋好温馨哦，墙上有漂亮的画，桌子上还铺着小花的桌布。"这一番话激起了幼儿共同的经历，引起共鸣，他们对点心屋的摆设有了新的想法。教师抓住时机，抛出问题："怎样摆放桌椅才像温馨的咖啡屋？怎样布置咖啡屋？需要用到哪些材料？"幼儿改变了桌椅摆放的方式，将原来面对墙壁的摆放方式调整

成更利于吃点心时谈话交流的"咖啡屋"式摆放，并且增设了桌布、摆设等，还共同设计了墙面图案，并大胆在墙面涂画表现，使整个用餐环境温馨而舒适。

点心屋2.0——温馨的咖啡吧

从简陋而不利于交流的"早点区"到温馨的"咖啡吧"，环境创设和推动的过程都是孩子们共同努力、相互合作的结果。而从选址，到合理的桌椅摆放，再到环境的装饰，幼儿们最初的解决方法都不够合理，因此每一个决定幼儿都进行了多次的调整，每一次的调整都基于上次的发现和思考，尽管与教师直接布置环境相比，显得有些效率低下，但过程中幼儿的自主性却被充分调动起来，留下了弥足珍贵的发展轨迹。

在这个过程中教师需耐心地倾听、仔细地观察和不断支持幼儿的想法。当幼儿提出希望有一个专门的点心区时，教师认真倾听幼儿的需求，判断其是否对幼儿的身心健康有利。当幼儿的想法有利于幼儿健康，能满足幼儿的现实需求时，教师思考幼儿的能力是否能支持其尝试，当一切条件具备后，教师鼓励支持幼儿进行尝试，并参与其中。合理选址是幼儿相互交流和讨论的结果，因此在幼儿讨论时，教师先不急于表达，鼓励幼儿充分说明自己选址的理由，当幼儿未发现问题所在时再用提示性的语言，引导他们思考"最合适的地点要满足哪些条件？"在整理布置场地的过程中，在能力所及范围内教师可放手支持幼儿多次实际操作。

随着时间的推移，当幼儿迁移生活经验希望进一步完善环境时，教师又成为倾听者，在倾听中了解幼儿的想法，认同其生活经历，支持幼儿进一步调整、完善。如当幼儿想到在墙面上绘制图案使环境更温馨时，教师及时肯定和支持幼儿的想法，通过同幼儿欣赏大型涂鸦墙，鼓励幼儿精心设计，大胆在墙面涂画表现自己想法，使幼儿的创作、表现能力得到一定的提升。

在活动推进的过程中教师的意见与幼儿相左时，在健康和安全的前提下更要倾听、了解幼儿的想法，尊重幼儿的决定，让幼儿在实践的过程中得到学习和发展。如案例中当教师心中选址与幼儿不同时，能倾听幼儿的想法，更加深入了解幼儿，当发现幼儿的理由更加合理时，赏识、赞同幼儿的观点，让幼儿感受到教师的信任，成为活动的主人。

二、倾听幼儿的问题，引导幼儿自主思考点心准备和整理的方法

早点屋每天的准备和点心后的整理工作，是幼儿在"自助早点"中常做的事。摆放桌椅、铺桌布、取摆设、摆放糕点、将牛奶倒入牛奶壶等等看似简单的事情，放在一起常让幼儿摸不着头脑，不知从何下手。怎样合理地安排顺序，统筹安排人员，对幼儿来说需要积累经验并不断地总结。因此在这个环节中，观察幼儿的操作、倾听了解其问题所在、总结经验是教师支持的另一种方式。

环境温馨的咖啡屋布置起来具有一定的复杂性，在短时间内要高效有序地完成铺桌布、摆花、移动桌椅、放统计纸等工作，对幼儿来说是不小的挑战。教师选择先不介入，在一旁观察并用手机录下幼儿的准备情况。

幼儿和以往一样分成两组，一组负责杯子的摆放，另一组负责进餐环境的布置。环境组的两位幼儿先移动桌子，于是椅子被桌子推散了，阻挡了桌子需要摆放的位置，他们只好放下桌子去移椅子；桌子并排放好后幼儿将椅子靠入，这时去取透明布和花的幼儿在旁已等待了许久；男孩将防湿透明布铺上桌后，发现底下的桌布没铺，又急忙去取桌布，一旁拿花的幼儿只好将花放回原位，去帮助铺桌布等等。在准备的过程中，由于没有合理安排工作的顺序和人员，只好寻求教师的帮助，早点屋的准备用时20分钟。

活动后的讨论中，教师耐心地倾听幼儿的疑惑与焦虑，了解他们遇到的问题，随后教师将手机拍摄的录像与幼儿一同观看，并在黑板上用图示的方法将所有的工作一一罗列，教师抛出问题："怎样安排这几件事的顺序？怎样分工又方便又能把事情做好？"从而激发他们合理安排顺序、总结方法的兴趣。最后点心组的值日生将事情顺序合理安排，并各自领取不同任务，找到目前觉得合适的准备整理办法，并将讨论出的结果记录在"记录本"上。

第二天，幼儿们按昨天调整的方法进行准备、整理、准备完毕后，小组

长看着手表宣布："我们神速,用了8分钟!"大家不由自主地欢呼起来。接下来的活动中,幼儿渐渐开始主动采用这种"讨论遇到的问题——罗列、调整顺序——记录讨论结果"的方法解决了"进餐流程""点心摆盘"等问题。

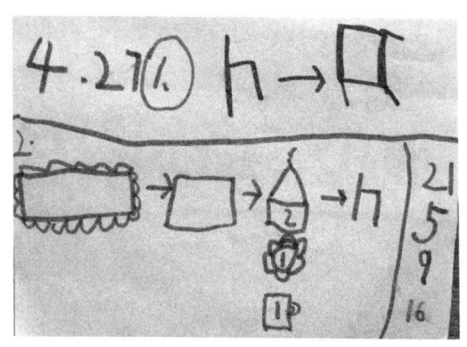

幼儿绘制的工作流程图

如蒙台梭利说的:我做过了,我就理解了。当环境改变,需要准备的事情增多时,幼儿必定要经过一个"遇到问题——发现问题——分析问题——解决问题"的过程。教师虽然预计到幼儿会出现问题,但并没有直接介入,而是让幼儿在实际操作中体会混乱。教师的指导作用由"台前"隐入"幕后",通过观察、记录为后面引发幼儿自主反思行为做好准备,结束后耐心倾听幼儿的想法,了解其问题所在,采用录像、照片、图示等具体直观的方法,支持鼓励幼儿在多次实际操作中总结经验,使幼儿从中体验到合理的分工合作能提高效率、节省时间。最后教师鼓励幼儿用图画和符号记录讨论的事件和解决的方法,通过记录,幼儿认识到要在绘制表格的时候预估好足够的空位,记录的符号要简单,不仅要让自己看懂,更要让别人也明白……在这个过程中,幼儿记录水平不断提高。不仅如此,记录表还让教师事后能随时了解幼儿关注的问题和发展情况。从记录本中,我们可以看到幼儿为了解决问题想出了许多妙主意,如佩戴手表解决集中时间的问题;制作桌布四角标记来解决铺桌布的问题;糕点的花样摆放等等。因此在提高记录水平的同时,还能看到幼儿思维、创新和解决问题的水平也在不断地提高。

三、倾听幼儿想法,引导幼儿自主建立、遵守并调整规则

"自助点心"规则设定是进餐秩序井然的重要条件,是幼儿理解、尝试制定规则的一次非常有效的教育契机。因此,"早点屋"的规则设定,教师应该为幼儿创造实际体验的机会,将规则的制定交给幼儿,支持他们在体验的过程中一步步制订和完善规则,使幼儿理解建立规则的必要性,从而为今后他们自己商讨、制订规则并自觉遵守积累经验。

幼儿最初商讨的点心屋规则是:体育活动后到自主选择区域吃点心,点

心前洗手、取杯子、倒饮品、拿糕点、入座。规则由点心组成员根据自身经验讨论后设定，并向全班幼儿介绍。随着活动的推进，"有空位就能坐下吃点心"这个规则的问题逐渐凸显出来：在外区域活动的人并不知道点心屋是否有空位，因此想吃点心的幼儿探头探脑、走进走出，使得催促声、议论声和正在等待的幼儿的玩笑声不断。当这种混乱的局面持续一两天，幼儿充分体验到这个过程给他们带来的不便后，教师引导幼儿商定新规则："怎样才能让外面的人知道里面是有空位的？"

幼儿讨论后，想出了用"开关窗帘"的方式来解决问题并选出了负责开关窗帘的值班员，但在实践过程中，幼儿对值班人员的安排和规则有了新的质疑。教师再次抛出问题鼓励幼儿思考更有效的方法。幼儿想出许多办法，如：请江老师帮忙、做一个电动遥控的按钮、出来的人自己翻红绿灯、在红绿灯下面贴数字、用以前游戏时候的入区牌等等。最后通过投票选出最合适的方法——设置"点心入区卡"，教师鼓励幼儿将投票选出的方法放入进餐规则，以符号图示的方法展示在点心屋内。

要让幼儿遵守规则，首先要让幼儿充分理解规则的意义。幼儿的学习是直观具体的，因此首先要让幼儿感受到没有规则带来的混乱与不便。尽管教师可以预计到幼儿建立的规则简单、不完善，但此时不宜介入，需鼓励幼儿尝试，重点在于倾听幼儿在实践过程中遇到的突出问题。在交流环节关注幼儿的反映和交流，帮助幼儿分析其原因，在恰当的时候抛出问题，引导幼儿改进原有的规则。自主建立、遵守并调整规则的过程尽管曲折，但在此过程中幼儿不仅充分体会到规则带来的方便，也逐渐明白好的规则必须符合大多数人的利益，才能够提高效率。

综上所述，幼儿自主性的三个方面——独立能力、主动能力、创造能力都在"自助点心"活动中有所发展。正是由于活动零散地分布于一日生活中，要在生活活动中促进幼儿自主性的发展，更有赖于高质量的倾听与支持，师幼之间要对活动保持"共同关注与思考"。教师要信任幼儿，把遇到的问题和解决问题的机会还给幼儿。但仅仅放手还不够，在缺乏教师支持的情况下，幼儿屡次尝试均遭遇失败，这种挫败的体验同样不利于自主性的发展，因此教师还要善于倾听幼儿的兴趣、需要以及遇到的问题，并抛出有启发性、建设性的意见，适时地予以支持、引导，保持"共同思考"。

小班区域活动环境创设的行动研究

福建幼儿师范高等专科学校附属第二幼儿园　朱丽芬

随着幼儿园区域活动的价值和功能日益凸显,许多幼儿园打破传统的空间布局,为幼儿设置各种活动区,给幼儿的主动发展提供了机会和可能。区域活动的创设显得尤为重要,其主要目的是创设能鼓励幼儿自由选择、便于幼儿自主学习与探索的环境,以促进幼儿身心全面和谐地发展。我园践行《幼儿园教育指导纲要(试行)》和《3—6岁儿童学习与发展指南》精神,积极探索与构建具有本园特色的课程体系,并确立了"尊重、多元、开放、参与"的课程理念。基于以上园本课程理念,对作为隐性课程的教育环境的要求是:幼儿园的空间、设施、活动材料和常规要求等应尊重幼儿学习与发展的需求与特点,有利于引发和支持幼儿与环境积极的作用;应营造丰富多元的教育环境、提供适宜多样的材料,有利于激发幼儿从多种角度与环境互动;应不断开发、有效利用幼儿园室内外的环境,使其充分满足幼儿进行自主开放的游戏和探索活动的需求。

基于此,我们通过审视目前幼儿园区域环境创设的现状,围绕"如何创设符合幼儿年龄特点的教育环境;如何创设开放的、能彰显幼儿主体性的教育环境"等问题进行全园教师的探讨与交流。小班年段围绕"创设适宜小班幼儿的区域环境"的问题进行探讨与研究,在收集的有关调查问卷及教师的研究案例中,我们发现教师们对小班区域活动环境创设存在着一些困惑与问题:

1. 小班区域的划分是否要把每个区都设置出来?人数这么多,空间不够该怎么办?

2. 小班幼儿年龄小,动手能力弱,自主意识不够强,教师在区域环境创设中做得越全面就越好?

3. 小班幼儿大部分还处于以个体游戏为主的状态,区域环境的创设有无必要为幼儿与同伴的互动游戏交流预留空间?

4. 在区域环境中,环境标志的使用如何起到暗示、引导的作用?

从上面反馈的问题中,我们不难看出教师在日常区域活动环境创设中存在着几个矛盾:

1. 区域活动空间小与幼儿人数多之间的矛盾。大部分的教师在规划区域活动空间时,常以教室室内的空间作为主要的规划对象,容易忽略教室外的走廊、阳台及其他一些隐蔽的空间,使得室内空间异常拥挤,而室外空间则"无人问津"。

2. 区域空间的划分与区域空间的用途匹配协调的矛盾。大部分的教师将划分出来的区域都只做固定的用途,例如语言区就只进行阅读、讲述之类的活动,艺术区则只进行绘画、手工类的活动等。

3. 小班区域环境中凸显"个体操作"与满足"同伴合作"之间的矛盾。考虑到小班幼儿的年龄小、合作交往意识还很薄弱等问题,教师在环境创设中往往容易出现幼儿独立操作多,同伴合作交流少的现象。

结合状况,我们决定围绕区域环境创设中的现有突出问题,进行有针对性的观察,记录幼儿与区域环境互动的情况,通过请教专家、查找有关研究资料,尝试分析原因,找到"症结"所在,以达到调整、完善区域环境的设置,有效解决问题,促进幼儿与区域环境的积极互动,实现环境价值优化,努力实现《纲要》中提出的"环境是重要的教育资源,应通过环境的创设与利用,有效地促进幼儿的发展"及《指南》中所倡导的"最大限度地支持和满足幼儿通过直接感知、实际操作和亲身体验获取经验的需要"的目的。

【研究的准备】

一、理论学习

关于区域环境的创设问题,我们缺乏系统、科学的理论支撑与引领,无法真切地认识到"环境因素对幼儿游戏的影响,环境是课程的基本构建物,教师的主要角色之一就是创建一种环境,能为儿童提供有利于高质量游戏并能促进课程目的的游戏环境",因此,在这次研究中,我们特地翻看了有关的研究书籍并查找文献资料,寻求有利于支持我们发现、分析及解决问题的相关资料。

根据生态取向的环境研究理论,生态取向的环境是生态系统中各子系统、各生物因子之间互补、互利、共生的场所，强调多元之间的互补、互利与共生的关系。郝萍瑞、秦元东与王春燕区域生态环境的研究让我们从宏观的视角看到了区域活动中各子系统之间的关联，以及它们之间的相互作用和影响。生态视野的环境理论表明：人的环境和物质的环境是同一生态中不可分割的部分。

根据潜在课程取向的环境研究理论，教育环境或学习环境本身就是潜在课程。它将环境视为教育主体，该取向认为环境是以背景方式的作用弥散在幼儿的各种活动中，它是隐性的、长时效的、广泛的。教师应该使教育目的与教育内容隐含在环境中，诱发幼儿根据自己的愿望和意志来开展活动，并根据幼儿的发展水平与发展需求来设置环境。

根据建构主义取向的环境研究理论，建构主义取向的环境是一种学习环境，不同的学习环境给养不同类型的学习、养成不同类型的学习者。如何以蕴涵丰富资源的学习环境"给养"学习者，使他们在与环境的互动中受益？基于建构主义的理论基础，幼儿是积极、主动的学习者，是通过主动参与外界的相互作用活动，基于自己已有的知识和经验建构新的认知，不再是有待填充的容器，而是积极寻求意义的有机体；学习者不仅个人构建知识，还与他人互动，以社会为媒介进行构建，合作与协商有助于知识的建构；学习者从其环境及经验中得出什么意义应当存在限制，这些限制是由人类的生物特性和现实中的可能性施加的。主动建构、对话与协商、情境性构成了建构主义学习环境的要素。

三种取向的环境创设研究带给我们不同的启示：生态取向的环境研究，带给教育者一种整体性的理念，启示教育者在环境创设中综合考虑环境各部分因素；潜在课程取向的环境研究引起了教育者对环境中隐性教育的关注，这有助于教育者从幼儿长远的发展来开展教育；建构主义取向的环境研究引起了教育者对个性化教育和幼儿自主学习能力培养的重视，在环境创设中为幼儿提供利于探索发现的学习环境。

二、现实分析

我们还组织教师们回顾有关"我们是如何来创设区域活动环境"的过程，例如：创设时间的长短、是否有做环境规划、与幼儿的互动、对区域活动开展的认识等，通过这些访谈与交流的信息，我们将教师创设区域活动环境的情况大致归为以下几种：

1. 开学前，区域的划分与环境创设都要求在短短几天内要完成，而幼儿园以往在检查开学工作时也常以此为标准来判断教师的开学准备工作是否到位，使得教师常常以考虑"如何最快完成工作"为先。

2. 部分教师对区域环境有做规划，但在实践中因为现有条件（空间）的限制、外部的要求，例如考虑到美观，班级走廊需整齐划一等，常常导致区域环境的创设缺少班级的个性特点，无法真正满足班级个性化的需求。

3. 相当一部分教师说："区域环境的设置要耗费我们很多的精力——我们也想多从孩子的角度来考虑，只是小班的孩子太小了，能力也很弱，帮不了什么忙，我们手头的事情也很多，忙不过来，还不如等我们创设好了，标志也都贴上了，孩子来玩就是了，这样区域活动开展起来也不会乱哄哄的。"

在对有关区域活动环境创设的研究理论和现实情况分析与了解的基础上，我们开始尝试找出问题的症结所在。

幼儿方面：小班幼儿刚刚入园，对幼儿园的各种环境还不太熟悉，常规的建立还处于初级阶段，且不稳定。在区域活动中时常会出现幼儿不熟悉材料的玩法，看不懂环境中的提示与标示，而不选择；不收拾整理材料；与同伴一起操作时，因缺乏沟通技巧，容易出现争抢材料、哭闹而干扰正常区域活动的行为；忽视环境中的暗示，不按常规操作等。

教师方面：为了凸显区域活动的认知学习功能，教师时常把集体教学的活动要求与教学方式简单地迁移到区域活动中，使区域活动成为缩小版的集体教学活动，剥夺了幼儿参与区域环境的创设、材料收集、准备等过程的权利，忽略了幼儿的主体性；为了让区域活动显得井然有序，不出现争抢等现象，独立操作性的材料投放比例远远大于合作探究性材料；高结构化材料的投放比例也远超过低结构材料的投放；过多地关注区域外在环境的创设、材料的取放、活动常规以及如何顺利地完成任务，给予幼儿的要求和限制过多，环境的变化及与幼儿的互动较少。

幼儿园方面：对每个班级的区域规划了解不够深入，碍于开学筹备时间短，为了能够顺利开学，满足幼儿的活动需求，倾向于要求班级的区域要做好较全面的准备。因管理的需求与有关制度的规定，无法细致、持续地了解班级区域活动的开展情况，无法及时为班级创设个性化、符合班级实际的区域活动环境提供各种支持。因而，有时会出现班级教师为满足园方管理的要求，而忽略观察、解读与分析班级幼儿与区域环境的互动情况，直接进行环境的调整、完善与改进工作。

【行动计划的实践、分析与推进】

在以上有关理论的学习与问题分析的基础上，我们尝试从区域空间的合理设置、游戏区的科学划分、区域材料的投放等方面开展有关小班区域活动环境创设的行动研究。

一、合理的区域空间设置

1. 区域空间密度的思考与分析。

在查找有关资料后，我们了解到空间密度是指每一个儿童在游戏环境中所占的空间，是室内拥挤程度的指标。它可根据一定的公式来进行计算：

$$空间密度 = \frac{房间面积 - 不可用的空间面积}{孩子的人数}$$

我们以小（一）班教室为例：

幼儿总数（人）	30
房间空间大小	6.8米×12米＝81.60平方米
不可使用区域	椅子0.27米×0.29米×30张＝2.35平方米
	桌子0.58米×1.2米×6张＝4.18平方米
	钢琴1.9米×0.28米＝0.53平方米
	材料柜1.2米×0.37米×5个＝2.22平方米
	书架0.26米×0.6米×2个＝0.31平方米
	桌子之间的区域合计＝0.60平方米
	所有不可用空间总面积　10.19平方米
空间密度	（81.60－10.19）÷30≈2.38（平方米）

我们经过测量与计算，了解到小（一）班的空间密度为每个儿童平均空间2.38平方米，结合幼儿在室内进行区域活动的观察记录分析，发现小班幼儿大都喜欢独自游戏或操作，因此，幼儿时常会因为找不到合适的空间或平台进行操作而发生争执、吵闹、等待、观望、放弃等现象。可见空间密度会影响幼儿的游戏行为，教师希望能争取更多的活动空间，例如班级外的走廊与阳台都可以纳入我们的区域活动空间，将幼儿的平均空间从2.38平方米增加至近3平方米，来解决或缓解空间密度与幼儿区域游戏效率之间的矛盾。

在实践过程中，我们在阳台创设了"玩米豆区""艺术区"，在走廊上还创设了"积木区""角色区"，在很大程度上缓解了室内人员过于拥挤、活动空间过于狭小等问题，幼儿在区域活动中显得更加从容、专注，更有利于营造一种和谐、友好与相对舒适的区域活动氛围。

2. 区域空间安排的思考与分析。

与幼儿区域游戏活动有关的不仅仅是区域环境的空间大小，空间的安排方式也对幼儿的区域活动模式有着重要的影响。空间安排涉及的关键问题包括空间是开放的还是被分隔成较小区域的。我们在规划班级区域空间时，也讨论到这部分的问题。根据我们日常的观察，发现小班幼儿更喜欢相对独立的小型区角活动，小区域能让幼儿更加专注、持久地进行个体化的操作与学习活动。小区域还可创造一种更亲密的氛围，鼓励幼儿进行交往与合作。但是我们在考虑将空间通过柜子、屏风等分割物分隔为小区域的同时，也应考虑如何布置分隔物或障碍物，不同区域之间应该留有通口，以便不同活动能相互穿插并综合起来。

据 Moore 等人的有关研究分析："空间安排较好的环境中的幼儿比空间安排较差的环境中的幼儿更多地表现出探索行为，更多地参与到社会互动并具有合作性，而且空间安排较好的环境对教师参与幼儿的游戏具有正面影响，教师能更好地与幼儿进行共同行动，也对幼儿的游戏给予更多的鼓励。"结合小班班级的实况，幼儿多为3—4岁的幼儿，交往、协商、自我控制及独立解决问题的能力与经验相对缺乏，在单位时间相对较长的区域游戏活动时间里，容易出现争吵、嬉戏、干扰他人等现象。例如，在小（一）班，我们也发现有的空间过于拥挤，而有的空间则过于空旷出现了一些问题，据此我们进行了相关的观察与调整：

项目	调整前	调整后
出现的问题（室内中间场地）	室内中间的场地过于空旷，区域活动时，容易出现幼儿为争抢材料而跨区奔跑等现象。	在教室中间的地面上贴上相应的标记，如安排出可以放置地毯、草席等地面工作平台的空间；一些大型的、桌面无法满足操作的材料则可设置在地面上的操作平台，这些既让中间的地面空间得到充分的利用，又通过标示显示出一条清

		楚的活动路径，避免了幼儿的奔跑或嬉戏干扰。幼儿在入区活动，经过该区域时，能沿着地面的提示来回穿梭，既提高了空间的有效利用率，又为幼儿营造了互相礼让、独立自主的区域活动氛围。
出现的问题（娃娃家）	娃娃家设置于靠近班级大面积落地窗的一侧，场地较大，占了班级总面积的1/10，且过于开放与明亮，这使得它看起来没有"家"的味道，而且各功能布局的分隔也不够明显与合理，幼儿进入该区域时，显得特别容易兴奋、浮躁且拥挤，无法很好地进行游戏交往。	我们将这一大片的娃娃家按照"家居"习惯，划分出"卧室""客厅""阳台"等空间，并以屏风、门帘、大型家具、厨具等设施进行全封闭或半分割，让空间自然地凸显各布局的功能；并以在地面粘贴小脚丫的形式来暗示幼儿入区的人数。落地窗纱帘的安装也更加营造出娃娃家的温馨、安宁，唤起了幼儿办家家的兴趣，与同伴进行友好的交流与互动。

经过对调整过的空间安排的适应后，可以看到幼儿的游戏情况发生了一些改变：参与角色区和操作区活动的幼儿多了起来，吵闹、拥挤及互相干扰的行为也显著减少了，而教师花在维持幼儿秩序的时间也减少了，有更多的时间与幼儿进行游戏互动及观察记录，切实提高幼儿的区域活动质量。

二、适宜的活动区划分

通常我们的教室都会划分成几个活动区角，每个区域都有相应的游戏材料以及操作活动。在这样的教室里，幼儿通过选择、参与各种区角活动，与各种游戏材料互动，从而获取相应的知识或建构经验。我们的区域划分通常包含以下的区角：艺术区、阅读区、科学区、数学区、操作区、表演区、建构区、角色区等。一般教室都没有足够的空间容纳所有这些活动区，因此，教师必须选择与决定教室里应该包含哪些活动区，而这个决定也会对幼儿的区域游戏活动产生重要影响。然而活动区的划分也不是一成不变的，我们应看到幼儿是积极的学习者，他们探索环境、与他人发生互动，从而构建自己的经验。活动区的划分与设置也将影响幼儿游戏活动的类型、数量、时间与质量。如何为幼儿提供"有利于高质量游戏并能促进课程目的的区域环境"

是我们在活动区划分中应重点探讨与研究的问题。因此，结合我们在小班创设区域活动环境的实践，我们做了有关"活动区划分适宜性"的探究与调整。

在开学初，我们结合已有的区域划分经验以及参考原小（一）班的活动区设置方案，将现小（一）班的活动区划分为以下几个区域：

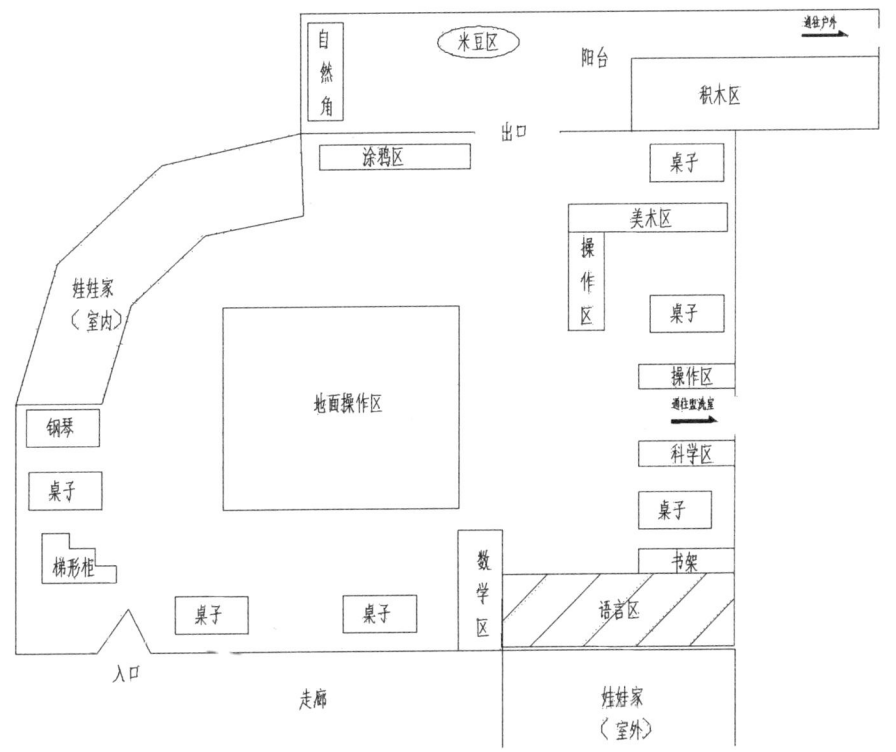

在设置好活动区后，我们对幼儿在活动区中的自主操作、交往互动、兴趣偏好等情况，进行单位时间内的持续、全面地观察、记录、访谈与分析（附观察记录表），以此作为下阶段调整、完善区域划分的依据，促进幼儿更高质量的游戏活动及交往互动能力的发展。

观察记录：

观察对象：小（一）班

观察时间：2014年9月—10月

观察主题：幼儿参与活动区的情况

以下表格为近一个多月观察结果的统计表，以百分比为统计单位。

项目	入区人数	持续时间			兴趣偏好			互动交往	
		20min以上	10—20min	10min以下	喜欢	一般	不喜欢	有	没有
角色区	60%	20%	50%	30%	55%	30%	15%	70%	30%
积木区	50%	45%	40%	15%	30%	50%	20%	45%	55%
涂鸦区	20%	5%	10%	85%	55%	35%	10%	3%	97%
操作区	80%	50%	30%	20%	85%	10%	5%	30%	70%
美术区	45%	30%	50%	20%	40%	50%	10%	40%	60%
科学区	30%	15%	40%	45%	30%	40%	30%	13%	87%
数学区	15%	40%	30%	30%	35%	55%	10%	25%	75%
语言区	5%	5%	10%	85%	10%	30%	60%	15%	85%

通过一个多月的观察记录，我们发现：在区域活动时间里，绝大部分的幼儿都喜欢选择参与角色区与操作区的活动；近一半的幼儿喜欢积木区与美术区的活动；而其他区域的活动参与的人数相对少一些。面对这样的情况，我们进行分析与反思：为什么角色区、操作区、积木区等区域的活动深受幼儿的喜欢，而其他区域诸如语言区、数学区等区域较少人光顾？通过翻看有关的相片、视频及访谈等记录资料，我们发现：

1. 贴近幼儿生活实际的游戏场景或操作材料更容易激起幼儿参与的兴趣（如角色区与操作区）。

2. 小班幼儿缺乏一定的交往技巧，但是在容易产生互动机会的区域中，幼儿还是很乐意地与同伴进行互动交流，例如在角色区、积木区等区域中，幼儿产生自主交往的频率高于其他以个体操作为主的活动区。

3. 个别活动区还因取材不便（如操作区）、区域互动不便（如涂鸦区与美术区）、内容单一、重复（如语言区）等问题，而没有充分发挥出该区域的功能。

基于观察、分析与思考，我们重新审视了现有的活动区设置方案，在保留原来合理部分的基础上，进行了局部的调整与完善。

1. 在保留原有两个角色区（娃娃家）的基础上，我们将室外的娃娃家与积木区进行调整，既保证积木区的相对独立与完整，又将室外的娃娃家设置需要，吸引其参与活动的兴趣。同时，我们也不可忽略低仿真性、低结构性材料对幼儿创造性地进行假装游戏所带来的价值。例如在建构游戏中，我们通过逐步地改装纸盒类的低结构材料，吸引幼儿选择与使用此类材料的兴趣，激发他们进行假想与替代，以鼓励幼儿进行创造性、非刻板化的区域操作与游戏行为。

2. 关注材料的可操作性与层次性。

材料的可操作性关注了幼儿在区域活动中的动手能力的培养及自我练习的机会，而材料的层次性则关注到材料的挑战性，是否符合幼儿的"最近发展区"等。在小班区域材料投放中，教师能较多地关注到小班幼儿年龄特点及动手需求，满足幼儿对游戏材料的可操作性的需求，却忽略不同幼儿对材料层次性的需要。因此，我们发现，有的材料一经投放，幼儿只操作一次就不再选择或操作了；有的材料长时间只有部分幼儿选择，而另一部分幼儿却不感兴趣等。结合这样的问题，我们围绕幼儿在区域活动中对材料的操作与探究进行相关的观察与记录，并进行适时的分析、调整与改进。例如我们根据幼儿的活动情况及需要，对操作区中"刷洗石头"的材料进行了这样的分析与调整：

材料提供	活动情况
石头块、小水盆、牙刷	四名幼儿围在小水盆边，水中有一些石头与牙刷。他们兴致勃勃地刷洗石块，孩子们讨论怎样才能把它们清洗干净。但很快，孩子们的注意力开始分散，手里一边刷洗着石块，一边不停地环顾教室。不久，有三名幼儿都对这个活动失去了兴趣，放下手里的工具，去其他区域游戏了。

分析与反思："刷洗石头"的材料能充分满足幼儿动手的欲望，但也只给幼儿提供了一种操作的可能性：用刷子把石块清洗干净。此外没有其他的玩法，不能很好地体现其层次性，无法提高幼儿的游戏水平，幼儿最初的兴趣也容易出现减退。如何保持幼儿持续活动的兴趣，满足不同幼儿的需求，教师在此需要考虑增加该材料的复杂程度，考虑其操作的多种可能性，从而提高区域活动的层次性。在此基础上，我们做了这样的调整与改进：

材料提供	活动改进
各类天然材料（松果、树枝、贝壳等） 各种各样的刷子、海绵、布料	鼓励幼儿自由选择与比较哪种工具最适合清洗哪种物体，还可以讨论物体在水中的状态。
晾晒板	支持幼儿将刷洗后的物体放到晾晒板上进行晾干，比较观察物体前后状态的变化。
颜料、画笔	将晾干后的物品投放至美术区，让幼儿用颜料在其上面作画，也可再次放到水中清洗，观察比较其与之前的清洗有何不同。

在此过程中，我们明确地感受到材料层次性的变化与幼儿游戏行为之间的关系，意识到材料调整的时机与幼儿的发展是密切相关的。教师要关注材料是否符合幼儿的兴趣及能力需求，是否有利于促进幼儿"最近发展区"的发展，及时根据幼儿与材料的互动情况进行调整，切实提高区域活动的质量。

3. 关注材料的非社会性与团体性。

材料的非社会性与团体性主要指向材料种类对幼儿游戏的社会化质量的影响。有些材料可以引发团体游戏，促进幼儿间的互动交流，发展幼儿的交往能力；而另一些材料则倾向于鼓励幼儿进行独自或平行的操作。小班幼儿以独自或平行游戏为主，我们在为幼儿提供充分的、可供其独立操作的材料的同时，也应关注幼儿的个体需要，如班级中一些年龄较大、有一定交往经验的幼儿，教师可以为其提供交往的平台，创设相应的活动环境，以满足其与同伴合作互动的需要，促进其交往能力的进一步发展。因此，在小班区域活动中，材料的非社会性与团体性并不是互相独立、互相割裂的，而是相辅相成、相互补充的。我们应及时关注幼儿的个体需要，为其提供适宜的材料，以促进幼儿个性特点的学习与发展。

基于这样的分析，以小（一）班为例，我们围绕"特定区域材料对于幼儿社会性水平的促进作用"进行了相应的观察与记录：

记录表

项目	社会性水平	
	非社会性	团体性
角色区游戏玩具		√
积木	√	√
艺术性材料（颜料、剪刀等）	√	
纸杯、纸盒等废旧材料	√	
米、豆等生活材料	√	
装扮服装		√
交通玩具		√
棋类玩具		√

备注：我们以"√"表示区域材料的社会性水平。

基于以上观察，教师在了解班级幼儿个性特点的相关信息基础上，针对观察到的"特定区域材料对于幼儿社会性发展的促进作用"相关情况，根据幼儿的个性发展需要，为其提供适宜的区域材料，并围绕班级幼儿社会性水平的发展情况，调整区域材料中有关个体操作与互动合作的数量比例，最大限度地满足班级幼儿社会性水平的发展需求。

【行动研究启示】

我们结合教学实践的需要，始终坚持结合"教育现场"来进行相关课题的行动研究，这样的过程虽然漫长而艰辛，但是却让我们的教育显得更加"有的放矢"、更符合幼儿的实际需要，也更符合当今《纲要》与《指南》提倡的精神。自进行有关"小班区域活动环境创设"的课题研究以来，我们逐渐认识到：要突显区域环境的价值，最大限度地激发幼儿的活动兴趣，满足幼儿在区域活动中操作与探究的需求，就必须在充分尊重幼儿的年龄特点及兴趣需要的基础上，创设丰富、多元与开放的区域环境，并将区域环境的创设与利用转化为幼儿园的课程内容，真正融入幼儿的学习与生活中，让幼儿在参与区域活动时，与材料、环境及同伴进行充分互动、自主操作与探究，切实提高区域游戏活动的质量，促进幼儿全面和谐地发展。